KENNEDY
OU L'INVENTION DU MENSONGE

DU MÊME AUTEUR

Mitterrand, une affaire d'amitié, L'Archipel, 2006.

STÉPHANE TRANO

KENNEDY

OU L'INVENTION DU MENSONGE

l'Archipel

www.editionsarchipel.com

Si vous souhaitez recevoir notre catalogue
et être tenu au courant de nos publications,
envoyez vos nom et adresse, en citant
ce livre, aux Éditions de l'Archipel,
34, rue des Bourdonnais, 75001 Paris.
Et, pour le Canada, à Édipresse Inc.,
945, avenue Beaumont,
Montréal, Québec, H3N 1W3.

ISBN 978-2-8098-1267-1

À mes parents.

À Laurence Soudet-Thomas.

Prologue

UN SOLEIL AVEUGLANT

« Ne priez pas pour des vies faciles.
Priez pour être des hommes plus forts. »
John Fitzgerald Kennedy

Le dieu des Irlandais doit bien exister, après tout. Tant d'années se sont écoulées au domaine de Hyannis Port, et qu'ils y soient venus pleins d'espoir cacher leur peine, affronter les tempêtes, construire leur empire ou sceller leurs alliances, ils sont là, vivant dans l'instant et posant pour l'éternité. La péninsule de Cape Cod, à deux heures au sud de Boston, n'a pas les lourdes entrailles de pierres, les manteaux de tourbières sans cesse détrempés ou les teintes fluorescentes de l'Irlande lointaine, battue par des eaux et des vents farouches. Mais c'est un coin de terre sauvage, reculé, intime, à l'abri des regards. Le premier sur lequel les pèlerins de l'Ancien Monde ont accosté, deux siècles auparavant.

Joe Kennedy et Rose Fitzgerald, eux, y ont posé la première pierre de leur église en 1927. Cette belle maison blanche en bord de plage, dans une bourgade côtière peu fréquentée, est devenue année après année un vaste domaine isolé du reste des habitants, auxquels ils ne se mêlent jamais. Les grandes pelouses toujours vertes et les jardins fleuris ont recouvert les sables marécageux. Les allées privées se sont développées comme les vaisseaux de ce cœur familial, reliant la plage accaparée et ses pontons garnis aux courts de tennis, aux hangars à bateaux, aux maisons adjacentes acquises au fil du temps par les enfants. Les domestiques, nombreux, discrets, toujours affairés, accommodent les visiteurs – il y en a sans cesse –, souvent illustres. Au coucher du soleil, les lumières du domaine se reflètent dans les piscines et les eaux de l'Atlantique, et la brise dissipe vite les rires, les larmes ou les chuchotements mêlés aux cris des mouettes. Et les secrets.

Joe Kennedy pourra-t-il jamais être plus satisfait que ce premier samedi de septembre 1963, entouré des siens venus célébrer son soixante-quatorzième anniversaire? Il a accompli, au cours de son existence, ce qu'aucun homme né en Amérique n'a jamais accompli avant lui. Son fils, Jack, est président des États-Unis; le deuxième, Bobby, est procureur général; le troisième, Teddy, vient de faire son entrée au Congrès, récupérant le siège de sénateur du Massachusetts préalablement occupé par Jack. Jackie est la *First Lady* la plus admirée au monde. Elle fait souvent de l'ombre aux filles de Joe, toutes plus resplendissantes les unes que les autres.

Il y a Eunice, engagée en politique, populaire, passionnée par les œuvres sociales et qui réussit tout ce qu'elle entreprend. Ce n'est pas le moindre de ses mérites que d'avoir épousé dix ans plus tôt, au cours d'une grandiose cérémonie en la cathédrale St Patrick de New York, le catholique romain Robert Sargent Shriver, descendant de la prestigieuse lignée de David Shriver, qui signa en 1776 la Constitution du Maryland. Il est de toutes les aventures de Jack, qui l'a désigné en 1961 pour fonder et diriger le programme «humanitaire» des Peace Corps. Eunice et lui ont déjà trois enfants, un quatrième est attendu en février de l'année suivante.

Patricia, elle, a marché sur les pas de son père et trouvé son chemin sous les lumières d'Hollywood. Dans les années 1940, Eunice lui a présenté l'acteur britannique Peter Lawford, pur produit de l'aristocratie britannique[1], qui a fait ses débuts à l'écran à l'âge de sept ans et a connu rapidement la gloire. Ils se sont mariés en 1954, se sont établis à Santa Monica, et tandis que Patricia passe son temps en compagnie de Judy Garland et de sa famille, Peter, lui, glane les honneurs. Surtout, à la fin des années 1950, il a noué une solide amitié avec Frank Sinatra. C'est lui qui a amené au roi de Las Vegas le projet, qui se révélera mythique, de *Ocean's 11* (en français *L'Inconnu de Las Vegas*), portant à l'écran les membres du fameux *Rat Pack* : Lawford, Sinatra, Dean Martin, Sammy Davis Jr et Joey Bishop. Ainsi vivent Patricia et Peter Lawford et leurs quatre enfants, dans le rêve commun à leur cercle, qui compte également Shirley MacLaine, Angie Dickinson, Henry Silva ou Richard Conte.

Jean Ann, quant à elle, aussi belle que brillante en politique – elle deviendra un jour ambassadrice des États-Unis en Irlande –, s'est mariée en 1956 avec Stephen Edward Smith – également à la cathédrale St Patrick, à New York. Smith, analyste financier et stratège politique, gère alors les quelques centaines de millions investis par Joe Kennedy en Amérique ou en Europe, et joue un rôle actif de conseiller auprès de Jack depuis la campagne de 1960. Installés à New York, ils ont deux enfants et en adopteront deux autres, l'un en 1967 et le second en 1972.

Tous ses enfants mariés selon le rite catholique romain et réunis autour de leur père : voilà le triomphe de Rose Fitzgerald Kennedy. À soixante-treize ans, elle semble n'avoir jamais été aussi droite et vaillante, gérant le personnel de Hyannis Port, voyageant – elle aime beaucoup Paris –, ne ratant jamais la messe du dimanche où qu'elle se trouve et insufflant sans relâche à ses filles et belles-filles l'esprit qui anime la famille Kennedy. Plus

1. Naturalisé américain en 1960.

qu'un esprit d'ailleurs, un véritable code d'honneur, au nom duquel tous les sacrifices sont acceptés. Sans doute la vie quelque peu dissolue et fêtarde que la très jolie Ethel mène parfois avec Bobby, depuis leur mariage en 1950, n'est-elle pas toujours pour lui plaire. Mais Bobby semble heureux, il réussit dans sa carrière, le couple a donné naissance à onze enfants et, surtout, Bobby a toujours été le plus fervent catholique de toute la fratrie. Quant à Joan, la plus fraîche débarquée dans la famille, elle a été présentée à Teddy en 1957 et ils se sont mariés l'année suivante. Elle est catholique, bien sûr, née à Bronxville, New York, elle est bien éduquée, et ils ont deux enfants.

Où que l'on soit en Amérique, dans chaque revue que l'on ouvre, sur les écrans de télévision ou dans les couloirs de la Maison Blanche, les Kennedy sont là, illustres et illustrés, liés les uns aux autres par le pouvoir, par les affaires, par les postes et les missions qu'ils s'assignent les uns aux autres, à travers leurs fréquentations, celles qui foulent les tapis rouges et les autres, qui passent par les portes dérobées. Il y a neuf cents jours que John a fait son entrée triomphale à la Maison Blanche. Son épouse est devenue une égérie mondiale. Leurs jeunes enfants, Caroline et John, apparaissent dans tous les magazines, le plus souvent à l'initiative du président. Il profite des absences de Jackie pour organiser une séance photo, souvent dans le bureau ovale, où il se met en scène avec sa progéniture. Car Jackie, lorsqu'elle est présente, s'oppose à ce qu'ils soient photographiés. Le public est nourri, également, par les visions de la résidence présidentielle entièrement remodelée, décorée et gérée d'une main de fer par Jackie. C'est une famille comme on n'en a jamais vu à Washington : jeune, infiniment *glamour*, terriblement photogénique, unie, célébrée à travers la planète, adulée par le monde du spectacle, née avec le cinéma, popularisée avec la télévision et naturellement douée pour l'image. Quant à John, chacun de ses discours, mis en scène par l'inamovible conseiller Ted Sorensen, est déjà entré dans l'Histoire. L'image est toujours réglée à la seconde près. Jack ou John, John ou Jack : il n'y a pas de place pour le hasard et rares sont les photos volées.

Jack est arrivé dans l'après-midi de Washington, en compagnie de l'ami de la famille et photographe en chef de la Maison Blanche, Cecil William Stoughton. Avec huit mille clichés déjà réalisés, l'ancien photographe de guerre, âgé de quarante-trois ans, a créé l'essentiel de la mémoire photogénique des Kennedy. Il a saisi l'unique image – autorisée – du président, de son frère Bobby et de Marilyn Monroe réunis. Il a arpenté librement tant de fois le domaine de Hyannis Port que son objectif a vu grandir les enfants Kennedy, vieillir les parents, se faire et se défaire les couples, s'enivrer les amis, discuter les conseillers, se détendre les stars et, quoique plus rarement, passer certaines ombres énigmatiques. À la nuit tombée, ce samedi-là, il fixe sur sa pellicule la réunion de famille en l'honneur de Joe.

La photo n'est pas bonne. Curieusement, Stoughton ne la refait pas. Pourquoi n'a-t-il pas demandé aux uns et aux autres de garder la pose ou de changer d'angle? Pourquoi n'a-t-il pas mieux réglé l'éclairage? Le photographe a tant de fois saisi l'instant parfait qu'il ne peut être satisfait de ce qu'il vient de voir. Il a ce sixième sens inexplicable des grands photographes qui se jouent des pièges et des pauvretés de la réalité. Cette photo, on la croirait prise par un invité de passage avec un mauvais appareil. La lumière est terne. La pièce est sinistre, mal rangée. Les personnages semblent bizarrement posés. À moins que ce ne soit l'une de ses meilleures photographies, après tout. Stoughton ignore, évidemment, qu'il vient de réaliser l'ultime cliché d'un monde sur le point de s'écrouler. Les ombres qui y transparaissent jouent le prélude d'une apocalypse.

La figure du patriarche Joe, assis au centre de la pièce et entouré des membres de sa famille debout de part et d'autre de lui, est glaçante. C'est un visage de mort. L'homme est cloué dans son fauteuil, paralysé du côté droit et muré dans une perte de parole quasi totale depuis l'attaque cérébrale qui, deux ans plus tôt, a failli lui être fatale. Sa pâleur est extrême, ses traits figés, son regard bleu est dur, rappelant l'une de ces expressions sévères qui, tout au long de sa vie, ont si souvent pétrifié ses ennemis. Si on ne le savait pas malade, on pourrait penser que toutes les colères qui font bouillonner son sang depuis qu'il est enfant s'apprêtent à se déverser. Joseph Kennedy n'a eu de sourire que pour les revanches, nombreuses, qu'il a prises face aux protestants, aux Yankees, dans les bras des femmes, à la une des médias, devant ses comptes en banque ou dans les souterrains du pouvoir. Il n'a jamais rien oublié, rien laissé pour compte, n'en a jamais fini avec la maudite Angleterre et l'Amérique qui lui ont fait payer un prix exorbitant pour ses ambitions jamais rassasiées.

Elles lui ont arraché son premier fils, Joe Jr, héros d'une guerre dont il ne voulait pas. Le fils qui, à ses yeux, valait plus que tous ses autres enfants, pensait comme lui, aurait dû être sa revanche sur son propre destin présidentiel, brisé par Roosevelt et sa bande d'irresponsables qui n'avaient rien compris à l'Europe. L'Europe encore, la France, où sa fille Kathleen a péri dans le crash de son avion. Et il y a l'absente. Celle dont on ne parle jamais. Qui hante son esprit. Rosemary, sa première fille, internée depuis quinze ans dans une institution pour retardés mentaux aux confins du Midwest. Elle-même, dans six jours à peine, aura quarante-cinq ans. Elle est murée dans son propre silence. Joe est ce père qui, en 1940, a pris la décision de la faire lobotomiser, à l'insu de tous. Il n'avoua à Rose que vingt années plus tard le geste qui laissa la jeune femme réduite à un état quasi végétatif. Rose n'a rien dit, comme à son habitude.

Agenouillée à sa droite, la main sur son bras, Jackie arbore un superbe ensemble de soie blanche qui met en valeur sa peau brunie par le soleil et sa belle chevelure noire. Mais son propre regard est ailleurs. Il y a quatre semaines seulement, elle a perdu un second enfant. Arabella est morte à la naissance, dix ans, presque jour pour jour, après un premier-né, Patrick, prématuré et décédé de complications respiratoires au bout de deux jours d'agonie. Ce n'est pas dans les bras de Jack qu'elle a trouvé un peu de consolation, mais auprès d'Aristote Onassis, le milliardaire grec qu'elle est partie rejoindre, juste après le décès d'Arabella, sur son yacht en mer Méditerranée[1]. Jack, d'ailleurs, n'est pas à ses côtés sur la photo. Il se tient debout parmi ses frères et sœurs, beaux-frères et belles-sœurs, engoncé dans un costume mal apprêté. La chemise est boursouflée, le pantalon porté bien trop haut, visiblement enflé. Quelques jours plus tôt, il s'est de nouveau blessé au dos en plongeant dans la piscine de la Maison Blanche en charmante compagnie, et ses douleurs habituelles n'ont fait que redoubler, malgré les doses désormais massives de médicaments qu'il avale quotidiennement. Lorsqu'il n'est pas bronzé, son maquillage masque un teint jaunâtre ou safran et les crispations de sa mâchoire. Il se déplace prudemment, évitant les gestes brusques, engoncé dans un corset qui le soutient, partant du bassin jusqu'en haut de la poitrine. Où qu'il aille, un « conseiller » – en réalité un médecin – le suit avec un attaché-case renfermant une batterie impressionnante de substances calmantes ou dopantes. Il y a désormais entre Jack et Jackie dix ans de vie commune,

1. Aristote Onassis séjournera lui-même à la Maison Blanche au moment où John F. Kennedy sera assassiné, quelques semaines plus tard.

deux enfants morts, des dizaines de femmes et, s'ils sont unis pour l'éternité par le sceau des Kennedy, c'est dans un lourd silence.

Le matin même, Jack a rencontré à la Maison Blanche l'un de ses pires adversaires politiques, le sénateur de l'Arizona Barry Goldwater, déjà pressenti pour barrer la route de sa réélection l'année suivante. Le président a fait une démonstration de force, trois mois plus tôt, sur la scène internationale. Il venait de se jouer d'une longue séquence d'embûches politiques domestiques et sa tournée européenne avait été l'apogée de son premier mandat, à Berlin, à Rome, à Londres, à Dublin. Mais il a soulevé lui-même le couvercle de la boîte de Pandore, début juin, en s'exprimant sur la question récurrente des droits civiques, pour laquelle il avait tant promis sans jamais véritablement avancer. Trop vite cette fois, trop tard, trop mal... Durant trois ans, il n'a développé aucune stratégie pour rompre l'alliance des forces ségrégationnistes des États du Sud, où son propre camp, celui des démocrates, se déchire sur la question. Bien au contraire : son discours a résonné comme une déclaration de guerre que le Sud ségrégationniste est bien déterminé à lui faire payer. Il n'a cessé de les ménager, pourtant, ces Sudistes d'un genre bien particulier, désignant même des juges parmi les plus racistes de l'Histoire américaine pour les calmer. Dans une semaine, cette longue histoire à laquelle il n'a pas su ou voulu s'opposer va entacher son règne. Le dimanche suivant, le pays va connaître en effet l'un des plus terribles attentats racistes, avec l'explosion de l'église baptiste de la 16e Rue, à Birmingham, dans l'Alabama, où quatre fillettes vont périr. Pis encore, c'est la bataille de l'opinion elle-même qu'il n'a pas su remporter malgré son charisme et le crédit sans précédent que lui ont offert les médias et la population. Il va réagir maladroitement à la tragédie – l'estimant « regrettable », entraînant une réponse forte de Martin Luther King la qualifiant de « pire holocauste que la nation ait jamais vu». Les sondages d'opinion ne lui sont pas favorables. La moitié des adultes consultés par l'institut Gallup dans la foulée de l'attentat de Birmingham estiment même – un paradoxe qui révèle la confusion engendrée par sa politique – que l'administration Kennedy pousse «trop vite» à l'intégration, cette proportion s'élevant à 60 % parmi les étudiants blancs. Et bientôt, par ailleurs, Kennedy prendra la responsabilité d'autoriser le coup de force contre le leader sud-vietnamien Ngô Dình Diêm, sous-estimant gravement ses conséquences. Les relations avec l'Europe sont devenues difficiles. Le déficit des États-Unis s'est creusé depuis le début de l'année. Le vice-président Lyndon B. Johnson constate avec inquiétude les dégâts causés par l'imprévisibilité du président et son tropisme inguérissable pour les affaires internationales. 1964 se profile comme l'année de tous les dangers pour une Amérique agitée, divisée, de plus en plus contestataire.

Et puis il y a l'arrière du décor. Les alliances qui se défont. Les inimitiés qui se renforcent. La suspicion qui enfle, au cœur même de l'exécutif. À Las Vegas, l'État du Nevada accuse Frank Sinatra, déjà banni par ses amis de la Maison Blanche, d'avoir soutenu une figure de la mafia, Sam Giancana. Peter Lawford, privé de son mentor, se trouve sous surveillance. Bobby, exaspéré par les discours de Martin Luther King, a fait placer celui-ci sur écoute par le FBI. Les liaisons de Jack, de plus en plus imprudentes – elles ont souvent pour décor sa propre chambre à la Maison Blanche –, mettent les services secrets et ceux de John Edgar Hoover sur les dents. Quant à Teddy, son élection au Sénat est décidément mal passée dans la presse, partagée entre ironie et nouvelles accusations de népotisme.

Oui, cette ultime photo du bonheur à Hyannis Port est décidément étrange. À travers les fenêtres de la véranda, on ne perçoit plus aucune lumière. Au-dessus des sourires, les yeux fuient ou sont figés, cachant d'insondables pensées. La pièce elle-même semble désuète, loin des fastes habituels qui servent d'écrin à la royauté américaine. Et, au centre de tout cela, le regard de Joe semble avoir déjà vu l'impensable à venir. Si le dieu des Irlandais existe, alors il a tout à redouter de sa colère.

1

COUP DE FOUDRE

«L'arrivée soudaine de Kennedy au pouvoir en dit beaucoup sur son époque. Début 1960, la moitié des Américains n'ont jamais entendu parler du sénateur du Massachusetts. Avant la fin de cette même année, il aura conquis la fonction suprême. En chemin, il inventera la politique people et télévisuelle.»

W. J. Rorabaugh[1]

Tout a pourtant si bien commencé. Durant les deux cents premiers jours de 1960, le sénateur du Massachusetts, au départ méconnu du public, a engendré un phénomène médiatique de grande ampleur. Au début de l'été, il s'est imposé à ses pairs démocrates pour combattre un géant politique, le vice-président républicain, Richard Nixon. À peine plus d'une centaine de jours plus tard, et il a battu ce favori des sondages, refermé un long chapitre de l'Histoire américaine et proclamé la naissance d'un autre monde. C'est l'aboutissement d'une séquence durant laquelle, tel un orage magnétique, Jack Kennedy a déréglé toutes les boussoles de la tradition américaine.

---

1. *Kennedy and the Promise of the Sixties*, Cambridge University Press, 2002.

À Los Angeles et à Hyannis Port, la nuit du 9 novembre 1960 a été longue. À 4 heures du matin, Richard Nixon espérait encore. Il pouvait toujours emporter la Californie, l'Illinois et le Minnesota. Alors qu'une foule de supporters et de journalistes attendait son apparition dans le grand salon de l'hôtel Ambassador de Los Angeles, il suivait anxieusement l'arrivée des résultats à la télévision, dans sa chambre, dérangé par les allées et venues de Patricia, son épouse. Deux heures plus tard – le sommeil avait pris le dessus –, il ouvrit les yeux pour découvrir que l'Illinois et le Minnesota étaient perdus. C'était fini. À Hyannis Port, Kennedy dormait encore. Il s'était couché à 3 h 30, avec le même sentiment d'incertitude, mais plus optimiste que son adversaire. Lorsqu'il se leva, à 9 heures, son conseiller Ted Sorensen l'informa qu'il l'avait emporté dans les États incertains. À Los Angeles, Nixon quitta sa chambre. Au moment de partir, son frère, Don, qui lui avait conseillé de faire campagne en Alaska le dimanche précédent plutôt que dans l'Illinois, lui lança : « J'espère que je n'ai pas été responsable de ta défaite[1]. » Impossible de le savoir car les résultats de ce scrutin demeurent à jamais mystérieux. Au terme d'une interminable nuit de suspense, l'Amérique s'est réveillée, presque incrédule, avec un nouveau visage, une « nouvelle frontière » et un jeune président catholique déjà salué par les Britanniques comme le premier « roi » des États-Unis.

Kennedy a arraché sa victoire à un corps électoral qui ne s'est jamais autant mobilisé – 64,5 % des électeurs sont allés aux urnes –, mais avec moins de 113 000 voix d'avance sur 78 millions de bulletins – une marge d'à peine 0,17 %. C'est l'élection la plus serrée depuis 1888[2].

---

1. Stephen E. Ambrose, *Nixon : The Education of a Politician, 1913-1962*, Simon & Schuster, 1998.

2. Le républicain Benjamin Harrison l'avait alors emporté sur le démocrate Wilfried Scott Hancock avec 0,09 % de voix d'avance. Par la suite, seul George W. Bush connaîtra une victoire aussi serrée,

« Personne ne peut savoir lequel des deux candidats le peuple américain a choisi en 1960 », écrit l'historien Stephen Ambrose, dans la biographie de référence qu'il a consacrée à Nixon[1]. De nombreuses études ont tenté de comprendre le phénomène électoral qui a porté Kennedy au pouvoir, mais le doute persiste. En 2011, la Midwest Political Science Association[2] a mesuré le degré de convergence des candidats aux onze élections présidentielles entre 1960 et 2000. Il en ressort que le consensus entre Kennedy et Nixon atteint 81 % : c'est la plus forte proximité de vues jamais observée. Ils ne se sont finalement distingués, l'un de l'autre, que sur les impôts, les dépenses ou leur approche du thème de la sécurité nationale – et encore, sur ce dernier thème, les spéculations ont souvent pris le pas sur un vrai programme.

La carte électorale, elle-même, n'est pas claire. Kennedy l'a emporté dans les grands centres urbains du Nord-Est et les États industriels. Mais il a perdu dans le New Hampshire, le Vermont et le Maine. Nixon, lui, a gagné à l'Ouest et dans nombre d'États à dominante rurale. Mais il a échoué dans le Nevada et le Minnesota. Au final, le républicain a obtenu vingt-six États, trois de plus que Kennedy[3]. Pourtant, dans une vingtaine d'États – encore un record –, la marge est de moins de 5 % d'électeurs. Par le jeu du collège électoral, Kennedy a empoché la mise en nombre de grands électeurs. Mais souvent avec quelques milliers

---

avec 0,51 % de voix d'avance (Nixon, lui, sera élu avec une mince avance de 0,70 % des voix pour son premier mandat, en 1968, mais seulement 43,42 % des suffrages exprimés). Les élections de 1824, 1876 et 1880 ne sont pas comparables en raison du taux de participation et de la marge d'erreur.

1. Stephen E. Ambrose, *op. cit.*

2. Chaque année, à Chicago, la MPSA réunit l'une des plus grandes conférences d'experts en sciences politiques des États-Unis.

3. Les trois États restants allant au candidat ségrégationniste Harry F. Byrd Sr.

de voix d'avance seulement. Plus surprenant encore : il a bénéficié du soutien des États du Sud, grâce à l'apport de son colistier pour la vice-présidence, le Texan Lyndon B. Johnson, mais la Floride, le Mississippi, l'Alabama et la Virginie lui ont échappé. Au-delà des principales catégories d'électeurs, chaque glissement plausible en faveur d'un des deux principaux candidats trouve un équivalent chez son adversaire. Les contours du vote afro-américain ou hispanique, des votes pro et anticatholiques, du vote féminin, demeurent très incertains.

Dans les jours qui suivent l'élection, le doute occupe les commentateurs. Le sénateur du Kentucky, Thruston Morton, réclame un recomptage des votes dans onze États[1]. Au Texas, où Kennedy l'a emporté de 46 000 voix – une marge curieusement disproportionnée –, un juge fédéral rejette les réclamations du Parti républicain : leurs fondements lui semblent insuffisants. À Hawaï, en revanche, on inverse le résultat : Nixon l'emporte, finalement. Mais cela ne lui ramène que trois grands électeurs supplémentaires. Dans l'Illinois, la situation est plus complexe. La marge de Kennedy n'est que de 9 000 voix sur près de 5 millions de votants. On recompte les résultats dans 40 % des bureaux de vote et l'on ne trouve qu'une différence de 943 voix en faveur de Nixon. Mais le Cook County, à Chicago, où le vote en faveur de Kennedy est étrangement massif, est soigneusement laissé à l'écart. Le terrain est en effet miné. Le Cook County est le fief de la famille Daley, l'une des plus puissantes et troubles dans cet Illinois que l'on appelle traditionnellement, aux États-Unis, le « *corrupted state*[2] ». Le maire de Chicago, Richard J. Daley, y partage le pouvoir avec le syndicat du crime. De père en fils, les Daley y tiendront les rênes pendant

1. Delaware, Illinois, Michigan, Minnesota, Missouri, New Jersey, Nouveau-Mexique, Nevada, Pennsylvanie, Caroline du Sud et Texas.
2. « État de la corruption ».

des décennies, au point qu'on les surnomme les « faiseurs de rois[1] ». Malgré l'absence de recomptage dans ce fameux comté, trois personnes iront en prison et 677 autres feront l'objet d'une inculpation pour fraude[2]. Edmund Kallina, le politologue qui a le plus étudié la question du vote de 1960 dans l'Illinois, estime que « l'échec du Parti républicain à démontrer la fraude ne signifie certes pas que l'élection était propre. Cette question reste insoluble[3] ».

Nixon, néanmoins, freine rapidement les tentatives de son parti pour obtenir un recomptage, même s'il considère que l'élection lui a été « volée ». Pour les partisans de Kennedy, c'est la démonstration qu'il n'a pas de preuves solides. Mais il évite ainsi, de manière indéniable, une crise majeure qui aurait plongé le pays dans un véritable chaos. Un recomptage général aurait pris environ une année et mis le gouvernement hors d'état de fonctionner. Il dira plus tard : « Je ne pouvais concevoir pire exemple pour les pays étrangers [...] que celui d'une querelle interne à propos des résultats de notre élection, qui pourraient laisser croire que la fraude électorale nous a permis de voler la présidence[4]. »

1. La famille Daley se plaît elle-même à souligner auprès de ses visiteurs que le tout premier invité de la Maison Blanche après l'installation de Kennedy, en janvier 1961, a été Richard J. Daley.
2. En 2010, le juge à la retraite Stephen Schiller, qui avait travaillé dans l'équipe du procureur spécial Morris Wexler sur l'affaire des fraudes en décembre 1960, déclare au quotidien *USA Today*: « Il y avait probablement des forces diaboliques en action là-bas, et nous ne voulions pas qu'elles sachent ce que nous étions en train de faire. [...] Mon avis est que personne ne sait réellement et personne ne saura jamais. [...] Il y avait un sentiment public que les choses n'étaient tout simplement pas comme elles devaient l'être... cela n'avait rien à voir avec Kennedy » (« Chicago Ties Cast Shadows on 1960 Presidential Win », entretien avec Judy Keen, *USA Today*, 26 septembre 2010).
3. Entretien avec l'auteur, 6 mars 2013.
4. Richard Nixon, *Six Crises*, Doubleday, 1962.

Moins élégant à l'heure de la victoire, Kennedy se demande devant Kenny O'Donnell, son directeur de campagne : « Comment m'y suis-je pris pour battre un type pareil avec seulement cent mille voix d'avance[1] ? »

La campagne présidentielle de 1960 est un cas d'espèce pour tous les spécialistes de l'histoire politique des États-Unis. Non pas tant à cause de son dénouement ambigu que parce que ce fut – que ne l'a-t-on écrit et commenté ! – la première vraie campagne politique « télévisuelle » dans le pays. Les quatre débats réunissant les deux candidats ont été suivis en direct par 70 millions de téléspectateurs. Un phénomène médiatique tant étudié – il sert d'ailleurs encore de modèle dans bon nombre d'écoles de communication – que le fond a été occulté. En réalité, la campagne de 1960 ressemble à un film dont on aurait perdu la bande-son et les sous-titres. L'image de Richard Nixon, le visage pâle, l'air tendu, presque sévère, face à Jack Kennedy plus glamour, jouant facilement avec les caméras et sûr de lui, l'a emporté sur le contenu. Pas une réplique ne revient à l'esprit des spectateurs de l'époque quand on les interroge. Pas une ne reste en tête lorsqu'on revoit ces heures d'affrontement. Et pour cause : Kennedy n'a, comme son adversaire, pas le sens de la formule. Et ce n'est pas un hasard si l'on se souvient des discours de Kennedy, mais jamais des propos qu'il pouvait tenir sans filet. Le jeu du direct se prêtait mal, en effet, à l'utilisation des slogans que lui fabriquaient sur mesure ses « plumes », Theodore Sorensen en tête. Qui pourrait dire aujourd'hui ce qui séparait Kennedy et Nixon, en termes de convictions ou de programme ? Qui pourrait détecter le geste ou la parole qui a fait basculer l'élection ? Personne, puisque ceux-ci n'existent pas. Les destins des deux hommes furent à ce point liés que les visions de l'un mourant

1. Robert Dallek, *John F. Kennedy: An Unfinished Life*, Boston, Little, Brown & Co., 2003.

sous les balles et de l'autre renonçant au pouvoir dans le déshonneur[1] achèveront définitivement de les enfermer dans le rôle du « héros » et du « méchant ». L'image, encore et toujours…

Pourtant, tout ce qui définira la politique américaine durant des décennies est sur la table, en 1960. Malgré les moyens financiers colossaux dont il disposait, l'extraordinaire organisation de sa campagne, une épouse transformée en égérie, l'engouement médiatique et la réussite de plusieurs « coups » spectaculaires durant l'année, Jack Kennedy a bien failli échouer. Sa victoire n'eut rien d'un plébiscite. « Selon l'opinion quasi unanime de tous ceux qui ont été impliqués dans l'élection de 1960, écrira l'historien Theodore White, les dix derniers jours de la campagne ont suscité un élan en faveur de Nixon[2]. » « Si la campagne avait duré deux jours de plus – et si Nixon avait été physiquement capable de tenir le rythme –, relève quant à lui un autre spécialiste, Stephen Edward Ambrose, il aurait bien pu prendre l'avantage. En l'état, il avait réduit à zéro la marge de Kennedy dans les sondages[3]. » Entre le jour de son élection et celui de son investiture, beaucoup de commentateurs ont souligné l'étroitesse de sa victoire et la surprise du pays. Car, comme le souligne le magazine *Time*, Kennedy a « offert remarquablement peu de détails » dans son programme[4]. De l'avis de tous, c'est une victoire du style et de la personnalité – mais l'hebdomadaire remarque bien, au passage, une attitude qui laisse perplexe : « Sans sourire la plupart du temps, avec une

---

1. Confronté à une procédure de destitution à la suite du scandale du Watergate, Nixon démissionne le 9 août 1974, au cours de son second mandat.
2. Theodore H. White, *The Making of the President 1960*, Atheneum House, 1961 ; Harper Perennial, 2009.
3. Stephen E. Ambrose, *Nixon*, vol. 1, *The Education of a politician, 1913-1962*, Simon & Schuster, 1998.
4. 16 novembre 1960.

gestuelle curieuse, un ton monocorde, il a assené encore et encore essentiellement le même thème, selon lequel les États-Unis étaient bloqués au point mort dans une époque dynamique, et qu'il remettrait "ce pays de nouveau en mouvement". » Alors, loin des effets de caméra et de la mémoire reconstituée, est-ce Kennedy qui a gagné l'élection ou est-ce Nixon qui l'a perdue? La réponse demeure incertaine.

Propagande

Pour le plus grand nombre, les années 1950 laissent une Amérique partagée entre apaisements et inquiétudes, mais on semble alors s'éloigner des grandes frayeurs. En dix ans, les Américains ont vu leur territoire s'agrandir de près de 2 millions de kilomètres carrés – trois fois la France – avec l'entrée de l'Alaska et d'Hawaï dans l'Union. Ils ont connu une tentative d'assassinat sur leur président Truman[1], la guerre de Corée, la télévision en couleurs, le développement exponentiel du marché de l'automobile et du crédit personnel, le maccartisme, le début de la déségrégation légale, la naissance de la Nasa et du premier langage informatique conçu par IBM. La délinquance juvénile est devenue un fléau national tandis que Disneyland voyait le jour, l'esprit de pudibonderie généralisé a été défié par la naissance du magazine *Playboy* et l'ouverture de ses clubs nocturnes. Jack Kerouac et les Beatniks, « ancêtres » des hippies, sont apparus avec les comics, le Pop Art et la science-fiction, bousculant l'esprit conservateur, tandis que le jazz, le rock'n'roll et le calypso se répandaient dans le pays et à travers le monde, armes de propagande très utilisées par Washington. À l'écran, Elizabeth Taylor a été rejointe par Marilyn

1. Le 1er novembre 1950, deux nationalistes portoricains attaquent sa résidence de Blair House, tuant un officier de sécurité et manquant de peu le président.

Monroe, James Dean et Marlon Brando, tandis que les sitcoms s'installaient dans le quotidien des familles. Presley a fait scandale lors de sa première apparition – un peu trop « décalée ». Pouvoir et contre-pouvoirs, puritanisme et rébellions, injustice institutionnelle et idéalismes contestataires, la machine américaine est lancée à fond. Pour un Américain, rien de plus « normal » et « américain » que de vivre dans ce chaudron en perpétuelle ébullition. L'ordre des uns est contesté par le désordre des autres ; la puissance de Washington est défiée par les États et les individus ; les transgressions et les déviances que l'on s'accorde secrètement sont protégées par des lois qui entretiennent le sentiment commun de préserver la morale publique. C'est ainsi que dans ce pays, depuis sa création, l'on vit dans un jeu permanent, parfois violent, toujours imprévisible, qui fait et refait sans cesse le tissu de la société. Et quand cela ne fonctionne pas, ce sont les mauvais jours, ceux de la guerre ou de la dépression, ceux du doute et de la peur.

Sans aucun doute, c'est parce qu'ils vivent dans un pays à l'image de l'idée qu'ils en ont qu'à la fin de l'année 1959 l'opinion favorable des Américains envers Eisenhower a atteint des sommets phénoménaux. « À soixante-neuf ans, écrit le magazine *Time*, achevant sept années d'une présidence marquée par trois maladies majeures, Dwight Eisenhower n'a jamais paru aussi en forme. Il a le teint clair, le visage ferme (seule une légère boursouflure autour des yeux indique son âge) ; il a le pas léger (il surprend parfois ses visiteurs en grimpant les escaliers quatre à quatre). » Il vient d'effectuer une tournée triomphale à travers trois continents. À Ankara, Karachi, Kaboul, New Delhi, Athènes, Madrid, Casablanca, il a été acclamé par des foules. À Paris, il a été accueilli par de Gaulle en grande pompe, à la gare de Lyon, même si la longue complicité des deux généraux est mise à l'épreuve par leur affrontement sur le rôle de l'Otan. Eisenhower a profité de cette visite pour rejeter avec force la vision d'un futur « sombre et triste », s'affirmant comme un « optimiste né ». L'Amérique se satisfait de la nouvelle victoire des conservateurs de Macmillan en Angleterre, qui écrase les forces travaillistes. Elle constate avec une certaine candeur le mouvement de décolonisation et la réussite des nationalismes en Afrique ou dans le monde arabe. Au « nouvel esprit de conciliation et de coopération » que le président des États-Unis a pu saluer après la Conférence de Genève en juillet 1955, aux côtés de son homologue russe Nikolaï Boulganine, et à la détente notable liée à l'arrivée de Nikita Khrouchtchev au Kremlin, ont certes succédé de sérieuses inquiétudes. L'intervention militaire de Moscou lors de la révolution hongroise, fin 1956, les a renforcées. L'exploit du lancement du satellite Spoutnik, le 4 octobre 1957, a permis au pouvoir soviétique de revendiquer sa supériorité technologique et a suscité un malaise dans l'opinion américaine. Mais, globalement, la peur de l'empire soviétique est en recul : plus impressionnantes que les photos prises par Moscou de la face cachée de la Lune sont celles de l'intervention sanglante des Chinois au Tibet et en Inde.

En réalité, la propagande de la guerre froide repose pour beaucoup sur la bonne santé économique des États-Unis. Il n'y a pour s'en convaincre qu'à constater le chiffre d'affaires de la société Bomb Shelters, qui vante à la télévision, dans des spots bon enfant, les qualités de ses abris antiatomiques pour toute la famille et pour tous les goûts. Ou encore, les bénéfices de la société Fruits United, spécialisée en particulier dans le commerce de la banane en provenance d'Amérique centrale et du Sud, dont la puissance est si grande qu'elle a organisé la destitution du président du Guatemala, en 1954, mettant la main sur le pays, sa production et sa main-d'œuvre. C'est l'âge d'or des publicitaires. Le « pape » et inventeur des relations publiques, l'Américain Edward Bernays, est l'un des hommes les plus puissants de la planète. En 1928 déjà, dans son ouvrage *Propaganda*[1], il estimait que la manipulation de l'opinion publique était une part nécessaire de la démocratie. Il est celui qui a popularisé tout ce que l'Amérique compte de géants économiques – American Tobacco, Procter & Gamble ou General Electric –, mais également politiques, le président Calvin Coolidge en tête.

Les dix jours de visite de Khrouchtchev, en septembre, sont marqués à travers tout le pays par des foires commerciales où l'on s'arrache d'une part toutes sortes d'articles démontrant la supériorité américaine et, d'autre part, autant d'articles transformés aux couleurs de l'Union soviétique. Épisode succulent, qui voit Khrouchtchev à Times Square – il s'amuse beaucoup – et finit presque par le faire passer pour un homme sympathique – en tout cas pas pour un monstre. Même si entre Moscou et Washington, en coulisses, on aiguise les couteaux. Les deux grandes expositions qui se tiennent à New York et à Moscou à quelques semaines d'intervalle durant l'été 1959 sont l'occasion d'un étalage de puissance de la part de chacun des deux peuples. À New York, les Américains découvrent le fameux Spoutnik, et les symboles de la propagande communiste vantent les mérites d'une société généreuse, égalitaire et fraternelle. À Moscou, les Russes s'enthousiasment devant des défilés de mode, goûtent au Pepsi Cola et assistent à de grands concerts de jazz en plein air. L'épisode est singulier. Des couples se forment et une « mini-génération 59 » naîtra même de ces rencontres. C'est d'ailleurs dans ce contexte que survient le fameux *kitchen debate* entre Nixon et Khrouchtchev, à Moscou, lors de la visite de l'exposition américaine. Devant le stand qui présente la cuisine « modèle » des Américains – où les Russes peuvent voir la première machine à laver –, les deux hommes se livrent à une joute oratoire qui vire à l'aigre. Khrouchtchev, estimant

1. Edward Bernays, *Propaganda*, Zones, 2007.

que les Russes se préoccupent de «ce qui compte» plutôt que du «superflu», demande, goguenard, à Nixon si cette machine à laver peut également «mettre la nourriture dans la bouche et la pousser dans la bouche». Nixon réagit sans broncher en disant qu'au moins la compétition est «technologique plutôt que militaire». Puis il affirme au maître de Moscou que chaque travailleur peut s'acheter cette cuisine, en Amérique. Ce à quoi Khrouchtchev lui répond que les paysans russes le peuvent également. Avant de s'emballer, en promettant qu'avant la fin de la décennie suivante tout cela, et bien plus encore – il montre le ciel du doigt pour évoquer Spoutnik et le prochain objectif, la Lune –, appartiendra aux Russes, et que les Américains viendront manger dans leurs mains. Un photographe prend une photo de Nixon, sûr de lui, le doigt tendu vers son interlocuteur, réaffirmant la suprématie américaine, juste avant que les deux hommes ne terminent ce sketch improvisé sur le constat que les deux puissances devraient s'ouvrir l'une à l'autre et que cet échange devrait être traduit dans les deux langues et diffusé dans les deux pays. Il va l'être en quelques heures et fera la une des médias dans les deux pays. De quoi alimenter le sentiment que l'on est loin, très loin, des tensions passées.

Mais l'épisode le plus significatif de l'année 1959 est peut-être survenu dès le 1er janvier, avec le renversement du dictateur cubain Fulgencio Batista par le révolutionnaire Fidel Castro. Le coup d'État a généré une grande confusion à Washington, où l'on a semblé hésiter sur sa signification et la position à prendre. Lorsque Eisenhower rompt les relations diplomatiques avec Cuba, un an jour pour jour après l'arrivée de Castro, il est déjà trop tard. Celui-ci a tourné ses yeux vers Moscou. Et, en entrant à la Maison Blanche, Kennedy va vite afficher la nouvelle donne américaine, sur un ton bien plus agaçant que celui de Nixon aux yeux de Moscou. Khrouchtchev, l'enfant du prolétariat, ressent immédiatement une gêne face au «fils de milliardaire».

Pour l'heure, « *we can trust him*[1] », répond massivement l'opinion lorsqu'elle est consultée par les instituts de sondage au sujet du président, et ce jugement recouvre celui qu'ils portent sur le futur candidat des républicains. Après tout, le pays baigne toujours dans une atmosphère de prospérité économique. Eisenhower a limité le nombre de mandats présidentiels à deux, et cette limite s'applique à lui-même. Même si beaucoup, en cette fin d'année 1959, disent qu'ils voteraient encore pour lui s'il se représentait. Il s'en faudra d'ailleurs de peu pour qu'Eisenhower quitte le pouvoir par la grande porte. Car c'était compter sans Jack Kennedy. En un an, celui-ci va œuvrer à ternir le passé, l'homme et l'héritage. Jusqu'à susciter un long désaveu d'Eisenhower parmi les historiens, un désintérêt et une ignorance de la part des générations suivantes, un brouillard qui ne commencera à se dissiper que des décennies plus tard.

L'Amérique de 1960 n'est pas en état de siège, même si les spectres de la guerre froide ne sont jamais bien loin. Mais, dès l'ouverture de sa campagne, Kennedy compte bien faire entendre des bruits plus inquiétants à ses compatriotes. Il veut changer la donne, convaincre les Américains qu'ils sont au bord de la catastrophe. Et qu'il est leur sauveur.

Déclaration de guerre

Ce jeudi 19 janvier 1961, une Amérique curieuse suit les préparatifs de l'investiture de son trente-cinquième président. À Washington, le froid est intense – le thermomètre affiche – 15 °C – et une tempête de neige complique l'organisation de la cérémonie. Mais la capitale voit affluer la foule des anonymes, qui s'installent aux abords de la Maison Blanche. Le Tout-Hollywood a pris d'assaut les hôtels environnants et les résidences amies.

1. « Nous pouvons lui faire confiance. »

Finalement, avec deux heures de retard, la grande soirée de gala donnée pour John Fitzgerald Kennedy – également destinée à remplir les caisses du Parti démocrate[1] – peut avoir lieu. Elle se déroule à l'Armurerie nationale, un bâtiment militaire assez vaste pour accueillir les sept mille privilégiés. La future *First Lady*, Jacqueline Kennedy, apparaît au côté de son mari, éclairée par les phares des automobiles dans une lumière blanche qui se reflète sur la neige. Saisie par le spectacle, la foule se tait un instant. L'atmosphère semble presque surnaturelle. À l'intérieur, l'assistance est déjà surchauffée. Frank Sinatra, qui a préparé le *show* pendant trois mois, est l'un des maîtres de cérémonie, avec Peter Lawford. Ils entraînent dans leurs pas le fameux *Rat Pack*, groupe de saltimbanques créé dans les années 1950 autour de Humphrey Bogart et emmené, après sa disparition, par Sinatra, qui s'en donne à cœur joie. Harry Belafonte, Nat King Cole, Tony Curtis, Janet Leigh, Ella Fitzgerald, Bette Davis, Laurence Olivier, Leonard Bernstein ou encore Sidney Poitier, la liste des têtes d'affiche est interminable. Bon nombre de producteurs d'Hollywood ont suspendu leurs tournages pour pouvoir gagner la capitale. Les places ont été vendues entre 1 000 et 10 000 dollars. Seule ombre au tableau, l'absence de Sammy Davis Jr. Le *showman*, qui s'est marié à la mi-novembre avec l'actrice suédoise May Britt, a été mis à l'écart pour ne pas froisser les démocrates sudistes. Davis n'a été prévenu que trois jours avant la fête, par Evelyn Lincoln – la secrétaire particulière de Kennedy, mais une secrétaire, tout de même. La tension électorale n'est pas encore retombée et le président souhaite éviter les vagues. L'acteur a fait mine de comprendre. Mais, en réalité, la blessure demeurera profonde. Qu'importe, la soirée est une réussite. Gene Kelly danse, Sidney Poitier lit des poèmes, Harry Belafonte y va de son calypso,

1. La recette avoisinera les 2 millions de dollars.

Jimmy Durante interprète l'une des chansons favorite de Kennedy, « September Song ». « C'était un mélange typiquement américain de grande culture et de comédie facile, de sentimentalisme et de provocation ; il a peut-être marqué le moment où le spectacle est devenu une part indispensable de la politique moderne », écrira Todd Purdum dans *Vanity Fair.* Lorsque son ami Sinatra l'annonce, c'est un « JFK » éclatant qui fend la foule. Jamais totalement détendu – son dos fragile semble le contraindre en permanence à une démarche prudente –, il est cependant d'humeur badine. Alors que le spectacle s'est achevé à 1 h 30 du matin, et que Jackie poursuit sa convalescence après la césarienne qu'elle a dû subir, le 25 novembre, pour la naissance de leur fils John-John, il s'en va vers une autre fête, organisée par son père, au restaurant Paul Young, dans le centre-ville de Washington. Une *party* entre Irlandais... Jack rentre à 3 h 30 pour leur dernière nuit avant la Maison Blanche alors que son investiture doit débuter tôt. Pourtant, dès 8 heures, il semblera en pleine forme, relisant son discours et passant en revue son programme.

Avant de rejoindre la Maison Blanche, où l'attend un petit-déjeuner en compagnie d'Eisenhower, Nixon et de leurs trois épouses, Kennedy se rend à pied à la messe, à la Holy Trinity Catholic Church de Georgetown. Une photo est prise, rare, puisqu'il n'a presque jamais accepté qu'on le voie à l'église, pour ne pas réveiller le sentiment anticatholique à son encontre. Le petit-déjeuner se déroule dans une atmosphère détendue. Rien ne transparaît des tensions entre les deux ex-candidats ou avec Eisenhower, qui a pourtant dit, pendant la campagne, qu'il donnerait « n'importe quoi pour ne pas laisser [son] fauteuil et [son] bureau à Kennedy ». Dans un froid toujours glacial – l'armée a été appelée en renfort pour dégager les rues du quartier et l'ancien président Herbert Hoover manquera l'événement, car son avion ne pourra atterrir –, Kennedy gagne le Capitole. L'élite politique, intellectuelle et religieuse du pays l'accueille au siège du Congrès.

En fin de matinée, enfin, il apparaît face à l'esplanade noire de monde, devant la porte Est du Capitole, pour la cérémonie d'investiture. Le poète Robert Frost, âgé de quatre-vingt-six ans, lit *The Gift Outright*[1], une composition sans doute écrite en 1936, dans laquelle il rend hommage à l'Amérique – mais qui, pour beaucoup, résonne comme une ode au nouvel élu. Il s'agit pourtant d'une improvisation : Frost devait initialement prononcer un discours, mais la lumière trop éclatante de midi ne permet pas au vieil homme aux yeux fatigués de distinguer ce qu'il a écrit sur sa feuille.

Puis, Kennedy se tourne vers le juge et quatorzième président de la Cour suprême, Earl Warren, pour prêter serment, dans un silence impressionnant[2]. L'image est forte. Tant de fois soupçonné par ses opposants, parce que catholique romain, d'être soumis au Vatican, Jack Kennedy pose sa main gauche sur la Bible. Il a choisi la bible familiale. Il lève la droite et prononce les mots fixés par le second article de la Constitution : « Je jure solennellement que j'exécuterai fidèlement la fonction de président des États-Unis, et que je préserverai, protégerai et défendrai au mieux de mes possibilités la Constitution des États-Unis. » Il y ajoute le codicille religieux prononcé par nombre de ses prédécesseurs : « *So help me God*[3]. » À 12 h 51, ce 20 janvier 1961, John Fitzgerald Kennedy est devenu président des États-Unis. La foule acclame son nom ; l'assemblée où se mêlent les élus et les membres de sa famille s'est dressée comme un seul homme. Il échange

1. « Le Don pur et simple. »
2. Earl Warren sera chargé par Lyndon B. Johnson, le 29 novembre 1963, de présider la commission d'enquête sur l'assassinat de John F. Kennedy.
3. « Avec l'aide de Dieu ».

un bref regard avec son père, Joseph, qui jubile derrière ses petites lunettes rondes. Il a retiré son pardessus et prend maintenant la parole. Les quatorze minutes qui suivent vont susciter un véritable enchantement. Sans doute le fait qu'il s'agisse de la première allocution de ce genre retransmise en direct (et en couleurs) à la télévision joue-t-il son rôle. Mais la teneur même de ce discours est essentielle. Il devient d'ailleurs, pour beaucoup, le plus grand discours inaugural de l'Histoire américaine – et le meilleur, peut-être, de la présidence de John Fitzgerald Kennedy.

Le 23 décembre, Ted Sorensen a adressé un télégramme à dix destinataires, leur indiquant : « Le président élu m'a demandé de recueillir les propositions que vous pourriez faire pour le discours d'inauguration. Au regard du peu de temps disponible avant le jour de l'investiture, il serait apprécié que vous adressiez vos recommandations avant le 31 décembre. Nous sommes particulièrement intéressés par des thèmes spécifiques et des formules susceptibles de les illustrer, que cela prenne une page ou dix. Merci beaucoup, beaucoup. Theodore C. Sorensen, conseiller spécial du président élu. » Les destinataires sont, entre autres, Dean Rusk, administrateur de la Fondation Rockefeller, l'historien Allan Nevins, Adlai Ewing Stevenson II, candidat du Parti démocrate en 1956 devenu ambassadeur auprès des Nations unies, ou l'économiste John Kenneth Galbraith. Sorensen ne retiendra que quelques suggestions de ces deux derniers. Mais, pour l'essentiel, il s'appuie sur le texte qui a la préférence de Kennedy lui-même : le célèbre discours de Gettysburg, prononcé par Lincoln le 19 novembre 1863. C'était alors la guerre civile. Comme celui-ci, il le veut relativement bref, taillé dans des phrases courtes qui correspondent bien à son phrasé. Il n'est pas un orateur né, et il le sait. C'est pourquoi il s'est assuré les services d'un coach, qui lui a appris à « aboyer » et à s'entraîner en se servant des enregistrements des discours de Winston Churchill[1]. La veille, et le matin même encore, y compris durant le petit-déjeuner à la Maison Blanche, il a lu et relu son discours. Il en est satisfait. Avec Sorensen, il a beaucoup discuté de l'effet qu'il souhaite obtenir en le prononçant. Il s'agit de prendre quelques distances avec les nombreuses déclarations qu'il a faites tout au long de sa campagne, très critiques vis-à-vis de son prédécesseur et imprégnées de la rhétorique typique de la guerre froide. Ce n'est plus guère de circonstance, pense-t-il – du moins, pas ce jour-là. Mais le contenu laisse songeur et donne raison à Arthur Schlesinger, l'un de ses principaux hagiographes, lorsqu'il écrit que Kennedy s'est rendu compte « que c'est la guerre qui permet au président d'atteindre la gloire[2] ».

— Vice-président Johnson, monsieur le président de la Chambre des représentants, monsieur le Juge en chef, président Eisenhower, vice-président Nixon, président Truman, révérend père, chers compatriotes… Aujourd'hui, nous assistons non pas à la victoire d'un parti, mais à la célébration de la liberté, symbolisant une fin aussi bien qu'un commencement, signifiant le renouveau aussi bien que le changement. […] Faisons savoir à chaque nation, qu'elle nous veuille du bien ou du mal, que nous paierons n'importe quel prix, supporterons n'importe quel fardeau, affronterons n'importe quelle difficulté, soutiendrons n'importe quel ami, nous opposerons à n'importe quel ennemi, pour assurer la survie et le succès de la liberté. […] À ces nouveaux États que nous accueillons dans les rangs de la liberté, nous donnons notre parole qu'aucune forme de contrôle colonial ne peut être remplacée par une tyrannie de fer. […] Faisons savoir à nos voisins que nous nous joindrons à eux pour

1. Richard Reeves, *President Kennedy: Profile of Power*, Touchstone Book, 1993.
2. Arthur Schlesinger Jr, *A Thousand Days: John F. Kennedy in the White House*, Mariner Books, 1965.

nous opposer à l'agression ou à la subversion, partout aux Amériques. [...] Finalement, à ces nations choisiraient d'être nos ennemies, nous ne formulons pas un souhait, mais demandons que les deux bords engagent un nouveau processus de paix, avant que les forces obscures de la destruction nées de la science engloutissent toute l'humanité dans une autodestruction planifiée ou accidentelle. Nous ne les mettons pas au défi avec faiblesse. Car c'est seulement lorsque nos armes seront absolument suffisantes que nous pourrons être absolument certains qu'elles ne seront jamais employées. [...] Pouvons-nous mette en place contre ces ennemis une grande alliance globale, Nord et Sud, Est et Ouest, capable d'assurer une existence plus profitable à toute l'humanité? [...] Dans la longue histoire du monde, seules quelques générations se sont vu accorder le rôle de défendre la liberté dans ses heures de plus grand danger. Je ne recule pas devant cette responsabilité, je l'accueille. L'énergie, la foi, la dévotion que nous apportons à cet effort éclaireront notre pays et tous ceux qui le servent, et l'éclat de ce feu est capable d'illuminer le monde. [...] Ainsi donc, mes chers compatriotes américains: ne demandez pas ce que votre pays peut faire pour vous, demandez ce que vous pouvez faire pour votre pays[1]. [...] Ici sur terre, l'œuvre de Dieu doit vraiment être la nôtre...

L'assistance semble littéralement suspendue à cette injonction à la responsabilité. Par ces mots, Kennedy n'a pas seulement marqué les esprits. Il vient d'entrer dans l'Histoire.

1. La petite histoire de cette formule célèbre sera révélée en novembre 2011 par le journaliste Christopher Matthews, l'un des grands commentateurs politiques de la chaîne NBC. Les anciens de Harvard College, où Kennedy a été étudiant en 1936, se souviennent bien de ce refrain du recteur: « Comme je le dis souvent, la jeunesse qui aime son Alma Mater ne demandera pas: "Que peut-elle faire pour moi?", mais: "Que puis-je faire pour elle?" »

« Liberté », « dévotion », « loyauté », « sacrifice », « ennemi », « agression », « subversion » « feu », « destruction », mais aussi « plus grand danger » : tout est là. Le message est puissant, tourné vers l'extérieur. Il vient peser de tout son poids sur les épaules du peuple, lorsque Kennedy l'invite, de manière presque autoritaire, à se mettre au service de son pays et à le suivre. On peut toutefois se demander ce qu'un tel message signifie pour vingt millions de « nègres », ainsi qu'on les appelle encore, confrontés à un arsenal législatif que seuls les politiciens sont alors en mesure de changer. À ceux-là, Kennedy avait-il réellement le droit de demander ce qu'ils pouvaient faire pour leur pays ?

Le lendemain, la presse mondiale titre sur le message du nouveau président. Il a été reçu. Dans le pays, le sentiment d'un grand changement s'impose. Sur la côte Ouest, le *Seattle Daily Times* souligne avec fierté que « beaucoup des auditeurs de M. Kennedy à travers le monde seront intrigués par la description de la génération d'Américains qui assume maintenant la responsabilité… […] Certains diront qu'en fait les États-Unis sont une nation de groupes égocentriques et myopes, trop peu disciplinés et trop ignorants des réalités de la guerre froide et des vents du changement qui soufflent autour du globe. […] Nous acquiesçons à la fière description de sa génération par M. Kennedy ». Le *Chicago Tribune* salue « un cri de ralliement, modelé sur le discours de la première investiture de Franklin Delano Roosevelt. Sur le plan de la rhétorique, c'était très bon ; si ceux qui l'ont écouté le relisent maintenant, meilleur encore. Nous espérons que M. Kennedy ne sera pas trompé par les déclarations de bonnes intentions du Kremlin ». Dans le Sud, le *Constitution* d'Atlanta écrit : « Pour défendre la liberté aux heures du danger, l'Amérique s'est remise vendredi entre les mains d'un jeune leader qui ne "recule pas devant cette responsabilité, mais l'accueille". » À l'est, le *New York Herald Tribune* souligne que « l'exubérance, l'enthousiasme et l'inflexibilité sont les caractéristiques de l'approche présidentielle de M. Kennedy », qui est « plus un activiste qu'un idéologue ». L'Associated Press note les gestes qui sont devenus « si familiers durant sa campagne », ceux du « doigt pointé » et du « poing abattu ». De quoi en être sûr, pour ceux qui en doutaient encore : l'heure de la mobilisation a sonné, les années 1950 sont terminées. L'Amérique est en guerre.

Le son du canon

D'abord intriguée durant sa campagne, puis séduite par Jack Kennedy devant son poste de télévision, l'Amérique a soudain déclaré sa passion à son nouveau président. Mais il nous faut remonter graduellement le temps pour comprendre les mécanismes de cette passion, car le coup de charme kennedyen n'a pas opéré par magie. Lorsqu'il arrive au Sénat, ce 2 janvier 1960, pour prononcer sa déclaration de candidature à l'élection présidentielle devant les sénateurs démocrates et les caméras de télévision, c'est encore pour beaucoup un sentiment de déjà-vu qui prévaut. Kennedy est l'un des favoris « naturels » du parti. Il a échoué une première fois en 1956, mais les conditions de son échec ont en réalité transformé celui-ci en succès. Il a entrevu avec justesse que l'alternance ne se produirait pas cette année-là. D'ailleurs lui-même ne s'est jamais véritablement reconnu dans son propre parti. Il a le ton et les idées d'un républicain. Dans la famille Kennedy, le choix du Parti démocrate ne relève que d'anciennes amitiés ou inimitiés, rarement des « fondamentaux ». Il a la pratique d'un centriste : sans cesse soucieux de ménager les élus du Sud vis-à-vis des actions du Nord, obligé d'accepter les avancées des « libéraux » progressistes pour ne pas se couper de sa terre d'élection. Mais il a un certain talent pour jouer les équilibristes, en particulier celui de disparaître quand les enjeux deviennent trop risqués.

Déjà, lors de la dernière convention nationale de son parti, il a développé les mêmes thèmes, aligné les mêmes images, assené les mêmes arguments, qu'il s'apprête à reprendre pour déclarer sa candidature. L'homme paraît un peu moins juvénile. En 1954 et 1955, il a vécu deux années catastrophiques pour sa santé qui l'ont laissé considérablement amaigri. Il est sans conteste plus expérimenté : il a su trouver son chemin jusqu'à la convention de Chicago, y a défendu ses idées, évité les pièges, et s'est montré brillant au moment de la désignation d'Estes Kefauver, vainqueur pour le ticket à la vice-présidence. Fort d'une seconde place qui a fait sensation, il a été vite reconnu comme l'espoir du parti. Il a donc mûri, d'autant qu'il vient de passer trois années à remplir le vide de sa carrière politique par une hyperactivité dans le débat public. Mais son tempérament est le même. Les Kennedy sont des hommes froids, en général. Très soucieux des apparences, comme son père, Jack peut volontiers se mettre à parler un véritable langage de charretier quand cela lui plaît, et s'emporte vite – même si c'est son frère Bobby qui, à ce jeu-là, fait merveille. Presque né avec une caméra entre les mains – à dix ans, il a vu tous les films d'Hollywood, dont son père est l'un des cinq principaux producteurs –, il a cette manière bien à lui de se mettre en scène. Il a appris à regarder l'objectif des caméras situées légèrement au-dessus de la tête de ceux qui l'écoutent, et cela lui donne indéniablement une prestance. Il a aussi cette rigidité dans le mouvement, liée en partie à l'état déplorable de son dos, et cette voix monocorde et sonore, assez nasillarde, teintée d'un accent irlandais bien reconnaissable, qui lui fait dire « *Cuber* » au lieu de « *Cuba* » et « *pathy* » au lieu de « *party* ». Surtout, il fait grand usage d'une rhétorique dramatique. Ce 2 janvier, le discours que lui a préparé Ted Sorensen a des accents presque scolaires :

— La présidence est la fonction la plus puissante du monde libre. À travers son leadership peut apparaître une vie meilleure pour notre peuple. Elle est au cœur des espoirs de toute la planète pour la liberté et pour une existence plus sûre. Au sein de l'exécutif, c'est au président que reviennent à prendre les décisions les plus cruciales du siècle au cours des quatre prochaines années : comment mettre un terme ou freiner la course éreintante aux armements, par laquelle les Soviétiques parviennent déjà à menacer gravement notre existence ; comment maintenir la liberté et l'ordre parmi les nouvelles nations émergentes ; comment reconstruire la stature de l'Amérique à travers la science et l'éducation ; comment prévenir l'effondrement de notre secteur agricole et le déclin de nos villes ; comment parvenir, sans plus d'inflation ou de chômage, à une croissance économique bénéficiant à tous les Américains ; et comment donner une direction à notre devoir moral traditionnel, éveiller chaque Américain face aux dangers et aux opportunités auxquels nous faisons face. [...] Pendant dix-huit ans, j'ai été au service des États-Unis, d'abord en tant qu'officier de marine dans le Pacifique durant la Seconde Guerre mondiale, puis au cours des quatorze dernières années comme membre du Congrès. Durant les vingt dernières années, j'ai voyagé dans presque chaque continent et chaque pays – de Leningrad à Saigon, de Bucarest à Lima. À travers tout cela, j'ai acquis l'image d'une Amérique remplissant un rôle noble, historique, de défenseur de la liberté à une époque de danger maximum – et celle d'un peuple américain confiant, courageux et persévérant. C'est avec cette image que je commence cette campagne.

« Danger maximum » : cette vision, cette image que l'on retrouvera lors de son investiture un an plus tard ne sont pas vraiment celles qui sont véhiculées alors par la télévision ou dans les magazines. La période est un peu trop calme à son goût, d'ailleurs. Il va falloir beaucoup d'énergie au candidat pour faire entendre le son du canon à ses compatriotes. Curieux contraste, que ce jeune « guerrier » attaché à faire pâlir l'image du vieux général optimiste. Eisenhower a beau approcher de ses soixante-dix ans et s'appuyer sur un long passé prestigieux qui l'identifie à la Seconde Guerre mondiale, il est faux d'avancer que l'Amérique est avant tout en quête de «jeunesse» – du moins ne le sait-elle pas encore. Ce ne sont pas des «années de plomb», elle n'étouffe pas ni ne s'impatiente. À la recherche de plus d'égalité et de tolérance? Sans doute. Mais la ségrégation et les injustices sont du côté du pouvoir. Par son arsenal législatif qui touche tous les domaines de la vie privée, Washington est le plus sûr gardien de la terrible condition endurée par les Indiens ou les Noirs à travers le pays – et pas uniquement dans ces États du Sud affreusement racistes. L'Amérique est, en réalité, plus inquiète à l'idée de voir s'éloigner le temps de la prospérité. Ces folles années d'accession au confort pour la classe moyenne peuvent-elles durer encore présente longtemps? La question se pose déjà – les tensions sur les prix persistent –, mais l'horizon est tout de même vierge d'un possible retour aux années de la dépression, encore présente dans les mémoires. Oui, bien sûr, on perçoit un flottement dans les esprits, largement entretenu par la fin inexorable des années «Ike»... Eisenhower a fait voter la limitation de la fonction présidentielle à deux mandats, et elle s'applique à lui-même. Face à la perspective de voir partir un tel «géant» de l'Histoire américaine, l'opinion ne peut que se laisser gagner par certaines interrogations.

Mais Kennedy est né, physiquement et intellectuellement, à l'écart des révolutions culturelles et populaires. Il n'a pas d'aptitude naturelle à sentir le pouls de la société, pour ce qui est de la politique intérieure. D'ailleurs, comme le montre son bilan législatif, celle-ci l'intéresse assez peu. Ses discours semblent les pointer – il n'a pas son pareil pour parler de justice, d'égalité, d'emploi ou de réformes –, cependant, là encore, ses actes sont toujours en retrait. Très jeune, il a voyagé en Europe – il en connaît presque tous les pays – et, dans le reste du monde, a serré la main de présidents ou du pape, et il a été aux premières loges de l'Histoire, grâce à son père, aux heures les plus sombres. Jack est né au moment de l'entrée des États-Unis dans la Première Guerre mondiale, s'est passionné pour l'Histoire à l'incitation pressante de son père. Il n'a de véritable passion que pour la scène internationale. Il raisonne d'abord et avant tout – c'est, chez lui, une véritable « marque de fabrique » – à partir de la guerre, par la guerre et en vue de la guerre.

Jamais aussi à l'aise qu'au moment des crises aiguës, Kennedy démarre sa campagne dans un contexte encore inconfortable pour lui. Les médias ne sont pas chauds. Nombreux sont les démocrates qui doutent de lui. Bien sûr, on considère déjà généralement qu'Adlai Stevenson a fait son temps, et Kennedy conserve son aura de 1956, renforcée d'ailleurs par la suite. Mais il est face à des adversaires solides, et les crispations internes qui opposent les démocrates sur des sujets très périlleux sont autant d'obstacles à franchir. Et puis il y a Nixon, qui entre en piste une semaine après lui, et qui est un « champion » en matière de politique extérieure. Il bénéficie d'une image plutôt bonne, même si elle n'est pas toujours sympathique, et a le grand le mérite de faire ressortir sa « solidité ».

Six semaines après l'ouverture de la campagne de 1960, le magazine *Time* écrit que jusqu'ici « aucun parti n'a la certitude de pouvoir se réunir autour d'un programme commun » et que les candidats ont encore « une longue marche » à accomplir[1]. Les enquêtes d'opinion montrent unanimement que les électeurs estiment le Parti républicain « mieux en capacité de préserver la paix que les démocrates » et qu'en revanche le Parti démocrate, plus que son concurrent, est « sensible à la maîtrise des prix ». Mais sur d'importantes questions, comme

1. *Time*, 15 février 1960.

celle de la « pagaille agricole » – 7 milliards de dollars ont déjà été engagés pour soutenir ce secteur –, on estime qu'aucun candidat « n'a encore suscité de réponse solide ». En matière d'éducation, « ni Nixon ni aucun des espoirs démocrates ne se sont emparés sérieusement du problème » et le magazine voit cela comme le révélateur de « l'incapacité de Washington » à le résoudre. Bref, tout reste à faire d'un côté comme de l'autre, avec comme toujours dans la balance un avantage au sortant.

Kennedy peut assez aisément entretenir le flou sur ces questions, puisque c'est ce que tous font. En revanche, plus préoccupantes pour lui sont les questions sociales. À commencer par la question des droits civiques, qui provoque de fréquents accès de fièvre à travers le pays. « La protection fédérale des droits des nègres[1] pourrait être une question plus ardue avant la convention démocrate qu'après », estime *Time*. « L'image sudiste du Texan Lyndon Johnson est le plus gros obstacle à sa nomination et le seul véritable. Si Johnson n'est pas le candidat démocrate désigné (et les probabilités sont à ce jour en sa défaveur), la question des droits civiques pourrait être aisément neutralisée. Nixon a pris une position courageuse en faveur du progrès des droits civiques, disant que le but est "l'égalité des chances pour tous les Américains". Le bilan des Humphrey, Kennedy et Symington en matière de droits civiques est également inexistant. » L'hebdomadaire rappelle d'ailleurs que « le Parti républicain de Dwight Eisenhower a obtenu 21 % du vote nègre en 1952, quelque 39 % en 1956 », et que, « à moins que l'économie ne s'effondre dans le même temps, Nixon pourrait faire encore mieux en 1960 ».

Le catholicisme ? C'est pour Jack Kennedy comme pour son père une véritable obsession. Le moindre de ses

1. Nous conservons ce terme, devenu choquant, qui appartient à la terminologie de l'époque.

échecs lui apparaît lié à l'anticatholicisme. Il redoute de connaître le sort du seul candidat catholique à s'être présenté à la présidentielle avant lui. Al Smith, gouverneur de New York, a été défait par Hoover en 1928 au terme d'une campagne qui avait été marquée par des manifestations réelles d'anticatholicisme. Déjà, l'idée d'un président qui puisse être soumis aux ordres du Vatican avait suscité les réticences de l'électorat. Néanmoins, son échec ne fut pas exclusivement lié à cette question et tint également, pour beaucoup, à sa participation à la « machine » démocrate de New York – une solide alliance d'intérêts –, à sa préférence pour un assouplissement des lois sur la Prohibition, ou encore à ses liens forts avec les États du Sud. On le verra, le poids supposé du catholicisme de Kennedy reste aujourd'hui encore à démontrer. D'ailleurs, les résultats qu'il va enregistrer dès février dans le Wisconsin indiquent bien que l'atmosphère n'est plus à l'anticatholicisme primaire.

Ce qui constitue véritablement une menace pour Jack Kennedy, c'est, bien plus que ces questions plus ou moins ardues, tout ce qu'on ne voit pas et tout ce qu'on ne sait pas de lui. Au-delà des portes étanches soigneusement scellées avant la déclaration de candidature du 2 janvier 1960, des portes sur lesquelles veille tout l'entourage rassemblé par son père puis par lui-même. S'il ne s'agissait que de parler du présent et de l'avenir, que de combattre avec ses adversaires, que de défendre sa vision, Kennedy serait plus à l'aise : il est littéralement taillé pour le nouveau média fort, la télévision, il a des moyens financiers dont aucun autre ne dispose, sa famille, nombreuse et influente, est une véritable machine à gagner. Mais certains, parmi ceux qui rechignent à le soutenir, ont la mémoire longue et assez de légitimité pour livrer leurs confidences. Cela est pour lui, sans doute, le pire de tous les obstacles.

2

UNE OPPOSANTE EMBARRASSANTE

S'il est une femme qui n'est en rien sensible au charme de Jack Kennedy, c'est bien Eleanor Roosevelt. Elle connaît ses parents depuis le début des années 1930, n'a rien pardonné des « péchés » du père, l'a vu grandir au milieu de ses frères et sœurs, en a suivi tout le parcours. En 1956, elle n'a pas soutenu la candidature du sénateur lors de la convention nationale démocrate. Beaucoup de raisons expliquent son refus. Mais la principale d'entre elles est bien inconfortable pour Jack : cette raison se nomme Joseph McCarthy.

McCarthy, une faute inexcusable

Figure de l'après-guerre et des heures sans doute les plus noires de l'Amérique au début de la guerre froide, le sénateur du Wisconsin a provoqué, en février 1950, une véritable psychose à travers le pays. Il a dénoncé la présence des « ennemis de l'intérieur », les communistes, jusqu'au sein, selon lui, du Département d'État. L'hystérie anticommuniste n'est pas une nouveauté. Mais elle s'est jusque-là cantonnée à des milieux relativement étroits. Le gouvernement et le FBI de J. Edgar Hoover ont engagé la « traque » de longue date. Fin 1947, par exemple, dix producteurs de cinéma et trois cents acteurs, réalisateurs ou techniciens ont été chassés d'Hollywood par leurs pairs, parmi lesquels Leonard Bernstein, Charlie Chaplin, Jules Dassin, Joseph Losey, Arthur Miller ou Artie Shaw. Mais en brandissant des listes et en jetant des noms en pâture, visant cette fois le cœur même de Washington, le sinistre sénateur a été l'un des piliers de la « chasse aux sorcières », un pur épisode de propagande antisoviétique. McCarthy, d'ailleurs, ne s'en est pas pris qu'aux seuls prétendus communistes, mais aussi aux homosexuels, un aspect beaucoup moins connu de son action. On estime à environ douze mille le nombre d'Américains renvoyés de leurs emplois, parfois sur simple lettre ou appel de dénonciation, et longtemps empêchés d'en retrouver un. Les passeports des individus soupçonnés d'appartenance au Parti communiste ou de sympathie avec ses idées leur ont été confisqués. Plusieurs centaines d'individus ont été arrêtés, interrogés par des sections spéciales, emprisonnés. Parallèlement, la chasse aux « pervers sexuels » a frappé des centaines de personnes. Sur fond de guerre de Corée, un programme spécial mené par les garde-côtes en a touché trois mille de plus. Très médiatisée, la croisade de McCarthy était soutenue par de nombreuses organisations, tels la Légion américaine et ses trois cent mille affiliés ou l'important mouvement féministe des Minute Women of the USA, qui réunissait cinquante mille membres en 1952. Ce ne fut pas un phénomène larvé, bien au contraire. Dans les médias, dans les lieux publics, au travail, à l'école, la chasse à l'ennemi est devenue une activité nationale. Les soutiens du maccartisme sont allés bien au-delà des limites radicales de l'extrême droite. Ils se sont étendus à tout ce que l'Amérique comptait d'antisémites, mais aussi aux opposants à la vaccination ou aux programmes de santé mentale et, plus largement, à une foule d'anonymes convaincus qu'il n'y avait « pas de fumée sans feu ». En janvier 1954, un sondage de l'institut Gallup a montré que 50 % des personnes interrogées soutenaient McCarthy et que seuls 29 % en avaient une opinion défavorable. Or, entre McCarthy et les Kennedy, c'était déjà une longue histoire.

Joseph McCarthy est d'origine irlandaise, c'est un fervent catholique, et Joe Kennedy a fait sa connaissance lors de son arrivée à Washington, au milieu des années 1930. Visiteur de la famille Kennedy à Hyannis Port, il finit par séduire successivement deux de ses filles, d'abord Eunice[1] puis Patricia[2]. « Il était toujours plaisant ; il ne râlait jamais », se souviendra Joe Kennedy[3] ; et de rapporter une anecdote : « Un jour, il est venu passer une journée sur mon bateau et il a failli couler en nageant derrière, mais il ne s'est jamais plaint. Si quelqu'un s'opposait à lui, il n'essayait pas de le retourner. Il ne disait jamais de personne : "C'est un salaud." Il était bon camarade. » Selon son biographe, David Nasaw, « Joe Kennedy n'appréciait pas seulement la compagnie de McCarthy, il l'admirait pour sa grande gueule, ses vociférations impétueuses contre le gouvernement (en particulier le Département d'État), ses attaques contre l'administration Truman et son dédain pour la diplomatie et le décorum. Lorsque McCarthy concourra pour sa réélection au Sénat en 1952, Kennedy [...] contribuera à sa campagne[4]. »

McCarthy devient le parrain du premier enfant de Robert Kennedy, Kathleen, le 4 juillet 1951, et il prend le jeune homme sous son aile. Il est alors mis en difficulté par une sous-commission sénatoriale chargée d'enquêter sur les « privilèges électoraux » – ou financements occultes –, saisie d'allégations selon lesquelles il a mené campagne en employant des moyens illégaux. Inébranlable, il refuse de paraître devant ses collègues et contre-attaque en les

---

1. Lori Bogle, *Cold War Espionage and Spying*, Routledge, 2001.
2. Lance Morrow, *The Best Year of Their Lives : Kennedy, Johnson and Nixon in 1948*, Perseus Books Group, 1978.
3. Joseph P. Kennedy, « The True Story, Irwin Ross », *New York Post*, 9 janvier 1960.
4. David Nasaw, *The Patriarch : The Remarkable Life and Turbulent Times of Joseph P. Kennedy*, Penguin Press, 2012.

accusant de protéger les communistes. Plusieurs sénateurs démissionnent alors de la sous-commission en guise de protestation, et l'épisode ne débouche que sur un rapport bâclé. Mais McCarthy, qui a trouvé là son thème de prédilection, poursuit sur sa lancée, qui lui permet de muscler une carrière publique jusqu'alors assez pauvre. Il se fait réélire dans le Wisconsin en 1952. Il est immédiatement désigné président de la commission sénatoriale sur les opérations gouvernementales du Sénat, qui comporte une sous-commission permanente d'investigations. On dote celle-ci de pouvoirs élargis, lui permettant d'enquêter sur la présence éventuelle de communistes au sein du gouvernement. Il prend Roy Cohn comme conseiller en chef et fournit à Cohn un assistant : Robert Kennedy.

Rapidement, la sous-commission étend ses investigations à l'armée. Elle prend pour cible Irving Peress, un dentiste qui travaille à la base de Fort Monmouth, dans le New Jersey, qu'elle accuse de collusion avec la subversion soviétique. McCarthy, qui ne recule devant aucun effet, réclame la traduction de Peress en cour martiale. Pour échapper à cette épreuve, celui-ci quitte les rangs de l'armée. Mais McCarthy ne lâche pas. Il veut savoir pourquoi Peress a été promu du rang de capitaine à celui de major durant son service, et va jusqu'à mettre en cause le général Zwicker, un héros de la guerre. Une attaque de trop. L'armée réagit à ce qu'elle ressent comme un outrage et engage une action judiciaire contre McCarthy et son conseiller, Roy Cohn. Bobby n'est pas impliqué car il a prudemment pris le large, en juin 1953 – alors que l'un des épisodes les plus tragiques de la chasse aux sorcières se produisait avec l'exécution des époux Rosenberg, morts sur la chaise électrique[1]. Il garde néanmoins

1. Julius et Ethel Rosenberg, reconnus coupables de conspiration en vue d'espionnage en temps de guerre, sont exécutés le 19 juin 1953 à la prison de Sing Sing, New York.

à McCarthy « toute son affection[1] » et ce dernier continuera de veiller sur sa filleule. Ces quatre années laissent, pour longtemps, des milliers d'Américains en marge de la société – certains ne pourront retrouver un emploi qu'à la fin de la décennie. La croisade outrancière de McCarthy finit par choquer et lasser l'opinion, qui assiste ébahie aux auditions télévisées du sénateur éructant, dont les attaques continuent d'enfler, jusqu'à ce qu'on recommande sa destitution.

La censure du sénateur Joseph McCarthy est votée par le Sénat le 2 décembre 1954, par 67 voix contre 22. Jack Kennedy est le seul à ne pas voter. La question est de savoir si cette absence est due ou non, comme il le prétendra toujours, à son état de santé.

En pratique, tout d'abord. Le sénateur Kennedy, hospitalisé et physiquement empêché de tout mouvement, pouvait-il ou non voter par délégation ? La réponse à cette interrogation se trouve dans la disposition XXVI du Sénat des États-Unis, qui indique que le vote par délégation d'un sénateur ne peut être refusé que si le sénateur absent « n'a pas été informé de la question sur laquelle il est appelé à se prononcer et s'il n'a pas demandé que son vote soit enregistré ». Le sénateur n'était donc pas tenu d'assister aux débats ou d'être présent physiquement au Sénat pour faire enregistrer son vote. Était-il empêché, physiquement ou mentalement, de communiquer son vote à Arthur Schlesinger ou à son frère Bobby, qui tous deux lui servaient de relais pendant son absence, avec l'aide, en particulier, du sénateur Leverett Saltonstall[2] ? Là encore, les faits démontrent que non. Parce que ses communications avec Saltonstall sur divers sujets concernant

1. Arthur M. Schlesinger, *Robert Kennedy and His Times*, Houghton Mifflin Harcourt, 1978.

2. Bien que républicain, l'élu du Massachusetts est un ami proche de Jack Kennedy et réputé pour ses positions bipartisanes. L'année précédente, il a assisté au mariage de Jack.

la législature en cours sont avérées. Il faut rappeler que les auditions du sénateur McCarthy démarrent le 22 avril 1954. Le 11 mai 1954, Kennedy s'adresse lui-même au Sénat pour présenter un projet de loi concernant l'utilisation d'un terminal portuaire par la base aéronavale de Boston. Le 28 mai encore, il prononce un discours devant l'Executives' Club de Chicago. On a également retrouvé une communication du 3 juin 1954 entre Kennedy et Saltonstall au sujet des problèmes économiques de la Nouvelle-Angleterre; surtout, tout au long de l'année 1954, les annotations portées par Kennedy au manuscrit écrit pour lui par Ted Sorensen, pour son futur livre *Profiles in Courage*[1], témoignent de son activité.

Le 21 octobre 1954, Kennedy a subi une lourde opération chirurgicale du dos qui a duré trois heures. Trois jours plus tard, il a développé une infection urinaire qui a failli lui être fatale en raison de l'inefficacité des antibiotiques. Mais son état a fini par s'améliorer à partir du 26 octobre – un jour après qu'il a reçu l'extrême onction – et bien qu'il séjourne à l'hôpital jusqu'au 21 décembre pour une convalescence qui exige une totale immobilité, il reçoit des visites quotidiennes. Il est invraisemblable que, sur une question aussi débattue que la censure de McCarthy, Kennedy n'ait pas été informé ou n'ait pas eu d'entretiens. N'a-t-il pas pris position depuis le 11 juin 1954 – six mois auparavant – date à laquelle le sénateur républicain du Vermont, Ralph E. Flanders, qui avait comparé McCarthy à Hitler devant ses collègues du Sénat en mars, a introduit sa résolution pour démettre McCarthy de son siège? De plus, les auditions du Comité Watkins concernant la censure de McCarthy se sont ouvertes le 31 août, bien avant l'hospitalisation de Kennedy pour cette opération à hauts risques. Enfin, il faut rappeler la déclaration du vice-président Nixon, condamnant

1. John F. Kennedy, *Profiles in Courage*, Harper & Row, 1961.

les « propos dangereux et les méthodes contestables » de McCarthy, qui a scellé le sort du sénateur, dont la censure n'était plus qu'une question de temps. Une déclaration qui remonte au 13 mars 1954.

La réponse à la question de l'effacement de Kennedy au moment de la censure de McCarthy, nous l'avons exhumée des archives présidentielles, dans un document d'une page dont on n'a retrouvé aucune mention par ailleurs. Dans une déclaration typographiée et corrigée de sa main, voici ce que le sénateur Kennedy écrivit en réponse à la motion de Ralph E. Flanders pour destituer McCarthy de son poste, en juin 1954 : « J'espère que les membres ne voteront pas la censure du sénateur McCarthy, sous prétexte qu'une telle action est nécessaire pour assouplir l'opinion européenne vis-à-vis des États-Unis. L'hostilité dont font preuve les Européens à l'encontre du sénateur McCarthy ne repose pas seulement sur ses propres actions – aussi sérieuses puissent-elles être –, mais aussi sur le fait qu'un pan de sa carrière offre un prétexte à ceux qui souhaitent détruire le prestige et le pouvoir des États-Unis. [...] L'un des arguments avancés par les soutiens de la résolution Flanders est que le sénateur McCarthy a divisé le pays. J'espère que personne ne votera cette résolution dans l'espoir que son adoption puisse atténuer cette division. En fait, je pense que la décision que nous sommes sur le point de prendre en catastrophe, comme l'a fait le sénateur du Vermont, aura de sérieuses répercussions sur le tissu social de ce pays[1]. » Au lecteur de juger.

Arthur Schlesinger maquille l'Histoire, comme à l'accoutumée, lorsqu'il écrit : « Il y avait peut-être de plus profondes raisons à son manque d'implication. Les relations de sa famille avec McCarthy étaient certainement un facteur important. Son père aimait McCarthy et l'invita une fois ou deux à Hyannis Port. [...] De plus, Robert

1. Document JFKPOF-031-024, JFK Library.

Kennedy avait travaillé pendant un temps pour l'équipe du Comité McCarthy. » Il souligne surtout : « En ce qui concerne John Kennedy lui-même, il ne se sentait simplement pas concerné par le problème du maccartisme. Cette défiance était sans aucun doute liée à son exaspération vis-à-vis des vues idéologiques des "libéraux" et ce qu'il considérait comme leur approche émotionnelle des questions publiques[1]. »

Ce rappel d'une histoire récente à laquelle il est intimement mêlé, Jack Kennedy s'en serait bien passé. C'était compter sans cette femme inflexible qu'est Eleanor Roosevelt, militante hyperactive des droits civiques depuis sa jeunesse et personnage illustre aux yeux de nombreux Américains, qui n'avait pas ses opinions dans sa poche. Le 8 mars 1958, elle explique les raisons pour lesquelles elle n'a pas soutenu le candidat Kennedy lors de la convention nationale démocrate de 1956 : « Je n'ai pas eu le sentiment que je pouvais le faire car le sénateur Kennedy avait évité de prendre position durant la controverse sur les méthodes d'investigation du sénateur Joseph McCarthy. Le sénateur Kennedy était à l'hôpital quand le Sénat a condamné le sénateur McCarthy et, bien sûr, ne pouvait pas donner sa position. Mais plus tard, lorsqu'il est revenu au Sénat, les journalistes lui ont demandé comment il aurait voté et il a refusé de donner son opinion sur le maccartisme. "Oh, c'était il y a longtemps, m'a dit un ami du sénateur. Il n'était pas capable de voter et tout ça c'est du passé. Ça ne devrait rien avoir à faire avec le présent." [...] "Je pense que le maccartisme est une question sur laquelle les élus doivent se prononcer et être évalués, ai-je répliqué. Je n'ai toujours pas entendu le sénateur Kennedy exprimer ses convictions. Et je ne peux pas être certaine de l'avenir politique de quiconque ne s'exprime pas clairement sur cette question." Plus tard, le

1. Arthur M. Schlesinger, *Robert Kennedy and His Times*, *op. cit.*

sénateur Kennedy est venu me voir. Je lui ai redit exactement la même chose. Il m'a répondu en reprenant les mots qu'il avait utilisés avec les journalistes : la condamnation de McCarthy remontait "à si loin" qu'elle n'avait plus aucun rapport avec la situation actuelle. Mais il ne m'a pas dit comment il se positionnait par rapport à la question et je ne l'ai donc pas soutenu[1]. » Trois semaines plus tard, Kennedy finit par clarifier sa position, timidement, sur la chaîne CBS : « Je considère que cette action de censure était une action raisonnable et appropriée, et je l'approuve. [...] De plus, sur la question de fond des libertés civiles, j'ai été au Congrès pendant douze ans ; et je pense que mon bilan est très bon, comparé à celui de n'importe qui d'autre[2]. »

L'affrontement

En réalité, Jack Kennedy a été l'un des congressistes les plus absents au cours de ses douze années de mandat, puisqu'il a manqué plus d'un tiers des sessions, et participé aux autres de manière très sélective. Mais Eleanor Roosevelt a bien d'autres sujets de griefs vis-à-vis de Jack Kennedy, qui va passer beaucoup de temps à éviter l'affrontement public avec elle. Il la sait redoutable et bien informée.

Le 7 décembre 1958, Eleanor Roosevelt intervient sur la chaîne ABC, déclarant que Joseph Kennedy a dépensé « des masses d'argent » pour voir son fils élu. « Je me suis laissé dire que votre père a ouvertement expliqué qu'il dépenserait tout l'argent nécessaire pour faire de son fils le premier président catholique de ce pays, et beaucoup de gens rencontrés au cours de mes voyages m'ont informée des sommes dépensées par celui-ci en votre nom. Il

1. Eleanor Roosevelt, « On My Own », *Saturday Evening Post*, 8 mars 1958.
2. John F. Kennedy, dans « Face the Nation », CBS, 30 mars 1958.

semble que ceci soit communément admis comme un fait. Construire une organisation est acceptable, mais dépenser sans compter semble indiquer un désir d'influencer par l'argent[1]. »

C'en est trop. Kennedy, qui approche à grands pas de l'annonce de sa candidature, lui répond dix jours plus tard : « Je suis déçu que vous sembliez considérer maintenant que, lorsqu'une simple rumeur ou allégation est répétée, elle devient "communément admise comme un fait". C'est particulièrement inexplicable à mes yeux dans la mesure où, comme je l'ai indiqué dans ma dernière lettre, mon père n'a pas dépensé d'argent à travers le pays et n'a pas payé de "représentants" dans ce but dans aucun État de l'Union – pas plus que mon père n'a jamais été l'auteur de la déclaration que vous lui attribuez – et je suis certain qu'aucune preuve du contraire ne vous a jamais été apportée. Je sais, comme vous devez le savoir, que bon nombre de personnes fabriquent des rumeurs et se livrent à la calomnie à l'encontre de personnes publiques. Mais j'ai fermement décidé de ne jamais écouter ni répéter de tels bruits, à moins d'avoir une preuve concrète de leur véracité. Depuis ma dernière lettre, je suppose que vous avez demandé à vos informateurs de vous fournir plus que leurs ragots et leurs spéculations. S'ils ont été incapables de produire une preuve concrète pour soutenir leurs charges ou prouver l'existence ne serait-ce que d'un "représentant payé" dans un État de l'Union, je veux croire qu'après enquête vous corrigerez les faits de manière honnête et honorable. Ce serait un geste de votre part grandement apprécié, et ce serait cohérent avec votre réputation d'honnêteté[2]. »

Une semaine après avoir reçu la lettre de Kennedy, Eleanor Roosevelt publie un article ainsi rédigé : « Il y a

1. Eleanor Roosevelt à John F. Kennedy, 18 décembre 1958.
2. John F. Kennedy à Eleanor Roosevelt, 29 décembre 1958.

quelques jours, j'ai reçu une lettre du sénateur John Kennedy me disant que j'avais été complètement désinformée sur le fait que son père puisse disposer du moindre représentant payé par lui dans quelque État de l'Union que ce soit, ou qu'il ait dépensé quelque argent à travers le pays au nom du sénateur Kennedy. Ma déclaration au sénateur consistait à lui dire qu'il était communément admis comme un fait que ces choses avaient été commises et que quiconque souhaitait emporter la nomination ou l'élection était dans l'obligation de mettre en place une organisation : en aucun cas une dépense d'argent aussi extravagante pour parvenir à pareil résultat ne saurait être admise. [...] Étant donné que mes informations proviennent de nombreuses personnes en de nombreux lieux, je pense que je devais livrer à mes lecteurs la réaction du sénateur Kennedy. C'est le moyen le plus honnête que je connaisse pour régler une situation de ce genre[1]. »

Kennedy réagit rapidement à l'article. « Apparemment, il y a eu un malentendu au sujet de la raison pour laquelle je vous ai écrit. Bien que j'apprécie la courtoisie avec laquelle vous imprimez mon démenti sur les fausses rumeurs concernant mon père et moi, ni votre article ni votre lettre ne traitent du bien-fondé de ces rumeurs. Au regard de la gravité de l'accusation, j'avais espoir que vous demanderiez à vos informateurs de vous fournir non pas leurs propres noms, mais celui d'un quelconque "représentant payé" en mon nom dans n'importe quel État de l'Union. Ou, sinon le nom, du moins une preuve nette de son existence. Je savais que vos informateurs ne seraient pas capables d'apporter une telle information, parce qu'il n'y a pas de représentant payé. Par conséquent, puisque ces accusations ne sauraient être fondées,

1. Publié le 6 janvier 1959 dans *My Day*, la chronique tenue de 1935 à 1962 par Eleanor Roosevelt pour quatre-vingt-dix journaux américains.

ne serait-ce que partiellement, il me semblait que la plus honnête suite à donner était que vous vous déclariez incapable de fournir une preuve justifiant ces rumeurs. Il peut vous sembler que je sois trop sensible à cette question. Mais puisque les faits sont tels que je les ai décrits, il me semble que se contenter de reproduire mon démenti n'a pas raison des accusations initiales. Les lecteurs de votre chronique et les auditeurs et spectateurs de l'émission du 7 décembre, qui n'ont pas le bénéfice de notre correspondance, sont forcés de se forger leur propre opinion sur le bien-fondé ou non de vos affirmations et de mes démentis. Je poursuis ainsi ce que vous pourriez considérer comme une trop longue correspondance pour l'unique raison que je suis familier de votre long combat contre les accusations sans fondement, auxquelles leur répétition confère un certain degré de crédibilité. Si vous estimez que le sujet a été traité dans votre chronique, je suis évidemment disposé à ne l'évoquer que dans notre correspondance. »

La réponse d'Eleanor Roosevelt est immédiate : « Mes informateurs sont de simples gens, lors de simples conversations. Il serait impossible d'obtenir leurs noms car, pour la plupart, je ne les connais pas. Peut-être, comme c'est aussi le cas de ma famille, souffrez-vous du simple fait que beaucoup de gens connaissent votre père et savent qu'il y a de l'argent dans votre famille. [...] Je suis bien disposée à déclarer ce que vous voulez, mais il ne me semble pas que cela puisse avoir autant d'impact que vos dénégations catégoriques. Je n'ai jamais dit que mon opposition à votre encontre était fondée sur ces rumeurs ou que je les croyais, mais je ne pourrais nier les connaître. Désormais je dirai, lorsqu'on me posera la question, que j'ai votre assurance que ces rumeurs ne sont pas fondées. »

Eleanor Roosevelt, bien sûr, n'est pas dupe. Mais Jack peut provisoirement souffler, ayant constaté qu'elle tient parole. Il sait trop quels dommages la presse peut causer à l'image qu'il a soigneusement bâtie depuis son retour sur le devant de la scène politique en 1956, alors que, grâce à son père, il a déjà évité le scandale. Une affaire bien révélatrice des pratiques des Kennedy et de la pensée de Jack.

3

UN PROFIL SINUEUX

Début décembre 1957, le magazine *Time* passe à la loupe le sénateur Jack Kennedy, l'un des espoirs du Parti démocrate pour la compétition de 1960. Kennedy tente alors par tous les moyens de faire parler de lui, un an avant de concourir pour sa réélection comme représentant du Massachusetts. Le magazine note que «les Kennedy pratiquent la compétition entre eux et contre le monde». Il cite avec humour l'un des habitués des week-ends à Hyannis Port, David Hackett, donnant conseil aux futurs visiteurs: «Soyez informé que chaque Kennedy vous demandera ce que vous pensez de *a)* la tenue, *b)* la coiffure, *c)* le revers, *d)* la dernière performance publique d'un autre Kennedy. Assurez-vous de répondre "fantastique". Cela devrait vous permettre d'être convié au dîner. Venons-en au terrain de football. Il s'agit de "marquer", mais c'est un crime. Si vous ne voulez pas jouer, ne venez pas. Si vous venez, jouez, ou bien l'on vous servira dans la cuisine et personne ne parlera de vous. Ne vous laissez pas séduire par les filles. Même enceintes, elles peuvent vous ridiculiser. Et surtout, ne proposez jamais une partie, même si vous avez été *quarterback* à l'école. Les Kennedy ont le sens du collectif toujours en alerte, et tous sont notés A + en matière de leadership. Courez comme un fou lors de chaque partie et faites beaucoup de bruit. Sachez cependant cacher votre joie : ils vous accuseraient de ne pas prendre le jeu suffisamment au sérieux. Ne critiquez pas l'équipe adverse, quelle qu'elle soit. Elle est forcément pleine de Kennedy là aussi, et les Kennedy n'apprécieraient guère.»

Dopage, image et maquillage

Sur un ton plus sérieux, l'hebdomadaire relève les forces et les faiblesses de Jack Kennedy. Les premières constituent – déjà – une litanie que l'Amérique lira et entendra durant les décennies suivantes: sa jeunesse séduisante, ses actes d'héroïsme durant la guerre, son ambition affirmée, ses victoires électorales, son physique avantageux, son père fortuné, sa mère extraordinaire de dévouement et d'intelligence. Mais ses faiblesses lui appartiennent bien plus que ses forces qui semblent, presque toutes, reliées à son environnement familial et amical. Elles relèvent, en effet, de ses choix. Car, en politique, Jack est un électron libre qui se fraye un chemin au gré des circonstances, sermonne plus qu'il n'apporte d'idées durant ses discours, demeure illisible quant à ses idées véritables ou à un éventuel programme. Il n'a pas la réputation d'être fiable.

Time rappelle ainsi qu'en 1947, lorsque le doyen des représentants démocrates du Massachusetts, John McCormack, lui a tendu la pétition qu'il faisait circuler auprès de ses collègues pour obtenir la grâce présidentielle en faveur du maire de Boston, Michael Curley – un catholique irlandais lui aussi, jeté en prison pour fraude –, Jack Kennedy fut le seul à ne pas la signer. McCormack ne lui pardonnera jamais et lui fera payer en 1956 en l'empêchant d'obtenir les voix du Missouri. Il rappelle également que Jack s'est opposé à l'attribution d'une pension aux anciens combattants par la Chambre des représentants, insultant la Légion américaine qui, dit-il, «n'avait eu aucune idée constructive depuis 1918». En 1954, Jack était devenu le premier sénateur du Massachusetts à voter pour la voie maritime du Saint-Laurent, considérée depuis des décennies comme une menace mortelle pour les ports de son État. Cela lui avait valu de la part des journaux de la Nouvelle-Angleterre le surnom de «sénateur Suicide». La nouvelle voie maritime engendrera la ruine des villes du nord de l'État de New York, qui prospéraient autour du canal Erie. Durant la session sénatoriale de 1956, Kennedy avait été averti à trois reprises par les leaders démocrates que son vote contre l'aide aux agriculteurs lui coûterait sa place sur le ticket présidentiel à la convention. Il n'en avait pas tenu compte. Au cours de l'été 1957, lors des votes concernant la loi sur les droits civiques, il s'était arrangé pour «contenter tout le monde». «Étudiant chaque section de la loi selon ses intérêts, Kennedy encouragea le Nord (et irrita le Sud) en votant, sans succès, pour que soit retenue la partie III, qui aurait donné au procureur général des pouvoirs extraordinaires pour faire respecter les droits civiques – une position plus dure que la position même du président. Puis, ayant consulté trois professeurs de Harvard, il contenta le Sud (et souleva la fureur des "libéraux" du Nord) en votant pour l'amendement exigeant des jurys populaires dans les procès criminels.» Enfin, *Time* souligne que, durant l'été 1958, Kennedy a prononcé un discours devant le Sénat pour appeler les États-Unis à prendre une part active au mouvement de libération des Algériens face à la France.

Indépendance remarquable ou opportunisme sinueux? La réalité semble beaucoup plus complexe. Tout d'abord, Jack Kennedy irrite depuis les premiers jours ses collègues, que ce soit à la Chambre des représentants ou au Sénat, par son absentéisme. Lorsqu'il apparaît, l'ennui éteint son visage durant de longues journées et il ne communique jamais sur ses intentions, se contentant de discuter avec son premier cercle de conseillers. Il critique abondamment tous ceux qui l'ont précédé. Ses interventions publiques peuvent être curieusement inappropriées. Apparaissant, en Floride, devant la Florida Bar Association, il critique vertement les avocats pour leur « apparente indifférence » et leur « racket légal ». Peu après, devant la Chambre de commerce américaine, il admoneste ses aînés pour leur manque d'entrain à accorder des aides à l'extérieur des États-Unis.

Alors, avertit *Time*, si ce Kennedy – « qui, par de nombreux aspects, est un conservateur » – a été le champion démocrate de 1957, « rien ne garantit qu'il sera toujours le champion en 1960 ».

Une semaine plus tard, Jack va se trouver pris dans une tourmente dont il se serait bien passé. Elle va cependant le laisser, une fois encore, démontrer son aptitude à brouiller les pistes.

Marketing politique

Au moment de la publication de *Profiles in Courage*[1] par Harper & Row, les plus éclairés des journalistes n'étaient pas dupes. Pour John Oakes par exemple, du *New York Times*, Kennedy ne pouvait être l'auteur du manuscrit. À l'instar de bon nombre de ses confrères, il estimait curieux que Jack ait pu écrire un tel ouvrage, à un moment où il était totalement absent et avait même reçu les derniers sacrements sur son lit d'hôpital. De plus, il n'avait rien écrit de notable – n'était-ce cette curieuse thèse adaptée en 1940 –, et n'avait pu se targuer du titre de journaliste que l'espace de quelques mois, grâce aux bons offices de l'ami Hearst, le magnat de la presse, en 1945. Lorsque à la surprise générale, alors qu'il n'était même pas sur la liste des présélectionnés, le livre fut couronné par le prix Pulitzer 1957, des dents grincèrent.

Le 7 décembre 1957, le journaliste Mike Wallace accueille dans son émission, diffusée sur la chaîne ABC, l'un de ses plus célèbres confrères, Drew Pearson, dont la chronique,

1. John F. Kennedy, *Profiles in Courage*, *op. cit.*

sous le titre « Washington Merry-Go-Round », est publiée dans plus de six cent cinquante journaux et suivie par 60 millions d'Américains. L'homme s'est taillé une réputation de lion dans le monde des médias à force de révélations fracassantes sur le pouvoir, ainsi que par des charges puissantes contre le terrible sénateur Joseph McCarthy.

WALLACE : Dans votre chronique du 27 octobre, vous avez écrit – je cite – que « le père du sénateur Kennedy, le millionnaire maccartiste et vieux roublard Joseph P. Kennedy, injecte une fortune dans la machine publicitaire pour faire connaître le nom de Jack. Aucun candidat dans l'Histoire n'a jamais dépensé autant d'argent pour la construction de son image à travers une entreprise de relations publiques. » Quelle signification voyez-vous à cela, hormis le fait que Joe Kennedy aimerait voir Jack Kennedy devenir président des États-Unis ?

PEARSON : Je ne vois pas d'autre signification, excepté que je ne crois pas nécessaire une telle entreprise de relations publiques pour aucun poste de ce genre. Maintenant, Jack Kennedy est un beau jeune homme, et très aimable. Mais il n'est pas aussi bon que cette campagne le laisse croire. Il est le seul homme que je connaisse à avoir remporté un prix Pulitzer pour un livre rédigé par un autre, ce qui donne une idée de la nature de l'entreprise de relations publiques dont il bénéficie.

WALLACE : Qui a écrit le livre à sa place ?

PEARSON : Je ne me rappelle pas son nom.

WALLACE : Vous êtes certain de cette information, Drew ?

PEARSON : Oui, je le suis.

WALLACE : À savoir, que le livre *Profiles in Courage* a été écrit pour le compte du sénateur Kennedy ?

PEARSON : Oui.

WALLACE : Par quelqu'un d'autre ?

PEARSON : Oui.

WALLACE : Et lui, Kennedy, a accepté le prix Pulitzer pour ce livre ?

PEARSON : Il l'a fait.

WALLACE : Et il n'a jamais admis les faits ?

PEARSON : Non, jamais.

Dans ses mémoires[1], Mike Wallace raconte : « Le jour suivant, le bureau de Kennedy a téléphoné et a demandé une retranscription de l'entretien. Le surlendemain, une réunion – à laquelle je n'étais pas convié – eut lieu dans le bureau de mon patron, Oliver Treyz, le président d'ABC Television. Parmi les personnes présentes se trouvaient Bobby Kennedy et le très estimé avocat Clark Clifford, de Washington, qui comptait parmi ses clients réputés la famille Kennedy. Le but de cette rencontre avec Treyz était d'obtenir des excuses en direct de la part de Pearson et/ou de moi-même pour ce qui avait été dit dans notre émission au sujet de la paternité de *Profiles in Courage*. Entre-temps, j'avais pressé Pearson de spécifier qui avait écrit ce livre. Après avoir vérifié ses sources, il m'a appelé pour me dire qu'il avait été écrit par un membre de l'équipe du sénateur, un jeune homme nommé Ted Sorensen. [...] Pearson refusa de se livrer aux excuses exigées, et moi de même, mais la chaîne ne put nous soutenir. Confronté à la menace d'une action en justice, Treyz choisit de présenter lui-même ses excuses, et de rendre cette capitulation totale en acceptant que Clifford les rédige lui-même. Si bien que, juste avant notre émission suivante, le président du réseau télévisé ABC apparut devant la caméra en direct et lut le *mea culpa* rédigé par l'avocat des Kennedy. Entre autres choses, Treyz déclara : "Nous regrettons profondément cette erreur et nous reconnaissons qu'elle a causé un grave préjudice à un serviteur distingué du public et à un auteur[2]." »

Au printemps 1991, quelque trente-quatre ans après les faits, Mike Wallace recevra Clark Clifford dans l'émission

1. Mike Wallace, *Between you and me*, Hyperion, 2007.
2. ABC, 14 décembre 1957.

«60 Minutes», sur la chaîne CBS. Clifford lui racontera ce qui s'est passé dans les heures suivant la diffusion de l'interview de Pearson: «Mon téléphone sonna, c'était le sénateur Kennedy. Il me dit: "Je dois vous voir immédiatement." Arrivé à mon bureau, il me dit: "J'ai écrit un livre, comme vous le savez, *Profiles in Courage.* Drew Pearson a prétendu que je ne l'avais pas écrit, et cela me met terriblement en colère." Au même moment, son téléphone sonna. C'était son père. Il l'écouta un moment, puis il dit: "Père, je vous passe Clark." Il me dit: "C'est l'ambassadeur Kennedy." J'ai répondu: "Oui, monsieur l'ambassadeur?" Il m'a dit: "Poursuivez ces ordures en leur demandant cinquante millions de dollars."»

En 1980, l'historien Herbert Parmet a décrit les étapes qui ont conduit à la publication de *Profiles in Courage.* Il a longtemps cherché le manuscrit prétendument écrit par Kennedy, en vain. Parmet a conclu en revanche que le style était bien celui de Sorensen. «La recherche, les projets d'écriture et la construction étaient le fait d'une équipe[1]», expliqua-t-il aussi. Huit ans plus tard, dans son autobiographie, Ted Sorensen finit par reconnaître qu'il avait effectué le plus gros du travail: «Pendant que j'étais à Washington, je recevais de Floride presque quotidiennement des instructions et des demandes par lettre ou par téléphone – des livres à envoyer, des mémos à écrire, des sources à vérifier, des citations à assembler et des notes sur dictaphone ou des corrections de chapitres précédents.» Sorensen précise qu'il a «aidé à choisir les mots de nombreuses phrases[2]».

Ironiquement, les entretiens enregistrés en 1964 par Arthur Schlesinger avec Jacqueline Kennedy, qui ont été rendus publics en 2011, apportent une touche pathétique

1. Herbert Parmet, *The Struggles of John F. Kennedy*, 1980.
2. Ted Sorensen, *Counselor: A Life at the Edge of History*, Harper Perennial, 2008.

à ce long mensonge, comme le relate le *Washington Post*: «Les entretiens de Mme Kennedy présentent les faits de manière déplaisante en soulevant la question de l'argent. À l'insu de tous (y compris sans doute de Mme Kennedy), JFK et Sorensen sont convenus en 1953 que Sorensen recevrait la moitié de tous les droits d'auteur des écrits réalisés pour le compte de son patron. Cet accord, qui n'était alors pas rare à Washington, a été honoré par les deux hommes durant quatre ans. Puis vint *Profiles in Courage*, auquel le prix Pulitzer fut décerné en mai 1957. Ce même mois, seize mois après la parution du livre, agissant apparemment sur les instructions du père de JFK, les avocats du sénateur rédigèrent un arrangement formel donnant à Sorensen une large partie des royalties du livre sur plusieurs années. Mme Kennedy se rappelle que "Jack lui donna tout l'argent [...] car il sentait que Ted travaillait dur". Le compte rendu de cette affaire par Sorensen dans ses mémoires est inhabituellement elliptique [...]. De plus, Sorensen a également reconnu sur le tard qu'il se serait vanté en privé d'avoir écrit le livre, ce qui aurait suscité le ressentiment de Mme Kennedy si elle avait jugé fausse cette revendication. De telles confessions pourraient avoir été à l'origine des révélations du journaliste Drew Pearson sur ABC, fin 1957, selon lesquelles Sorensen aurait écrit *Profiles in Courage*[1].»

Pas plus qu'il n'était l'auteur final de *Why England Slept* – la fameuse «antithèse», couronnée de succès, réécrite à partir de sa (médiocre) thèse *Appeasement in Munich* –, Jack n'était celui du livre qui lui valut le prix Pulitzer en 1957 et qui resta en tête des ventes durant cent trente-huit semaines, se vendant à quatre millions d'exemplaires. Ce fameux prix, qui fait aujourd'hui encore sa réputation puisqu'il est le seul président des États-Unis à l'avoir

1. Arthur Krock, entretien avec Joan et Clair Blair Jr, Nigel Hamilton, Papers, MH.

obtenu, n'est en rien lié au contenu du livre. En réalité, Arthur Krock révélera plus tard que, bien que n'étant plus membre du conseil d'administration chargé de désigner les lauréats, il est intervenu auprès d'eux, à la demande de Joe Kennedy[1].

En juin 1963, Jack vend les droits d'adaptation de son livre à Robert Saudek Associates, pour la réalisation d'une série télévisée de vingt-six heures diffusées par la National Broadcasting Company (NBC). La série fut récompensée par un Silver Gavel Award en 1965 par l'American Bar Association pour sa « contribution à la compréhension de la loi par le public ».

De grands hommes ?

Profiles in Courage est un livre de 270 pages, qui paraît sous la signature de John Fitzgerald Kennedy le 1er janvier 1956. Il réunit huit courtes biographies de responsables politiques américains qui se sont illustrés par leurs actes de bravoure et d'intégrité, brisant les tabous de leur époque en prenant le risque d'affronter leur parti et l'opinion publique au nom de leurs convictions. Le livre marque le retour de Jack Kennedy sur la scène publique, après deux années au cours desquelles ses ennuis de santé ont mis sa vie en danger plusieurs fois et l'ont tenu éloigné des bancs du Congrès.

Le livre est remarquable par bien des aspects, au-delà des manœuvres discutables qui ont contribué à sa légende. S'il est clairement destiné à positionner Jack dans la sphère politique, il donne, également, la mesure de son parcours intellectuel et de ses valeurs. Dans son introduction, Kennedy martèle sa profession de foi favorite : « Une nation qui a oublié la vertu de courage ayant marqué dans le passé l'esprit public est probablement moins encline à insister sur cette qualité

1. Arthur Krock, *op. cit.*

ou à la récompenser chez les leaders qu'elle se choisit aujourd'hui – et, de fait, nous l'avons oubliée. » Il appelle à se préparer pour les combats à venir : « Dans les jours qui viennent, seul les très courageux seront capables de prendre des décisions difficiles et impopulaires, nécessaires à notre survie, dans le combat que nous menons contre un ennemi puissant. » Marque bien reconnaissable de son mépris pour les hommes du XXe siècle, Kennedy a choisi presque uniquement des hommes du siècle précédent – et aucune femme. Il a pris soin de se revendiquer d'Ernest Hemingway dans son introduction, en utilisant la formule « *grace under pressure*[1] », ce qui ne passe pas inaperçu. Hemingway est alors l'un des écrivains les plus lus, connus et respectés du public américain.

Qui sont ces hommes qui selon Kennedy illustrent ce courage indispensable à la nouvelle génération ? Huit sénateurs, qui ont pour nom John Quincy Adams, Daniel Webster, Thomas Hart Benton, Sam Houston, Edmund Ross, Lucius Quintus Cincinnatus Lamar, George Norris et Robert A. Taft. À travers leurs portraits, il entend dénoncer les trois facteurs qui selon lui ruinent la confiance des Américains dans leurs dirigeants : d'abord, le désir d'être aimé ; ensuite, la volonté d'être réélu ; enfin, leur asservissement aux groupes d'influence, aux lobbies et aux organisations qui les pressent de leurs demandes incessantes.

Ce livre se lit facilement. Mais, une fois de plus, il démontre l'inconsistance de la pensée kennedyenne sur le plan historique, marque une distance prononcée vis-à-vis de la morale – qui confine souvent au cynisme – et exacerbe les mythes populaires du pays, qui reposent en grande partie sur l'exaltation de valeurs dont l'auteur se veut évidemment porteur. L'écrivain John Michael estime ainsi que si les portraits biographiques de *Profiles*

1. La phrase initiale d'Hemingway est : « *Courage is grace under pressure* », c'est-à-dire : « Le courage est la grâce sous pression. »

in Courage « décrivent les enjeux du milieu du XIXe siècle concernant l'autonomie régionale et l'identité nationale, l'esclavage et la race », « la posture de Kennedy vis-à-vis de ceux qui se sont opposés à l'esclavage avant la guerre et se sont battus pour les droits civiques par la suite est décidément négative ». L'auteur a particulièrement étudié le cas de Daniel Webster, qu'il considère comme « typique » de l'approche de l'auteur. Daniel Webster était le sénateur du Massachusetts durant la période qui a conduit à la guerre civile. Élitiste, nationaliste, très conservateur, il fut à trois reprises nommé secrétaire d'État par les présidents Fillmore, Harrison et Tyler. Le 7 mars 1850, Webster livre un discours de trois heures devant le Congrès afin de défendre le « *compromise*[1] », au nom de la protection de l'Union. Il déclare notamment, à propos des États sudistes : « Il y a un motif de plainte contre le Nord, bien fondé, qui demande à être retiré – ce qui est maintenant du pouvoir des différents ministères de ce gouvernement – en appelant à voter

1. Le « compromis » de 1850 est un ensemble de cinq volets législatifs voté afin de mettre un terme à quatre années de violente confrontation entre les États esclavagistes du Sud et les États libres du Nord. Il comprend le *Fugitive Slave Act*, accordant aux États sudistes la préservation de l'esclavage (à l'exclusion du commerce des esclaves). Dans le cadre des échanges de territoires qui constituaient l'essence même du compromis, le *Fugitive Slave Act* permettait aux autorités fédérales de tous les États, y compris ceux dans lesquels l'esclavage était prohibé, de rechercher les esclaves qui s'étaient échappés ou se trouvaient en territoire antiesclavagiste, afin d'être arrêtés et ramenés à leurs maîtres dans les États ayant obtenu le maintien de l'esclavage. Tout agent fédéral qui se refusait à ce type d'arrestation était condamné à une lourde amende de 1 000 dollars ; en revanche, chaque arrestation lui rapportait une prime. La recherche et l'arrestation des esclaves fugitifs n'appelaient pas la production d'un titre de propriété de la part d'un maître ni la preuve d'une évasion. Le fugitif n'avait pas droit à un procès et ne pouvait produire ses propres preuves d'affranchissement éventuel. Le *Fugitive Slave Act* incitait également les citoyens ordinaires à participer à la chasse aux fugitifs ou à leur dénonciation.

des lois appropriées autorisant la justice de ce gouvernement, dans plusieurs États, à faire tout ce qui est nécessaire pour recapturer les esclaves fugitifs et à restaurer dans leurs droits ceux qui en revendiquent la propriété. Où que j'aille, et à quelque moment que je m'exprime sur ce sujet – et lorsque je parle ici, je désire parler au Nord dans son ensemble –, je dis que le Sud a été blessé dans sa dignité et qu'il a le droit de se plaindre ; et que le Nord a été trop peu soucieux de ce que je crois que la Constitution nous assigne comme un devoir, de manière péremptoire et emphatique. » Le soutien de Daniel Webster au compromis va entraîner la fin de ses ambitions présidentielles et, en dépit du contenu très ambigu de sa pensée, ouvrira à l'homme les portes de la postérité, pour avoir courageusement affronté le risque d'éclatement de l'Union. Mais à quel prix, et au prix de quelles impasses commises par Kennedy, comme le souligne John Michael : « [Kennedy] cite le jugement amer de Ralph Waldo Emerson[1] sur le sénateur – "un grand homme animé d'une petite ambition" – et dit lui-même que le défaut de Webster était "la faiblesse à développer son sens moral de manière aussi appropriée que ses autres qualités". Pourtant, il considère le soutien de Webster au *compromise* (et au *Fugitive Slave Act* qui en était un volet) comme un acte de courage politique et de rédemption personnelle. [...] Il est étrange, cependant, que Kennedy, qui enverra plus tard les troupes fédérales pour "interdire la ségrégation" des institutions sudistes, ne voie pas la collaboration de Webster au compromis qui a répandu la pratique de l'esclavage à travers la nation tout entière comme l'échec diabolique d'une vision morale qui nécessitait, pour le moins, quelques explications. »

Dans l'apothéose qu'il offre à son personnage, Kennedy ose enfin : « Faisant une dernière fois appel à son

1. Le célèbre essayiste du XIXe siècle s'était activement engagé en faveur de l'abolitionnisme à partir de 1844.

envoûtante capacité oratoire, il abandonna son opposition préalable à l'esclavage dans les territoires, abandonna sa propre place dans l'Histoire et dans les cœurs de ses compatriotes et abandonna sa dernière chance pour le but qu'il avait poursuivi durant plus de vingt ans – la présidence. Daniel Webster préféra risquer sa carrière et sa réputation plutôt que de risquer l'Union. »

On estime à près de soixante-deux mille le nombre d'esclaves considérés comme fugitifs et pourchassés, à la suite du compromis, dans les États de New York, New Jersey, Pennsylvanie, Ohio, Indiana, Illinois et Michigan. Quarante mille autres parvinrent à franchir la frontière canadienne. Le coût moyen d'un esclave était de 450 dollars. Lorsque l'institutrice du Connecticut Harriet Beecher Stowe publia *La Case de l'Oncle Tom*, le 20 mars 1852, le roman le plus lu du XIXe siècle aux États-Unis, le livre provoqua une déflagration dans les États sudistes. Des libraires qui le vendaient furent bannis de plusieurs villes d'Alabama. En réponse, de nombreux auteurs publièrent à leur tour des ouvrages « anti-Tom ». Certains considérèrent *La Case de l'Oncle Tom* comme l'un des éléments ayant conduit à la montée du mouvement abolitionniste et au début de la guerre civile américaine, dix ans plus tard.

Quand Kennedy s'attache par ailleurs à la figure de George Norris, un protestant dévot, fervent isolationniste et sénateur républicain du Nebraska, c'est à la fois pour le combat que celui-ci a mené contre les « machines » politiques de son temps, mais également pour son opposition à l'entrée en guerre des États-Unis en 1917. Après le passage en force du président Wilson face à la batterie d'amendements opposés à son projet par les pacifistes et les isolationnistes, Norris a subi un désaveu public. Kennedy ne peut pas, bien sûr, écrire sur cet épisode sans penser à son propre père, Joe, qui a refusé de rejoindre l'armée à l'heure de la mobilisation et fait résonner fortement son isolationnisme à la fin des années 1930. Mais il fait montre d'une orientation caractéristique de sa pensée vis-à-vis des puissances européennes lorsqu'il rend hommage au courage de Norris qui, s'exprimant au Congrès contre la volonté de Wilson d'entrer en guerre, lance : « La raison donnée par le président pour demander au Congrès de déclarer la guerre à l'Allemagne est que le gouvernement allemand a déclaré la guerre dans certaines zones à l'intérieur desquelles, par l'usage de sous-marins, il a coulé, sans avertissement, des navires américains et détruit des vies américaines. La première zone de guerre a été déclarée par la Grande-Bretagne. Elle nous a donné, à nous et au monde, un avertissement à ce sujet, le 4 novembre 1914. L'action est devenue effective le 5 novembre 1914... Cette zone, ainsi déclarée par la Grande-Bretagne, couvrait l'ensemble de la mer du Nord. La première zone de guerre allemande a été déclarée le 4 février 1915, juste trois mois après que la zone de guerre britannique l'a été. L'Allemagne a donné quinze jours à l'avance son avertissement sur l'établissement de sa zone, qui est devenue effective le 18 février 1915. La zone de guerre allemande couvrait le *Channel* anglais et les hauts-fonds autour des îles Britanniques... Il n'est pas nécessaire de citer quelque autorité pour montrer que ces deux ordres déclarant des zones de guerre étaient illégaux et contraires à la loi internationale. Il suffit de dire que notre gouvernement les a officiellement déclarés illégaux et a officiellement protesté contre eux. La seule différence est que, dans le cas de l'Allemagne, nous avons persisté dans notre protestation, tandis que dans le cas de l'Angleterre nous nous sommes soumis. »

Pour Kennedy, l'opposition de Norris était vertueuse : « L'Histoire demande : "Cet homme avait-il de l'intégrité ? Avait-il de l'altruisme ? Avait-il de la consistance ?" Et il répond : "Il y a peu d'hommes d'État en Amérique qui répondent plus clairement et définitivement par l'affirmative à ces quatre questions que le fit George Norris." »

Au-delà des choix contestables de Kennedy pour sa courte galerie de portraits, c'est à la fois la pensée (vindicative), la contradiction idéologique et l'impasse systématique sur le fond des questions abordées, en faveur d'une pure esthétique, qui posent problème. Pourtant, le fond est là, mais pas où on l'attend. Il n'en est que plus inquiétant. Car, largement inspiré, rédigé, mis en forme par Ted Sorensen, il est l'œuvre de l'alter ego intellectuel de Jack Kennedy, l'auteur de la plupart de ses futurs discours, celui qui habille ses idées, et les habille si bien que l'esthétique et la rhétorique des paroles kennedyennes vont en faire oublier l'essence même.

Maison Blanche

Kennedy et Sorensen sont incontestablement les héritiers idéologiques de Theodore Roosevelt, le plus jeune des présidents américains, le 14 septembre 1901, à l'âge de quarante-deux ans. Un homme exubérant, « cowboy » de la politique américaine, amoureux de la nature, explorateur, chasseur, soldat et auteur très prolifique, préfigurateur de la communication politique et du marketing des idées. « Teddy », comme on le surnomme, est le seul des présidents américains du XXe siècle dont le visage est sculpté sur le mont Rushmore.

Les Américains aimaient – et aiment toujours – ce républicain au visage rond et aux grandes moustaches, un battant, à la fois incisif et drôle, doué pour les mots, astucieux et bon vivant. Il le leur rendait bien. Après l'assassinat de William McKinley, il prend les rênes d'un pays devenu en moins de quarante ans l'une des principales puissances industrielles mondiales, et dont la population a doublé depuis lors. Les temps sont troublés socialement, l'Amérique en pleine expansion engendrant ses cohortes de laissés-pour-compte et de travailleurs exploités par le capital. Lui veut modérer les excès de la libre entreprise, casser les monopoles, assurer la sécurité industrielle et alimentaire, et parle d'environnement. Son audace surprend et séduit d'autant plus qu'il est né d'une famille riche, et qu'il a été affecté très tôt dans son enfance par des crises d'asthme, doté d'un tempérament nerveux et hyperactif. Kennedy père et fils considéraient leurs origines irlandaises comme un handicap pour la conquête du monde politique. Roosevelt fut pourtant un président d'ascendance mi-irlandaise mi-hollandaise. Protestant, certes. Sa famille, longtemps ancrée dans la tradition démocrate, est finalement devenue républicaine dans les années 1850, fervente supportrice d'Abraham Lincoln et de l'Union pendant la guerre civile. Seule sa mère est issue d'une famille d'esclavagistes et naturellement partisane des Confédérés. Teddy adulait son père, qui l'aida à surmonter sa frêle condition physique en lui faisant pratiquer plusieurs sports – en particulier la boxe – et lui fit découvrir l'Europe, en 1869 et 1870, puis l'Égypte. Éduqué à Harvard, il en ressort avec un classement très honorable – 22e sur 177 étudiants –, puis intègre la faculté de droit de la Columbia School à New York. Il n'achève pas ses études car on lui offre l'opportunité de se présenter, en 1881, à l'Assemblée de New York (la Chambre basse du parlement de l'État de New York) sous la bannière républicaine, alors qu'il n'a que vingt-trois ans. Sa carrière est fulgurante. Henry Cabot Lodge l'a pris sous son aile et obtient du président McKinley qu'il le nomme au poste de secrétaire assistant de la Marine en 1897 – où il occupe en réalité la fonction dirigeante, en raison de l'inactivité du secrétaire en charge, John D. Long. Il va ainsi se trouver aux premières loges pour mettre en place les opérations de la guerre hispano-américaine de 1898, déclenchée par l'intervention des États-Unis dans la guerre d'indépendance de Cuba. La guerre, qui ne va durer qu'un peu plus de trois mois, va considérablement affaiblir l'influence de l'Espagne, contrainte d'abandonner sa souveraineté sur l'île mais également sur Guam, Porto-Rico et les Philippines pour une somme de 20 millions de dollars aux termes du traité de Paris, le 2 août 1898. À la tête de ses *Rough Riders*, le colonel Roosevelt triomphe et prend la pose devant les photographes. Il en fera un livre l'année suivante, contant l'héroïsme de ses conquêtes.

Auréolé de ses succès militaires, Roosevelt est élu gouverneur de New York en faisant campagne contre la corruption du monde politique, un boulevard pour Washington. Chef de guerre, grand communicant, Roosevelt est élu en 1901 en délivrant un message essentiel à la nation : il enjoint ses compatriotes d'accepter, endosser et revendiquer leur rôle de puissance mondiale. Guam, Porto Rico, les Philippines, Cuba, ce n'était qu'un prélude. Les *Rough Riders* doivent devenir l'âme même des Américains, éblouir chaque enfant du pays, les inciter à étendre les frontières du pays… jusqu'à l'empire. Mais ce n'est pas un chef de guerre que les Américains écoutent, lisent et voient sur les nombreuses photographies de lui qui circulent. C'est un grand conteur : un homme qui fait rêver l'Amérique du nouveau siècle. Un homme « bon », qui crée cent cinquante réserves forestières protégées à travers le pays, cinquante et un refuges naturels, parle de la protection de l'air, de l'eau, de la vie animale, des ressources vitales. Ses discours sont d'une étonnante modernité quand il évoque la responsabilité vis-à-vis des générations futures. Quand le Congrès atermoie ou s'enlise dans l'obstruction parlementaire, il passe outre : il s'empare de l'isthme de Panama pour y créer le fameux canal et met les politiciens grincheux au pied du mur. Ainsi le décrira *Time*, en 2006 : « Il fit tout avec emphase. Par-dessus tout, il avait un sens aigu du destin unique des États-Unis. Personne n'a jamais été aussi sûr de la destinée nationale. Peu de présidents l'ont façonnée de pareille façon. Mieux encore, il a donné à la nation une image d'elle-même : celle d'un territoire où l'on ne peut échouer, car porteur d'un peuple vigoureux et dominateur – comme Teddy Roosevelt. Il n'avait pas seulement l'enthousiasme d'être américain. Il a rendu plus enthousiasmant de l'être[1]. »

Que d'inspiration pour ses successeurs, pour le peuple américain ! Et pour le jeune Jack Kennedy, en particulier. Comme le souligne John Michael : « Pour réellement comprendre la fabrication réussie de l'image publique de Kennedy comme incarnation de la vigueur masculine et du courage héroïque – le représentant d'une nation "s'étant révélée dans la guerre", ainsi qu'il l'invoqua lui-même dans son premier discours inaugural –, il faut aussi se rappeler l'idéal populaire de l'adolescence américaine et de la virilité incarnée par la vie trépidante et victorieuse, un demi-siècle plus tôt, de Theodore Roosevelt. » Étudiant *Profiles in Courage*, Michael explore les racines de l'idéologie kennedyenne à travers l'exaltation de valeurs portées, avant Roosevelt, par la Dunning School, et puissamment insufflées au peuple américain par Roosevelt. La Dunning School désigne un mouvement d'historiens dominant jusqu'à la fin des années 1950 – au moins – aux États-Unis, portant sur la période phare de la *Reconstruction*, de 1865 à 1877. Au sortir de la guerre civile, la *Reconstruction* désigne à la fois le rétablissement de la paix, mais aussi la transformation des États sudistes, sous la pression de l'armée américaine. L'historien anglais Adam Fairclough, spécialiste de l'histoire des droits civiques aux États-Unis, résume ainsi la pensée de ces historiens qui ont forgé pendant près d'un siècle les manuels d'Histoire des enfants américains : « Tous s'accordaient pour dire que le droit de vote accordé aux Noirs avait été une infamie politique et que les gouvernements républicains, dans le Sud, qui reposaient sur les votes

1. « The Making of America », *Time*, 25 juin 2006.

noirs, avaient été corrompus, extravagants, non représentatifs et oppressifs. Les sympathies des historiens “dunningistes” allaient vers les Blancs sudistes qui résistaient à la reconstruction congressiste : les Blancs qui, s’organisant sous la bannière des conservateurs ou du Parti démocrate, utilisaient l’opposition judiciaire ou la violence extrajudiciaire pour priver les républicains du pouvoir. Même si les historiens “dunningistes” n’approuvaient pas tous forcément ces actions illégales, ils tendaient à les relativiser. Du début à la fin, ils prétendirent que la Reconstruction congressiste, souvent surnommée “Reconstruction radicale”, manquait de sagesse politique et de légitimité[1]. »

Dans l’ouvrage qu’il consacre à la pensée de Kennedy vis-à-vis des droits civiques[2], Nick Bryant relève que l’auteur de *Profiles in Courage* « adopte avec enthousiasme les vues très discriminantes du Sud au sujet de la Reconstruction », lorsqu’il évoque, par exemple, le « cauchemar noir que le Sud ne pourra jamais oublier » – ce cauchemar qui sert de toile de fond à l’épopée populaire d’*Autant en emporte le vent*, film révisionniste s’il en est, auréolant de gloire l’esclavagisme, accumulation inimaginable de stéréotypes anti-Noirs. Les Sudistes antiabolitionnistes y sont dépeints comme les défenseurs des valeurs traditionnelles. Mais le sillon dans lequel s’inscrit Kennedy est bien plus profond encore. Dans son livre *The American Boy*, Teddy Roosevelt exaltait les valeurs de la jeunesse et de la virilité, décrivant ainsi son héros : « Maintenant, les risques sont grands qu’il ne devienne un vrai homme, à moins qu’il ne soit un bon exemple de garçon. Il ne doit pas être un lâche ou un faible… » Dans *Winning in the West*, il écrit encore : « Les Anglais ont exterminé ou assimilé les Celtes de Grande-Bretagne, et ils ont répété en substance

1. Adam Fairclough, « Was the Grant of Black Suffrage a Political Error? », *Journal of The Historical Society*, juin 2012.
2. Nick Bryant, *The Bystander : John F. Kennedy and the Struggle for Black Equality*, Basic Books, 2006.

ce processus avec les Indiens d'Amérique ; même si bien sûr, en Amérique, il y eut fort peu de place pour l'assimilation. » Il poursuit : « Les peuples anglophones ont maintenant plus de terres et de meilleures qu'aucune autre nationalité ou groupe de nationalités en Amérique » et « ils ont dans leurs veines moins de sang aborigène qu'aucun de leurs voisins ». Pour Roosevelt, souligne Michael, « l'extermination des indigènes du Nouveau Monde était l'une des grandes réussites des Américains anglo-saxons et leur a conféré un avantage providentiel pour étendre l'influence de l'Amérique dans le monde ».

Dans *Profiles in Courage*, Kennedy se réfère largement aux travaux de Bowers, de Schlesinger, de Samuel E. Morison, d'Henry Steele Commager ou d'Allan Nevins, tous faisant écho aux thèses de la Dunning School. Les valeurs qu'il défend sont celles d'une longue tradition américaine qui exalte les mythes de la conquête anglo-saxonne, du mâle américain, de l'impérialisme. Et, à travers cette série de biographies, il se met en scène contre la génération qui le précède et ne trouve pas grâce à ses yeux, contre un Congrès qu'il vit comme un défi permanent au pouvoir présidentiel. Surtout, il assène et insiste sur le thème de la guerre, qui le fascine. Ne révèle-t-elle pas, après tout, la grandeur de la nation et du premier de ses fils ?

Il ne lui a pas échappé, non plus, à lui dont les mille jours marqueront la transformation de cette Maison Blanche, sous les ordres de son épouse, que c'est Theodore Roosevelt qui l'a baptisée ainsi[1]. Une maison conçue par un architecte irlandais et construite par des esclaves.

1. Auparavant, on l'appelait simplement la « Maison du président ».

4

COMME DIEU EN AMÉRIQUE

«Même si les gens rejetaient un roi, leurs cœurs battaient pour les symboles de la royauté.»

John F. Kennedy[1]

«Kennedy était limité émotionnellement – par bien des aspects, il était le produit de sa famille bostonienne, hautement régentée, et des institutions d'élite qu'il avait fréquentées. Il tirait une grande fierté de sa froideur en temps de crises, et son détachement finit par définir son style de présidence.»

Nick Bryant, *The Bystander*

Roi aux États-Unis, président en Irlande. C'est ainsi qu'on l'accueille à Dublin, lorsque John Fitzgerald Kennedy arrive, le 26 juin 1963, en provenance de Berlin, où il vient de prononcer un discours historique devant le Mur. Il va rester trois longues journées sur la terre de ses ancêtres, où il n'est pas revenu depuis 1949, et ce n'est pas simplement par sentimentalisme. Cette tournée européenne est à la fois une immense opération de séduction vis-à-vis des peuples et une gifle aux

1. Cité par Doris Kearns Goodwin, *The Fitzgeralds and the Kennedys: An American Saga*, Simon & Schuster, 1987.

dirigeants du Vieux Continent. Aux États-Unis, d'ailleurs, le malaise est évident. Dans le *New York Times*, Alice Widener estime que « beaucoup de diplomates proaméricains à Rome pensent que le *timing* du voyage du président Kennedy en Europe n'est pas à son avantage. Sous la démonstration de bonnes manières, il y aura beaucoup de scepticisme quant à l'habileté de ses actions politiques et militaires. On entend souvent cette description à son sujet : "C'est un jeune homme aimable, au jugement immature, qui parle bien mais n'a pas la détermination pour faire face à des décisions vitales." Un haut gradé de l'Otan m'a dit à Londres : "De manière incompréhensible, le président Kennedy voudrait inverser le sens des aiguilles de la guerre et stopper le développement des armes nucléaires sur Terre et dans l'Espace. Or cela ne peut pas être fait." Il sera probablement contraint de rentrer à la maison avec un compte montrant de grosses dépenses de voyage mais aucune vente[1] ». Arthur Krock souligne que « la tendance du président Kennedy à éviter d'affronter les problèmes jusqu'à ce qu'ils atteignent le stade de la crise a été de nouveau soulignée par les récents événements à la fois sur le plan international et sur le plan intérieur ». Il enfonce même le clou en estimant que « la posture politique du président, consistant à temporiser sur la controverse raciale jusqu'à ce qu'il y soit confronté, comme il le sera inévitablement, par les demandes des Nègres en matière d'actes politiques, qui n'ont fait que croître après chacune de ses concessions, s'inscrit précisément dans le même schéma de conduite personnelle et d'attitude politique. Il en va de même pour le voyage inopportun que M. Kennedy s'apprête à effectuer en Italie, en Allemagne de l'Ouest et au Royaume-Uni[2]. »

1. *New York Times*, 15 juin 1963.
2. *New York Times*, 21 juin 1963.

Arthur Schlesinger restitue l'état d'esprit singulier dans lequel Kennedy se trouvait, quatre jours plus tôt, lorsqu'il a quitté la base aérienne d'Andrews, dans le Maryland, à bord de son avion, l'*Air Force One*: «L'antiaméricanisme, si longtemps endémique dans certains cercles à travers l'Europe de l'Ouest, était soudainement suspendu. Le président américain était en train de devenir un espoir, sinon un héros, pour le Parti travailliste en Angleterre, pour les sociaux-démocrates en Allemagne de l'Ouest, pour les partisans de Mendès France et de Gaston Defferre en France», écrit-il. «À Paris, Jean-Jacques Servan-Schreiber attaquait dans *L'Express* l'idée d'éliminer l'influence américaine en Europe, accusant de Gaulle d'adopter le slogan communiste "*U.S. Go Home*" et avertissait la France que l'alternative à un partenariat transatlantique serait le partenariat russe[1].»

À bien des égards, si les Européens attendent Kennedy avec enthousiasme, les gouvernements, eux, peinent à dissimuler leur malaise. De Gaulle, note d'ailleurs Robert Dallek, «ne faisait pas confiance à Washington pour défendre l'Europe avec des armes nucléaires, estimant que son administration préférerait laisser l'Europe de l'Ouest tomber sous le contrôle communiste plutôt que de risquer une attaque nucléaire soviétique sur les villes américaines[2]». Entre les deux hommes, ça n'a jamais fonctionné. Les documents de cette époque, déclassifiés au fil du temps, témoignent de l'arrogance de Kennedy – et même de sa fureur, à l'occasion – face à la volonté de la France de résister à l'influence américaine sur le continent. Une anecdote en dit long sur l'acrimonie du jeune président. Le 1er août 1963, le ministre français des Affaires culturelles, André Malraux, lui présente le portrait de Mona Lisa, qu'il accompagne à Washington pour

1. Arthur Meier Schlesinger, *A Thousand Days*, *op. cit.*
2. Robert Dallek, *op. cit.*

une exposition à la National Gallery of Art. Il en profite pour louer, de manière très diplomatique, la contribution américaine à la victoire française et à la libération au cours des deux guerres mondiales, en soulignant que la toile a été sauvée par un soldat américain. La réponse est on ne peut plus cinglante : « Je veux qu'il soit bien clair qu'aussi reconnaissants que nous soyons pour le prêt de cette peinture nous poursuivrons nos efforts afin de développer par nous-mêmes une force et un pouvoir artistiques indépendants. » Non, Kennedy ne peut décidément pas forcer le bras de l'Otan – et d'ailleurs il a rayé de son agenda son projet d'aller rencontrer de Gaulle à Paris, au printemps précédent. Il ne s'est pas gêné, ce 25 juin à Francfort, pour critiquer vertement le concept gaullien d'indépendance européenne : « Ceux qui douteraient de notre engagement ou nieraient cette indivisibilité, ceux qui sépareraient l'Europe de l'Amérique ou un allié de l'autre donneraient seulement aide et réconfort aux hommes que se font eux-mêmes nos adversaires et se satisfont de la désunion de l'Ouest[1]. »

Adenauer n'est pas en reste. Affairé à la construction du tandem franco-allemand, le chancelier allemand entretient de longue date un ressentiment envers Kennedy, qui a déclaré publiquement aux Russes, en novembre 1961, que « si l'Allemagne développait une capacité atomique autonome, si elle possédait de nombreux missiles, ou une armée nationale forte qui ferait planer un risque de guerre », alors, « il comprendrait » leur inquiétude et, même, « la partagerait ». En outre, l'accueil que les foules allemandes réservent à Kennedy n'est pas pour dissiper ces réserves. Le temps fort a été, bien sûr, le discours qu'il a prononcé face au mur de Berlin. Les trois cinquièmes de la population berlinoise – un demi-million de personnes –,

1. Discours prononcé le 25 juin 1963 à l'église Saint-Paul de Francfort.

massés pour l'entendre, ont entendu Kennedy dire : « Il y a deux mille ans, la plus grande valeur était "*civis Romanus sum*". Aujourd'hui, dans le monde de la liberté, la plus grande valeur est "*Ich bin ein Berliner*". » Cette phrase rédigée par le conseiller Ted Sorensen, même grammaticalement incorrecte, a un effet quasi cathartique. Troublé en voyant son peuple scander : « Kenne-dy, Kenne-dy ! », Adenauer demande au secrétaire d'État, Donald Rusk : « Cela signifie-t-il que l'Allemagne peut avoir un jour un nouvel Hitler[1] ? »

Lorsqu'il arrive à Dublin, Kennedy est un héros. Il n'ira qu'un seul jour à Londres, puis à Rome, avant de rentrer aux États-Unis, manière bien caractéristique de graduer ses priorités. Face aux parlementaires irlandais, il prononce un discours dans lequel il rappelle la soumission forcée et les persécutions religieuses infligées par les Anglais. Il plaide pour l'entrée de l'Irlande dans la Communauté économique européenne et pour sa participation aux Nations unies – il a déjà renvoyé dans les cordes de Gaulle et ses réticences à ce sujet. Il cite abondamment les vertus de sa terre d'origine et offre son exemple à la nation irlandaise, qui compte alors un peu moins de trois millions d'âmes en Irlande et dont 38 millions de descendants sont devenus américains en à peine plus d'un siècle. Tout ce qu'il avait dû taire au cours de sa campagne de 1960, Kennedy le clame désormais haut et fort. À Wexford, une chorale de trois cents jeunes garçons l'accueille en entonnant « The Boys of Wexford », une ballade très populaire sur l'insurrection de 1798. Dans le port de New Ross, il déclare : « Lorsque mon arrière-grand-père est parti d'ici pour devenir tonnelier à East Boston, il n'a emporté avec lui que deux choses : une foi religieuse solide et un puissant désir de liberté. Je suis fier de pouvoir dire que tous ses petits-enfants ont valorisé cet héritage. »

1. *Wall Street Journal*, 24 juin 2013.

Pour tous, l'enfant des Fitzgerald et des Kennedy est le symbole de cette longue marche du peuple irlandais, en dépit de l'oppression anglaise, pour acquérir ses droits, sa dignité, son aisance et, surtout, le pouvoir. Pourtant, son histoire est celle d'une aristocratie... Cette dichotomie entre deux destins irlandais est loin d'être anodine lorsque l'on étudie le parcours du trente-cinquième président des États-Unis. Car non seulement elle alimente un mythe sur l'immigration qui perdure aujourd'hui encore, même si l'historiographie américaine a commencé à en réviser les bases, mais elle éclaire le cheminement idéologique et politique d'une famille déterminée à régner par tous les moyens.

L'ascension

Si le secret a été inventé un jour pour les hommes, c'est peut-être bien en Irlande. L'histoire des Fitzgerald et des Kennedy s'y perd, dans la longue nuit européenne. À travers les siècles, leurs blasons se sont contemplés avec méfiance, et entre eux la jalousie ne s'est jamais éteinte. Au début du premier millénaire, déjà, Maurice Fitzgerald, premier baron de Desmond, menait ses troupes contre la Couronne, avant que celle-ci n'achète sa loyauté par des honneurs. Les Kennedy perpétuaient, quant à eux, l'héritage de leur oncle et cousin le « Haut Roi » Brian Moru. Les Fitzgerald s'établirent au Sud, les Kennedy à l'Ouest et au Sud-Est. Chacun selon ses règles et ses armes, mais tous avec une même foi, catholique, et un ennemi juré, l'Angleterre.

Leur route a été longue, tourmentée, violente, et le XVIIIe siècle a ouvert sous leurs pieds plus de tombes qu'ils ne pourraient jamais en compter, où beaucoup furent précipités sous les coups d'un Empire britannique devenu invincible. Ses lois dévastatrices pour l'économie ont fini par mettre le peuple à genoux. Les plus téméraires – ou les moins malades – commencèrent à embarquer sur d'improbables navires pour traverser l'océan. Ils atteignirent les côtes du Nouveau Monde et, souvent, y prirent la route du Sud. Ils s'établirent en Virginie, dans le Tennessee, en Arkansas, dans le Missouri ou le Texas. Puis le mildiou apporta à leurs compatriotes désolation et misère, ravageant les cultures de pommes de terre, leur nourriture essentielle. Poussés par la Grande Famine de 1840, les Irlandais, par dizaines de milliers, se sont de nouveau élancés vers la terre des promesses, débarquant cette fois pour la plupart dans les ports en pleine croissance de la côte Est, certains poussant leurs explorations jusqu'à Chicago. Il n'y avait pas d'embarcation de première classe pour faire le voyage, pas d'endroit où échapper aux plus pauvres, aux plus souffrants, et même s'ils n'étaient pas sans le sou, les Fitzgerald et les Kennedy, chacun de son côté, ont bien dû « faire avec ». Les premiers se sont arrêtés à New York pour un temps, les seconds au sud de Boston. Mais c'est là qu'ils se sont bientôt retrouvés.

En 1987, l'historienne Doris Kearn Goodwin a livré un véritable monument biographique consacré aux deux familles. Pour qui souhaite s'immerger dans la saga des Irlandais d'Amérique, la lecture en est à proprement parler fantastique. Hélas – et ce n'est pas un hasard si l'auteur a reçu le soutien de la plupart des hagiographes encore vivants de « JFK » –, son récit déverse un torrent de souffrances, d'humiliations, de tragédies et de combats où l'on a tôt fait de perdre de vue la singularité des deux familles : deux dynasties d'élite, rapidement reconstituées en terre d'Amérique, et bien au-dessus du sort de leurs compagnons de route.

L'historien Henry Adams[1], arrière-petit-fils du deuxième président des États-Unis John Adams[2] et petit-fils du

1. 1838-1918.
2. Président de 1797 à 1801.

sixième, John Quincy Adams[1], a d'ailleurs vu à Boston une « organisation méthodique des haines ». Boston, c'est ce berceau du puritanisme anglais protestant où, dès le XVIe siècle, les treize colonies nord-américaines se sont soulevées contre la Couronne britannique pour lui arracher leur indépendance en 1776. C'est aussi le phénoménal développement économique qui a permis à une petite ville de se transformer, en vingt ans à peine, en centre portuaire et métropole cosmopolite où la population double désormais à chaque génération. C'est surtout l'antithèse du *melting pot* qui, dans les faits, dément l'idéal supposé du rêve américain. Bien établie et quasiment seule à bord depuis deux cents ans, la société yankee et son élite régnante reposent à la fois sur les propriétaires fonciers et les hommes d'affaires, républicains, pour la plupart. Cet environnement est très hostile aux nouveaux immigrants, mais l'essor phénoménal de Boston les attire, si bien qu'ils débarquent par dizaines de milliers en provenance d'Irlande. Ils ne peuvent compter que sur eux-mêmes. Leur manque d'argent, leur manière de parler, leur pauvreté, leur apparence et, bien sûr, leur religion – tout les rend indésirables. L'intraitable société protestante les tient à l'écart de ses quartiers, de ses filles, de ses opportunités… Mais le gouvernement fédéral accorde à ces immigrés le droit de devenir des citoyens américains, c'est-à-dire de voter. Entre 1822 et 1880, ils sont deux millions à s'établir en Amérique. L'ascension d'une élite irlandaise, même si elle ne se traduit pas au sommet du pouvoir avant 1885, est irrésistible.

On parle de *salad pot* pour désigner l'agrégation permanente de nouveaux arrivants. Chaque vague y coexiste avec la précédente, qui l'accueille avec plus ou moins d'hostilité. Chaque génération d'immigrés est tenue à l'écart, cantonnée dans les quartiers les moins développés,

1. Président 1825 à 1829.

où elle établit sa nouvelle existence, ses propres pouvoirs puis, une fois mieux assise, les impose à ses successeurs. La grande migration irlandaise des années 1830 a provoqué une forte crispation de l'establishment anglais protestant et de son élite de « brahmanes[1] », et celle-ci a parfois pris des formes extrêmes, avec des attaques contre ces nouveaux venus, réputés sales, grossiers, alcooliques et fanatiques, mais aussi contre leurs maisons, leurs écoles, et même leurs églises. Mais les Irlandais se sont assez vite consolidés. Leurs propres potentats ont engendré une élite dite des « brahmanes verts », en référence à la couleur fétiche de leur mère patrie.

Cette partie de leur histoire est très méconnue des Américains. Une abondante littérature véhicule l'imagerie d'un peuple en souffrance qui a lutté pour son intégration, dans une nation unique au monde, où chacun aurait sa chance. Évidemment, c'est une vision sans nuance. L'universitaire Jeffrey Herlihy-Mera a consacré une passionnante étude au mythe particulier de l'immigration irlandaise en Amérique[2]. Il souligne l'« ironie » selon laquelle on a longtemps fait des Kennedy – et, dans une moindre mesure puisqu'ils n'ont pas connu la même renommée que les premiers, des Fitzgerald – la « référence » du modèle de l'immigration irlandaise. Cette vision a prévalu aux États-Unis jusqu'au début des années 1980 et nourri largement le courant historiographique dominant, l'enseignement et les croyances populaires. Howard Zinn, à la fois historien et militant pacifiste maintes fois distingué pour ses travaux, a été le pionnier

---

1. Le terme « brahmanes » fait directement référence à l'organisation sociale des Indes et à cette caste supérieure des prêtres, enseignants, hommes de loi ou rois. Il est particulièrement usité au XIXe siècle pour désigner l'aristocratie yankee de Nouvelle-Angleterre.
2. Jeffrey Herlihy-Mera, « Revisioning Migration on the Stratification of Irish Boston in Good Will Hunting », *ALIF: Journal of Comparative Poetics* (32), 2012.

de sa relecture en profondeur. L'immense succès de son ouvrage *A People's History in the United States*[1] a suscité de très vives polémiques, certains le qualifiant d'« antiaméricain », d'autres de révisionniste, beaucoup dénonçant sa vision d'une véritable lutte des classes à travers l'histoire des États-Unis. De toute évidence, Zinn a touché un nerf sensible de la politique américaine. Et pourtant ses travaux ont porté un coup profond à l'idéalisation de l'Amérique du melting-pot. Zinn dessine un paysage fortement stratifié, inégalitaire, dans lequel les minorités conquièrent un pouvoir rapidement imposé aux nouvelles, source d'injustices sans cesse reproduites et perpétuées.

Malgré cela, la référence culturelle à l'héritage irlandais a souvent servi aux candidats à la Maison Blanche revendiquant, par là même, une sorte de filiation avec John Fitzgerald Kennedy, qui constitue l'oméga d'un rêve dont Lincoln serait l'alpha. Jimmy Carter, Ronald Reagan, George H. W. Bush, Bill Clinton, George W. Bush : tous ont rappelé durant leur campagne leur part de sang venue d'Irlande. Plus récemment, Barack Obama est même allé jusqu'à communiquer abondamment sur son ancêtre Falmouth Karley, qui a fui lui aussi son village de Moneygall en 1850 pour débarquer à New York. Ces références ne sont pas pour déplaire aux quelque 36 millions d'Américains d'ascendance irlandaise – près de 12 % de la population[2]. Mais cette quête d'« ennoblissement » à travers la figure kennedyenne est tout de même assez singulière. Curieusement Kennedy, qui a souvent, tout au long de sa vie, porté ses origines comme un fardeau – en particulier son catholicisme – est à son origine, à travers le séjour qu'il effectua en Irlande en juin 1963. Lui, l'héritier d'une très longue aristocratie, enfant des deux familles

1. Harper Perennial Modern Classics, 2005.
2. On dénombre, par ailleurs, 3,5 millions d'Américains d'origine irlando-écossaise.

régnantes de Boston, loin des taudis du South End et des injustices endurées par ces Irlandais des rues, est allé clamer l'héritage et la revanche contre les Britanniques. Cela nous amène à l'irrésistible ascension des Fitzgerald et des Kennedy, le sol de leur nouveau pays à peine foulé. Une histoire d'endurance, de domination, de népotisme, de clientélisme et de corruption, où le parfum de scandale se mêle intimement à celui du whisky.

Saint Patrick

L'aristocratie irlandaise est déjà bien établie en Amérique lorsque les Kennedy et les Fitzgerald y arrivent. Parmi les cinquante-six signataires de la Déclaration d'indépendance des États-Unis, soixante-dix ans auparavant, on retrouve huit Américains d'origine irlandaise, dont trois nés en Irlande. Le révolutionnaire Charles Lynch – qui a donné, dit-on, son nom à la pratique du « lynchage », issue du traitement qu'il réservait aux loyalistes, partisans des Britanniques, durant la guerre d'indépendance – a donné l'impulsion initiale permettant la création de centaines d'écoles, d'orphelinats ou d'hôpitaux pour la population irlandaise. Le parti « nativiste » du *Know Nothing*, créé à la fin des années 1840 en réaction à l'arrivée des nouveaux immigrants, est en plein développement, mais il va faire rapidement long feu. Car il faut compter avec ces hommes qui n'ont rien perdu de leur honneur même s'ils ont quitté leur terre, et qui se retrouvent de nouveau face à face avec ces Anglais protestants si sûrs de leurs règles et de leurs droits. Ils vont les combattre par tous les moyens. Parmi eux, Thomas Fitzgerald, cultivateur de pommes de terre comme l'était son père, qui s'est établi à Boston au début des années 1850.

Après une tentative infructueuse afin de créer une exploitation agricole avec ses cousins près d'Acton, dans le Massachusetts, il a rejoint le reste de la famille dans le North End de Boston, pour y travailler comme poissonnier. Un métier difficile, mais qui lui a permis d'amasser rapidement un petit pécule. À Boston, il a rencontré Rosanna Cox. De leur union, en novembre 1857, naquirent douze enfants, dont un fils et deux filles décédés en bas âge. Les neuf survivants étaient tous des garçons. Au moment de la naissance de John, futur maire de Boston et père de Rose, le 11 février 1863, Thomas Fitzgerald est l'associé de son plus jeune frère, avec qui il a fondé avec succès une épicerie et un bar. Leur association est si lucrative que Thomas peut vite acquérir plusieurs immeubles, dont l'un où il loge sa famille. Au bout de quatre ans à peine, les jeunes époux Fitzgerald sont déjà confortablement installés et perçoivent le loyer de leurs propriétés, qui n'abritent, comme il se doit, que des Irlandais catholiques.

Fils de l'un des employeurs et propriétaires les plus respectés du North End, le jeune John Fitzgerald est un bon étudiant et un sportif aguerri, qui s'implique dans une multitude d'activités et d'organisations locales. C'est un meneur. En 1877, il est l'un des rares élèves du quartier admis à l'école élémentaire, alors que la plupart des jeunes de sa catégorie socioculturelle ne dépassent jamais l'école primaire. La plupart commencent à travailler dès que la loi leur permet, à l'âge de quatorze ans. Après le cours élémentaire, il devient vendeur de journaux, une activité vite lucrative pour lui, car il parvient à obtenir grâce à son père les points de vente les mieux situés, en particulier celui qui fait face au Congrès du Massachusetts. Là, il peut côtoyer chaque jour les fameux représentants de l'élite protestante. Féru d'Histoire, il organise bientôt des visites du North End pour les touristes. Mais sa mère meurt brutalement à l'âge de quarante-cinq ans, durant sa treizième grossesse, et John doit retourner à l'école, pressé par son père de poursuivre ses études pour devenir médecin. En 1879, il intègre la Boston Latin

High School, le prestigieux lycée fondé par les Anglais en 1635, qui accueille désormais aussi les Irlandais et les Juifs. Il termine ses études cinq ans plus tard et prend le chemin de l'École de médecine de Harvard, l'une des plus respectées du pays, autre bastion de la haute société protestante. Il est, dès lors, assuré d'intégrer les cercles de la classe dominante.

Le décès de Thomas, l'année suivante, met pourtant fin à son rêve de médecine. Bien que Fitzgerald ait légué un patrimoine évalué à 18 000 dollars, celui-ci est figé dans la pierre et la famille est à court de liquidités pour payer ses études de médecine. John accepte alors un emploi qui lui est offert par l'ami de son père, Matthew Keany, l'homme politique influent du moment, qui règne sur le North End. Ce faisant, il trouve son destin… Boston voit en effet s'ouvrir une période particulière de son histoire, marquée par l'ascension impressionnante d'une poignée d'Irlandais privilégiés, assoiffés d'un pouvoir qu'ils brûlent de ravir aux Anglais. En 1884, Hugh O'Brien est le premier d'entre eux à se faire désigner maire de Boston – c'est lui qui fera de la St Patrick un jour de fermeture des établissements publics. À l'hôtel de ville, John Fitzgerald a pour mission de remplir les salles de réunions électorales et d'organiser les bureaux de vote. Keany lui obtient un autre travail en parallèle, au siège du gouvernement, plutôt bien payé. Surtout, il instruit John politiquement et le guide dans la construction de son propre réseau d'influence, en particulier à travers les arcanes du Parti démocrate. Vite à l'aise matériellement et professionnellement, John décide de passer la bague au doigt de la femme à laquelle il a fait la cour durant des années, Mary Josephine Hannon. Elle est sa cousine éloignée, un détail qui nécessite une dispense de l'archidiocèse autorisant la célébration du mariage, en septembre 1889, à Concord.

Une jeune progressiste

Rose Elizabeth Fitzgerald vient au monde dans l'appartement des jeunes époux, le 22 juillet 1890. Elle n'a que quelques mois lorsque son père entre en campagne pour obtenir un mandat au conseil municipal de Boston. Il est élu, aisément, en décembre 1891. La disparition de son mentor, Matthew Keany, l'année suivante, lui permet de briguer la sixième circonscription de la ville, celle du North End. Désormais, plus rien ne peut entraver sa progression politique, déjà rapide et facile : il va remporter le fauteuil de sénateur de l'État du Massachusetts – devenant ainsi l'unique catholique du Congrès – avant de gravir les marches de la mairie de Boston, en 1906, pour deux ans, poste qu'il retrouvera en 1910 pour quatre nouvelles années.

Avec un père qui séjourne fréquemment à Washington, Rose a très vite l'habitude des hommes absents. Mais son enfance est heureuse. La lignée s'agrandit avec la naissance de ses sœurs – Eunice en 1892, Agnès en 1900 – et de ses frères – Thomas en 1895, John Junior en 1897 et Frederick en 1904. Pour répondre au désir de sa mère de se rapprocher des siens, John décide de les installer à West Concord. Même s'ils côtoient là des fermiers irlandais, c'est une petite ville très traditionnelle, dominée par l'élite protestante. Rose en gardera le souvenir d'une période idyllique – « Des années de sérénité, d'ordre, de relations humaines avec les voisins, d'affection en famille », écrira-t-elle. Elle monte à cheval, prend des leçons de chant et de piano, passe ses vacances à Old Orchard Beach, dans le Maine, où elle retrouve beaucoup d'Irlandais catholiques de North End, parmi lesquels une famille amie de ses parents, les Kennedy. C'est là, sur cette plage, qu'elle rencontre Joseph, comme en atteste une photographie montrant les deux familles posant ensemble.

Lorsqu'elle aura l'occasion de livrer ses souvenirs d'enfance, Rose ne fera jamais mention d'un quelconque sentiment d'appartenir à une sorte de «seconde classe». Elle évoquera, au contraire avec beaucoup de nostalgie, cette Nouvelle-Angleterre protestante qui sert de vitrine à la société américaine lorsqu'elle s'affiche en couverture des magazines, pour représenter la vie merveilleuse des Américains. Si elle parle de religion, c'est pour faire le distinguo entre sa mère, plus dévote que son père à la foi catholique, ce qui se manifestait par une multitude de routines quotidiennes, comme ces lectures du rosaire, le soir venu, et l'imposante Vierge Marie adorée dans la maison de Concord.

En 1903, la famille Fitzgerald déménage à nouveau, cette fois pour Dorchester. Critiqué parce qu'il n'est pas résident de Boston, John, qui ambitionne de briguer la mairie, fait preuve de pragmatisme. Pourquoi pas North End? «Malgré l'amour de mon père pour ce cher North End [...], il préférait que sa famille fût au grand air et dans les grands espaces de la petite ville de banlieue de Dorchester», répond-elle. Mais la décision tient sans doute également au fait que North End est désormais envahi par des immigrants venus d'Italie et des Juifs d'Europe de l'Est. Qui plus est, à Dorchester, John fait le choix d'une très élégante et imposante demeure où il installe, en haut du grand escalier qui y mène, une baie vitrée portant les armoiries de ses ancêtres, pour montrer que sa famille a alors atteint des sommets de respectabilité, avec au centre cette inscription en gaélique, «*Shawn A Boo*», qui signifie : «John le Téméraire».

Rose fait ses études à la Dorchester High School, fréquentée en majorité par les protestants mais qui accueille une importante communauté d'étudiants irlandais. Elle en devient la plus jeune diplômée, à l'âge de quinze ans. Son caractère présente les mêmes traits de détermination et d'ambition que celui de son père, qui vient d'être élu maire de Boston et que tout le monde appelle désormais «Honey Fitz». Alors qu'elle est encore au collège, elle présente sa candidature à l'université de Wellesley, connue pour son esprit ouvert et idéaliste, et elle est admise. Mais son père refuse ce choix et la fait entrer dans l'école catholique du Couvent du Sacré-Cœur de Boston. Alors qu'il a pleinement bénéficié d'une éducation dans les prestigieuses enseignes protestantes de la ville, il empêche sa fille de rejoindre l'université de l'élite des étudiants protestants, se rangeant à l'avis pressant de l'archevêque catholique irlandais de Boston, le très puissant William O'Connell. Celui-ci ambitionne en effet de hisser les établissements catholiques de Boston au même rang que les établissements protestants, et refuse une trop grande proximité entre des étudiants catholiques et les autres, protestants, qui ne feraient que corrompre leur foi. Pour y parvenir, il sait qu'il peut compter sur le premier citoyen de la ville, lequel ne s'aliénerait pour rien au monde le puissant archevêque. « Mon plus grand regret est de ne pas être allée au Wesley College », écrira Rose[1].

Après ses études au Convent of the Sacred Heart de Boston, où sa sœur Agnes a suivi le même parcours, les deux sœurs sont envoyées au Blumenthal Convent, en Hollande. Elles reçoivent une éducation catholique, cosmopolite et conservatrice. Rose note qu'« à cette époque on considérait comme un grand avantage pour une jeune personne d'être allée étudier à l'étranger ». « Les étudiants de Blumenthal, se souvient-elle, étaient en majorité français ou allemands, pour la plupart issus de l'aristocratie. » Les filles sont non seulement instruites dans les arts et la littérature, la religion et la rhétorique théologique, mais elles sont également instruites quant à la tenue d'une maison. « On supposait d'emblée que les filles, une fois mariées, se dévoueraient à la trinité

1. Doris K. Goodwin, *The Fitzgeralds and the Kennedys: An American Saga*, St Martin's Press, 1987.

Kindern, Kirche und Küche (enfants, église et cuisine) et qu'elles devaient être prêtes pour tous ces devoirs. On supposait par la même occasion qu'elles auraient des domestiques pour remplir ces tâches, mais, afin de les former et de les superviser, et tenir efficacement la maison, elles devaient être compétentes dans ce que l'on appelait alors la "science domestique"[1]. »

Rose termine enfin son éducation au Sacred Heart Convent de Manhattanville, New York, et sort diplômée en 1910. Elle avait rêvé d'aller au Wellesley College afin de tirer profit de son appétit intellectuel, de son indépendance d'esprit et de son goût pour l'action ; elle est devenue une jeune femme formée pour tenir à la perfection son futur rôle d'épouse, de mère et de femme pieuse et vertueuse. Cette fille née pour le XXe siècle est devenue une femme du XIXe. Mais c'est une femme très bien éduquée, qui a vu du pays et qui peut parler plusieurs langues. Fille du premier magistrat de la ville de Boston, elle devient donc vite une figure publique, admirée, enviée. Elle continue de s'instruire, devient la plus jeune membre du Public Library Investigating Committee, chargée de sélectionner les livres destinés aux enfants, et participe à une multitude de clubs. Elle s'implique dans la vie catholique de la ville et elle enseigne bénévolement, à l'école du dimanche, le catéchisme. Confiante, ambitieuse, elle s'accommode plutôt bien des contradictions qu'elle porte en elle, et tient à merveille le rôle que son père lui a assigné en apparaissant à ses côtés, tel un joyau qu'il adore exhiber. À partir de 1908 – elle a dix-huit ans –, elle voyage fréquemment et longuement à travers les États-Unis et dans le reste du monde en compagnie de son père, et consigne dans ses carnets de voyage certains moments forts : une croisière à bord du yacht de sir Thomas Lipton, un séjour

1. « Kennedy », *Los Angeles Times*, 24 mars 1995.

en Amérique du Sud, en Irlande… Mais elle fait sienne, également, l'ambition permanente de son père de briser les dernières poches de résistance locale vis-à-vis de la haute société catholique, dont ils sont désormais les symboles. Elle travaille durant des mois pour préparer la grande soirée qui marque sa présentation « officielle » aux cercles influents de Boston. Celle-ci se tient le 2 janvier 1911, sur Welles Avenue, et accueille un impressionnant aréopage de quatre cent cinquante invités triés sur le volet, parmi lesquels toutes les figures proéminentes de la vie publique bostonienne, politiciens, banquiers, médecins, avocats, prêtres, l'ensemble des membres du Conseil de la ville de Boston ainsi que le gouverneur du Massachusetts. L'assemblée compte autant de protestants que de catholiques et, même, on dénombre plus de catholiques parmi les jeunes que de protestants. Il eût été logique que la nouvelle jeune femme emblématique de la vie bostonienne fût invitée à tous les clubs féminins influents de la ville, tels que la Junior League et le Vincent Club. Pourtant, ces clubs qui sont au cœur du puissant système bostonien ne la convient pas à entrer en leur sein. Sa réponse ne se fait pas attendre : elle crée le Ace of Clubs, un cercle exclusivement ouvert aux jeunes femmes qui ont bénéficié d'une éducation à l'étranger. Un message clair à la vieille société protestante assez repliée sur elle-même et son identité essentiellement anglaise. Au début de cette seconde décennie du XXe siècle, deux sociétés influentes régissent donc la Nouvelle-Angleterre. Les protestants excluent toujours la participation des catholiques à leurs cercles les plus sélects ; on ne partage pas toujours les mêmes lieux de villégiature ou de divertissement ; des journaux séparent distinctement les colonnes destinées aux protestants et aux catholiques ; les compétitions sportives n'offrent guère d'équipes mixtes. Mais on est très loin de l'image, trop souvent réductrice, d'une ségrégation active et agressive et, surtout, aucune des tentatives protestantes pour enrayer l'irrésistible ascension du pouvoir des catholiques ne freine ceux-ci. Des catholiques, d'ailleurs, qui ne font rien pour faciliter la tâche aux protestants, où qu'ils se trouvent, et tiennent à se marier entre eux. C'est bien le cas de Rose qui, en 1914, prend pour époux l'homme qu'elle a en tête depuis des années déjà, Joseph Kennedy.

Alcools et pouvoir

Les grands-parents de Joe, Patrick Kennedy et Bridget Murphy, ont émigré d'Irlande dans les années 1840. Ils ont laissé derrière eux une exploitation prospère, finalement atteinte par l'augmentation constante des loyers imposée par les propriétaires anglais et par cette fameuse maladie de la pomme de terre. Patrick et Bridget n'ont malgré tout pas débarqué sans le sou à Noddle Island, aussi appelé East Boston. Ils se sont mariés peu après leur arrivée. Lui a travaillé comme tonnelier et Bridget comme coiffeuse à la Jordan and Marshall Company, avant d'ouvrir rapidement à Noddle Island un magasin d'articles en tous genres. Peu après la naissance de leur quatrième enfant, Patrick Joseph, en janvier 1858, son père est emporté par le choléra et Bridget reste seule pour élever la famille.

Patrick Joseph, également connu sous l'abréviation de « P. J. », grandit à East Boston, puis travaille sur le front de mer avant d'ouvrir son propre bar, lieu de ralliement des Irlandais du quartier. Il gagne rapidement en influence parmi les distributeurs d'alcools et ceux-ci le soutiennent lorsqu'il décide de briguer un siège à la Chambre des représentants du Massachusetts, où il est élu dès 1885, à l'âge de vingt-sept ans à peine. Ses affaires se développent vite et il ouvre deux nouveaux bars, dont l'un au très fréquenté Maverick House Hotel, avant de se lancer à son tour dans l'importation d'alcools.

Il fonde alors la P. J. Kennedy & Company, dans le South End de Boston. Deux ans plus tard, en 1887, il épouse Mary Augusta Hickey, issue d'une famille aisée de Brockton et fille d'un propriétaire de bar, qui compte par ailleurs dans sa famille un lieutenant de police, un médecin diplômé de la Harvard Medical School… et un directeur de maison funéraire. Le couple donne naissance à son premier enfant, un garçon, qu'il prénomme Joseph Patrick. La famille vit dans une demeure imposante de trois étages, à East Boston. Après cinq années de service à la Chambre des représentants, P. J. Kennedy devient sénateur de l'État du Massachusetts ; il est nommé commissaire général de la ville et responsable de l'électrification de Boston. Il investit dans la Suffolk Coal Company, une exploitation de charbon. Alors que Joe est encore un bambin, P. J. fonde une banque, la Columbia Trust Company, dont il assume la vice-présidence. Il ne lui a fallu que quelques années pour devenir l'un des plus influents leaders politiques de la fin du XIXe siècle à Boston, tandis que « Honey Fitz », de son côté, règne déjà sur le North End.

La réussite de ces Irlandais catholiques est éclatante. Aux côtés des familles Fitzgerald et Kennedy, on trouve également des figures telles que Joseph Corbett, de Charleston, ou James Donovan, du South End. Après avoir emménagé dans une très grande demeure sur Webster Avenue, à East Boston, Joe Kennedy grandit dans une atmosphère de privilèges qui, selon les mots mêmes d'une de ses nièces, se traduisent par « des domestiques et des chevaux de course, une riche garde-robe et des voyages en Europe[1] ».

Dès son plus jeune âge, Joe présente un fort tempérament et une ambition débordante. À l'égal de son père,

1. Ronald Kessler, *The Sins of the Father : Joseph P. Kennedy and the Dynasty He Founded*, Warner Books, 1996.

il vise très vite à intégrer les plus prestigieuses institutions éducatives protestantes – d'abord la Boston Latin School puis l'université de Harvard. À la Boston Latin School, il n'est pas un étudiant particulièrement brillant. En revanche, il se distingue dans la discipline sportive, et décroche, au cours de sa dernière année, la coupe John F. Fitzgerald, attribuée et remise par le maire Fitzgerald lui-même à celui qui a obtenu le meilleur résultat au baseball. La Boston Latin School prépare ses étudiants à entrer à l'université de Harvard en particulier, ou dans d'autres établissements de première classe de l'Ivy League. Les résultats scolaires de Joe ne lui permettent pas, *a priori*, d'intégrer Harvard; pourtant, il est immédiatement accepté. Son choix déplaît à l'incontournable archevêque O'Connell, qui considère Harvard comme un lieu bien trop protestant, où les étudiants catholiques sont en danger de perdre leur foi. Mais Joe reste ferme sur sa décision. Il va toutefois connaître à Harvard de cruelles désillusions. On ne l'accepte pas dans les clubs les plus courus de l'université, tels que le Porcellian ou le Fly, qui sont réservés exclusivement aux «brahmanes». Il en conçoit un désir obsessionnel de revanche[1]. Pourtant, il parvient à entrer dans d'autres clubs, dont le tout aussi prestigieux Hasty Pudding et Delta Upsilon. Mais cela ne compense pas sa rancœur. Il a une manière bien à lui de le manifester en créant, au sein même du campus, une première société destinée à organiser des circuits en bus à travers la ville pour les visiteurs. En trois ans, il fait un bénéfice impressionnant de cinq mille dollars, une réussite qu'il se plaît à exhiber parmi les autres étudiants. Il obtient son diplôme de Harvard et prend aussitôt son premier poste à la banque dont son père a été le cofondateur, la Columbia Trust, en tant que contrôleur.

1. David E. Koskoff, *Joseph P. Kennedy: A Life and Times*, Prentice Hall, 1974.

Des gens discrets

Lorsque Joe prend Rose pour épouse, le 4 octobre 1914, il est bien résolu à l'éloigner de l'influence de son père. Il a acheté, fin août, pour la somme raisonnable de 6 500 dollars, la petite maison où il a décidé d'installer sa famille. Des amis ont repéré la propriété, au 83, Beals Street, à Brookline, une petite banlieue tranquille située à vingt minutes de Boston. C'est l'endroit idéal pour Joe, qui entend bien séparer ses affaires de sa vie de famille et demeurer libre de ses mouvements. Il aime bien aller, de temps à autre, passer une soirée en compagnie de ses amis dans l'un des clubs huppés de la ville, où se produisent les *chorus girls,* ces jeunes femmes délicieusement vêtues qui s'agitent joyeusement sur fond de comédie musicale. Sitôt rentrés de leur voyage de noces en Virginie, les jeunes mariés s'installent dans ce quartier que l'on appelle Coolidge Corner, encore en cours de développement. Ils figurent parmi les rares propriétaires – leur maison est la dernière d'une rue bordée de jeunes arbres – et leurs voisins sont peu nombreux. Une classe moyenne arrive progressivement pour accompagner l'essor de cette ville qui leur offre un cadre confortable et serein. Elle est déjà pourvue d'un centre riche en commerces et les clubs sociaux commencent à foisonner. Mais on ne va pas les y croiser souvent. Le principal intérêt pour eux, vraisemblablement, est la présence d'une petite communauté d'Irlandais qui a déjà essaimé trois églises catholiques romaines. C'est d'ailleurs à l'église St Aidan, la préférée de Rose, qu'on est le plus sûr de les voir le dimanche. Rose s'est vite liée de sympathie avec le second prêtre de l'église, le père John T. Creag, qu'elle passe saluer en semaine quand son mari n'est pas là. Il baptisera cinq de ses huit enfants. Surtout, il soutiendra Rose lorsqu'elle ressentira douloureusement l'éloignement des siens, tandis que Joe jouera les maris fantômes. Mais rien ne va filtrer au-dehors de la transformation de Rose. C'est encore une jeune femme née avec l'ère progressiste, réaction face aux effets néfastes engendrés par l'industrialisation – on veut revenir à plus de moralité, d'esprit social et de justice, on interdit le travail des enfants, on accorde le droit de vote aux femmes (mais pas toutes, les minorités en sont exclues). Son mariage va en estomper la plupart des traits distinctifs et la pousser dans l'ombre.

Durant les premiers mois, Rose tente de garder le contact avec ses habitudes et ses amies : elle prend le tramway afin de se rendre à Boston, où elle retrouve ses complices pour un thé, anime le club de lecture qu'elle a fondé quelques années auparavant ou s'offre une partie de golf. Mais, assez vite, ses passions s'endorment, de manière assez inexplicable. Elle en tait les raisons. Elle se laissera progressivement dériver vers l'isolement, gérant les domestiques qui prennent soin de la maison – c'était une de ses exigences de mariée –, consacrant toujours du temps au piano et à la lecture, se laissant peu à peu envahir par une attitude maniaque – elle note tout ce qui lui arrive dans un carnet et garde le moindre papier – et, surtout, se laissant gagner par une foi fanatique. Son visage si lumineux et volontaire va se figer au fil du temps, lui donnant un air absent, parfois sévère. Sa première vie va se retirer d'elle sans qu'elle tente vraiment de la rattraper, puis plus du tout. Joe a fixé les règles, les principes et les buts. Elle est destinée à les appliquer. Pour le voisinage, ces deux-là sont des gens sans histoire. Des gens bien, sans aucun doute, et bien installés : on les voit revenir un jour à bord d'un Ford Model T noire étincelante, l'une des premières voitures dans les environs. Ensuite, rapidement, on vient leur installer le téléphone. Mais qui donc peut imaginer ce qui se passe réellement entre les murs de Beals Street ? On aurait, de toute façon, peine à y croire.

Le 25 juillet 1915, neuf mois tout juste après leur mariage, Rose met au monde, à la maison, un premier garçon. On le surnomme Joseph Patrick Jr et il a pour parrain, évidemment, le complice Edward Moore. À la tête de la Columbia Trust, Joe s'est hissé encore plus haut dans les milieux influents de Boston. Il n'a pas son pareil pour rendre service… Le politicien républicain Tom Pappas s'en souviendra, lui dont le banquier efface les dettes d'un trait de plume, en échange de quelques coups de main ultérieurs. John Fitzgerald, soucieux du bien-être de sa fille et de son petit-fils, nomme Joe directeur de la Collateral Loan Company, un grand organisme semi-public de prêts sur gages destiné à protéger les plus modestes des « requins » qui pullulent dans ce type d'activités. Mais, fidèle à lui-même, celui-ci met un peu trop son nez dans les dossiers de l'organisme et fait courir le bruit qu'il y a découvert d'importants détournements de fonds. Il pense rafler la mise et faire main basse sur l'organisme. Or Fitzgerald – qui n'en est pas à son coup d'essai en matière de corruption et de détournements – n'est pas homme à se laisser empoisonner par les curieux. Joe est mis à l'écart au bout de six mois.

Tandis que Rose se consacre à Joseph Patrick Jr, Joe est à l'affût de la moindre opportunité pour développer ses affaires. Au cours de ses soirées bostoniennes, les performances musicales et acrobatiques de Fred Stone[1] et Dave Montgomery sont pour lui une source d'admiration et d'inspiration. Surtout, il flaire le prochain *big business.* Il noue rapidement une amitié avec Stone et son manager, Arthur Houghton[2], prélude à l'une des grandes aventures de son existence. Il ne tarde pas à entretenir ses nouveaux compagnons nocturnes des promesses

1. Fred Andrew Stone s'est fait connaître au début du siècle par ses apparitions dans le *Magicien d'Oz* et a fait depuis une brillante carrière dans la comédie musicale et l'opérette.
2. La famille Houghton est l'une des plus riches et anciennes familles de la côte Est. Arthur investit beaucoup dans l'industrie du spectacle.

de l'industrie cinématographique et convainc Huston du profit qu'il peut tirer d'une transposition de leur spectacle à l'écran. Le regard affûté, Joe est impressionné par l'apparition, à New York, du Strand Theater, une salle de trois mille trois cents places qui symbolise l'afflux rapide de capitaux vers ce nouveau secteur.

En 1916, moins de dix ans après leur apparition à l'écran, Douglas Fairbanks et Mary Pickford sont les premiers acteurs devenus millionnaires. Les compagnies cinématographiques émergent de toute part, souvent à l'initiative des artistes eux-mêmes, qui y investissent leurs propres cachets. La piste l'intéresse et il accumule les relations, en commençant par les milieux cinématographiques de la côte Est.

Politiquement, sa religion est faite depuis longtemps. Il observe avec intérêt les efforts du démocrate Woodrow Wilson pour maintenir les États-Unis à l'écart de la guerre qui fait rage en Europe depuis plus de deux ans, bien qu'il s'en méfie car Wilson ne cache pas ses sympathies à l'égard des Britanniques. Comme beaucoup d'Américains d'origine irlandaise, allemande ou suédoise, Joe ne veut pas d'un engagement. Mais quand l'Allemagne renforce sa guerre sous-marine totale dans l'Atlantique, visant cette fois les navires commerciaux britanniques, et que la teneur du télégramme Zimmerman, par lequel le régime du chancelier Friedrich Ebert propose une alliance militaire au Mexique, a provoqué un choc dans l'opinion publique américaine, Wilson demande au Congrès l'entrée en guerre du pays. Celle-ci est déclarée le 6 avril 1917. Alors qu'autour de lui les hommes s'engagent pour aller au front, Joe reste farouchement isolationniste. Il refuse de partir au nom de ses « convictions morales ». Pourtant, l'Église catholique romaine, qui représente déjà un sixième de la population des États-Unis, prend fait et cause pour l'engagement. Sous l'égide de John J. Burke, elle crée le National Catholic War Council à Washington, dont les cent quinze délégués représentant soixante-huit diocèses prennent position pour le soutien à l'effort national de guerre. Mais Joe n'entend pas « tomber pour l'Angleterre », une constante au cours de son existence. D'ailleurs, il rejoint l'idée de l'aile gauche des progressistes selon laquelle certains banquiers de New York, qui détiennent déjà quelque trois milliards de créances au terme des prêts de guerre consentis aux Alliés, tirent les ficelles de Washington et se trouvent derrière la décision de Wilson.

Entre-temps, le malaise s'est dissipé avec son beau-père et Joe obtient de celui-ci qu'il le recommande auprès de l'entreprise de chantiers navals Bethleem Steel Corporation, où il obtient le poste d'assistant du directeur général, à Quincy, dans le Massachusetts. Il s'y retrouve en charge de deux mille deux cents ouvriers et perçoit un salaire de 15 000 dollars. Parallèlement, il ne relâche pas ses efforts pour s'élever dans l'aristocratie de Boston. Refusé par deux fois au conseil d'administration de la Massachusetts Electric Company – parce qu'il est irlandais d'origine et catholique, cela ne fait aucun doute à ses yeux –, il revient à la charge, auréolé de sa nouvelle fonction, et accède enfin à l'assemblée. Là, il peut enfin rencontrer les membres de la famille Saltonstall, l'une des plus puissantes de Boston, ainsi que des hommes d'affaires tels que Charles Francis Adams – l'arrière-petit-fils de John Quincy Adams, ou Galen Stole, de la maison de courtage Hayden, Stone and Company. Il a désormais toutes les connexions nécessaires pour réaliser ses projets. Tel un signe du destin, c'est le 29 mai 1917, jour de la venue au monde de son second fils, John, qu'il décroche son entrée au prestigieux conseil d'administration de la maison Hayden. Il va tirer un immense profit de ce nouveau « coup » réussi : après la fin de la Première Guerre mondiale, la société lui offre le poste de directeur. Les portes du milieu boursier lui sont grandes ouvertes, sur un marché qui n'est pas encore régulé et, avec cela, la passerelle qu'il cherchait pour mettre un pied dans l'industrie du film, à travers la prise de participations dans les studios de production. La seconde grande aventure professionnelle de sa vie, après la banque, se profile à l'horizon.

Toutefois, la soif de reconnaissance qui l'anime n'est jamais tarie, pas plus que sa rage contre la haute société protestante et ses cercles méprisants à son égard. Il envisage un temps de rejoindre les rangs du Parti républicain – il intègre même les clubs sociaux les plus conservateurs du parti –, un raccourci habile s'il veut que d'autres portes s'ouvrent sur son chemin. En cette fin 1920, il répond à l'invitation de Louis A. Coolidge d'adhérer au Middlesex Club, l'un des groupes républicains les plus influents des États-Unis. Il y rencontre Coolidge, le trésorier Charles H. Ramsey et le vice-président des États-Unis, Henry Cabot Lodge. Des rencontres qui compteront beaucoup dans l'avenir de sa famille. En 1881, Lodge, qui était déjà l'un des politiciens les mieux installés du pays, écrivait que les Irlandais constituaient « un surplus fort indésirable », les qualifiant de « buveurs forcenés » et de population « querelleuse et désordonnée ». Il était également parmi les plus déterminés du Sénat américain pour ralentir le flot d'immigrés – provenant d'Irlande en particulier –, blâmant ceux-ci parce qu'ils favorisaient selon lui le développement de politiciens carriéristes, donc de la corruption municipale, de la dette publique et des insuffisances dans l'administration urbaine, en particulier à Boston[1]. Il n'avait pas tout à fait tort, d'ailleurs. Pourtant, trois décennies plus tard, Lodge trouva finalement dans ces Irlandais honnis des alliés inattendus qui, à leur tour, s'opposèrent à la trop importante immigration d'Europe

1. Peter K. Eisinger, « Ethnic Political Transition in Boston 1884-1933 », *Political Science Quarterly*, vol. 93, n° 2, summer 1978.

du Sud et de l'Est, et dont un certain nombre est devenu l'autre élite de Boston.

Même au sein du Middlesex Club, Joseph poursuit sa quête de cartes de membre, qu'il détient pourtant déjà par dizaines. Mais il va essuyer, au cours de l'été 1922, le refus du Cohasset Country Club, un club de golf que fréquentent son ami de Harvard Bob Fisher et Dudley Dean, rencontré dans le même immeuble que celui abritant la Hayden, Stone & Company. Ce qui devait être désormais une routine devient pour Joseph Kennedy une offense terrible. Sa candidature n'avait pourtant rien d'évident, puisqu'il ne joue jamais au golf. Ce qu'il veut, en réalité, c'est côtoyer les « Brahmanes » qui se retrouvent au club durant l'été. Il semble bien que, à travers ses candidatures incessantes – et depuis longtemps, pour la plupart, acceptées – auprès de tous les clubs en vue de la ville, il recherche ce type d'incident, pour prouver qu'il est bien victime d'une discrimination orchestrée par les protestants. C'est devenu, au fil des années, son leitmotiv et sa légende personnelle, qu'il entend inculquer à sa famille. On entre là dans la part très romancée de l'histoire de la communauté irlandaise catholique d'Amérique, quand elle relate l'histoire de son immigration et de son « américanisation », histoire qui ne sera sérieusement révisée que vers la fin du XXe siècle.

Joe semble se nourrir plus encore de ses échecs que de ses réussites. C'est son « moteur ». Ils aiguisent un fort instinct de revanche. Sa soif de pouvoir est sans limite. Et il entend bien qu'elle gagne ses propres enfants. D'ailleurs, l'atmosphère de compétition rythmera la vie de la famille au fur et à mesure de son élargissement. Les enfants doivent goûter tôt à l'ambition, aimer la conquête – cela sied aux Kennedy.

Rosemary voit le jour en 1918. Elle arrive à un moment de forte inquiétude pour ses parents : la grippe espagnole fait alors des ravages dans la région de Boston. Entre son travail sur les chantiers navals, où il affronte l'une des plus graves crises sanitaires, et sa propre exposition possible au virus, Joe finit par contracter un ulcère. Rose, elle, vit mal son accouchement et se dirige doucement vers une dépression qu'il ne voit pas venir – il est bien trop absent et accaparé par ses affaires. La famille est épargnée par la terrible grippe, mais Rosemary donne quelques inquiétudes à sa mère. C'est un bébé étrangement calme, assez faible. Constamment affairée et la plupart du temps privée de la présence de Joe, Rose finit par quitter la maison de Brookline pour se réfugier chez ses parents, à Dorchester. Elle est déçue par son mariage. Au fil des semaines, Joe ne prend d'ailleurs pas la peine de lui rendre visite. Mais il lui écrit, pour la raisonner. Elle finit par rentrer chez eux et, presque aussitôt, se retrouve enceinte d'un nouvel enfant.

Kathleen naît le 20 février 1920. Trois jours après, Jack, qui a alors presque trois ans, tombe sérieusement malade. Mauvaise nouvelle : c'est la fièvre scarlatine. Les conséquences peuvent en être graves, à l'époque, et l'issue parfois fatale. Pour éviter la contagion aux autres membres de la famille, il est placé, grâce à l'intervention du grand-père Fitzgerald, dans une unité spéciale réservée aux enfants malades au Boston City Hospital, où ses symptômes se développent fortement. « Tandis que son fils était à l'hôpital, Kennedy avait fait le vœu que si Jack était épargné, il donnerait la moitié de sa fortune à l'Église », relate David Nasaw[1]. Finalement, Jack parvient à se rétablir. « Lorsque son fils eut récupéré, il fit un chèque de 3 740 dollars (équivalant à 47 000 dollars d'aujourd'hui), la moitié de ses avoirs en espèces, à la Guild of St Apollonia, créée en 1914 pour fournir des soins dentaires gratuits aux enfants de l'école catholique de Boston. » Mais le soulagement laissera vite la place à de fréquentes inquiétudes. Alors que Patrick Joseph Jr est solide comme un roc et échappe à la plupart des infections, Jack, lui, est un

1. David Nasaw, *The Patriarch, op. cit.*

enfant qui semble attirer la maladie. Son premier séjour à l'hôpital en annonce beaucoup d'autres.

Septième art

La première décennie du XXe siècle s'est achevée sur une promesse. L'Amérique prend à bras-le-corps l'industrie de l'image – elle est déjà la première productrice mondiale de films. L'ancien chercheur d'or Sid Grauman, un Juif américain de l'Indiana, a eu l'idée de génie de construire de véritables palais du cinéma, tel le Million Dollar Theater, à Los Angeles, en 1918. Le public est au rendez-vous pour assister à la naissance de *Zorro* ou de *Robin des Bois.* Douglas Fairbanks et Mary Pickford, unis à l'écran comme à la ville, sont les premiers acteurs millionnaires. En 1919, Charlie Chaplin s'est associé avec eux pour créer United Artists, l'un des premiers studios. En 1920, vingt-deux mille salles s'ouvrent à travers le pays. Harold Lloyd, Rudolph Valentino, Greta Garbo ou Lara Bow figurent parmi les têtes de pont du nouveau *star system.*

À New York, Joe a été émerveillé par le Strand Theater. Il est parvenu à convaincre ses vieux complices de soirée, Fred Stone et son manager Arthur Houghton, de lui confier leurs intérêts. Il fait ses débuts en créant Fred Stone Productions. Entre New York et Hollywood, c'est tout un nouveau monde qui s'offre à son instinct souvent infaillible. Il sait comment se frayer un chemin, et être banquier en ce temps-là est un gros avantage. D'ailleurs, il convainc au cours de ses voyages une douzaine d'investisseurs – on retrouve parmi eux des avocats, de purs financiers ou un importateur de diamants – de créer la Columbia Films, dont les comptes, bien sûr, sont gérés par sa banque, la Columbia Trust. Et il embarque avec lui Eddie Moore, l'ancien secrétaire particulier du maire de Boston, ainsi que son beau-père John Fitzgerald, qui a réalisé de fructueux investissements dans l'immobilier et conserve un pied dans l'establishment politique de la ville. Très utile, car une série de scandales a récemment secoué Hollywood, sur fond d'argent sale et de corruption, et déjà trente-sept États américains ont pris des mesures de censure (en 1921) à l'encontre de films dont le contenu a été jugé immoral. En réalité, ces accusations sont souvent le fait de la concurrence acharnée à laquelle se livrent les producteurs, où tous les coups sont permis pour freiner le succès d'un adversaire. Joe, lui, sait déjà depuis longtemps comment aplanir ce genre d'obstacle. Avec Moore à ses côtés, il poursuit son offensive, mettant la main sur un premier circuit de salles de cinéma dans le Maine et dans le New Hampshire, puis sur la franchise New England Universal Films. Grâce à l'acquisition de la société de production anglaise Film Booking Offices, en 1925, il possède bientôt son propre studio à Fort Lee, dans le New Jersey. Dès la première année, il engrange 9 millions de dollars. Il est, désormais, un homme riche. Il ne lui manque plus, bientôt, que ses propres têtes d'affiche, et il ne va pas tarder à les obtenir.

Bien que fréquemment en déplacement, Joe garde un œil attentif sur sa progéniture. Joe junior a désormais onze ans et c'est un garçon solide. Son frère, Jack, a neuf ans et ses ennuis de santé se multiplient. Les deux frères sont scolarisés à la Dexter School, à Brookline, un établissement catholique très austère. À huit ans, Rosemary confirme son retard mental et l'on recommande à ses parents d'envisager un placement dans une institution spécialisée. Rose préfère néanmoins la garder à la maison ; ils ont bien assez de moyens pour faire venir des tuteurs privés. Kathleen a sept ans et prépare sa première communion, Eunice a six ans, Patricia presque trois. Robert vient tout juste de naître. La maison commence à devenir étroite et, alors que Rose se rend à Los Angeles pour passer quelques jours avec Joe, ils discutent d'un prochain déménagement. Sans doute est-ce à ce moment que Rose mesure véritablement le chemin parcouru, car elle découvre le décor somptueux et l'environnement social dans lequel évolue son mari. Elle se laisserait bien tenter par une nouvelle vie sur la côte Ouest mais Joe, lui, comme à l'accoutumée, préfère maintenir sa famille loin de ses activités, plus ou moins avouables. Avoir une épouse qui n'a d'autre loisir que de se concentrer sur l'éducation des enfants lui convient parfaitement. Il décide d'ailleurs de faire installer à Brookline, pour le dixième anniversaire de Jack, un écran de projection grâce auquel toute la famille pourra contempler ses productions…

Ses projets sont ambitieux. L'un d'eux consiste à convaincre l'aviateur Charles Lindbergh, qui vient de filmer sa traversée de l'Atlantique et son arrivée triomphale à Paris, de lui confier le film. Les deux hommes sympathisent, mais les enchères montent rapidement de toute part et Joe, qui a vite compris l'appétit de Lindbergh, préfère le laisser filer. À la place, il achète de nouveaux talents pour ses westerns et sort désormais presque un film par semaine. À l'été 1927, il peut enfin prendre deux mois de repos relatif, auprès de sa famille. Il a loué une maison à Cape Cod, au sud de Boston, d'où il peut facilement rejoindre New York quand il en a besoin – il a pris ses habitudes à l'hôtel Waldorf et, parfois, Rose l'accompagne. Séduits par Cape Cod, les deux époux décident d'y acquérir un « cottage », dans la petite bourgade de Hyannis Port, pour la somme de 25 000 dollars. Cette résidence est assez vaste pour plaire à toute la famille et accueillir des amis ; elle est agréablement dotée d'un grand terrain et d'un ponton privé. La discrétion est leur souci car, comme à Brookline, les Kennedy n'entendent pas se mêler au voisinage. Ils peuvent même rapidement construire sur place leur propre salle de cinéma. Mais Joe a bien noté que Rose s'ennuyait à Brookline, dans cette maison devenue trop étroite. Il demande à Moore de lui en trouver une autre, à New York, lui-même heureux à l'idée de se rapprocher de la ville où, désormais, ses intérêts fleurissent. Celui-ci trouve une propriété à Riverdale, juste au nord de Manhattan, le lieu idéal.

C'est durant cet automne 1927 que le producteur Robert Kane le contacte. Il sait que Joe a les moyens d'investir dans de nouveaux acteurs. Quelle n'est pas la surprise de celui-ci quand il lui propose de lui présenter ni plus ni moins que la star absolue du cinéma, Gloria Swanson. À vingt-huit ans, l'actrice, très soucieuse d'assurer son train de vie élevé, cherche de nouvelles sources de revenus. Elle a déjà gagné des millions de dollars grâce à des succès colossaux – elle vient de triompher dans *Madame Sans-Gêne*, le film de Léonce Perret, dont le tournage lui a permis de rencontrer son troisième mari, le marquis Henri de La Falaise, qui travaillait comme traducteur sur le plateau –, mais elle en a dépensé plus encore. Et puis elle veut gagner le titre d'actrice la mieux payée au monde… Kane propose à Kennedy de s'associer pour l'arracher des mains de ses producteurs et la prendre sous contrat. Dès leur première rencontre, début novembre à New York, Joe est fasciné par Gloria. C'est une toute petite femme aux yeux bleu intense, et au caractère bien trempé, fille d'un soldat d'origine suédoise, luthérien, et d'une mère aux origines allemande, française et polonaise. Gloria et Joe se revoient rapidement pour un dîner à deux et les intentions de Joe deviennent claires : il veut obtenir à la fois la signature et l'étreinte de Gloria. Pour la signature, au moins, c'est gagné. Gloria décide de rester un temps à New York et confie aussitôt ses affaires à Joe, qui se charge d'évaluer la situation de ses comptes – catastrophique – et de financer ses lubies du moment. La bagarre ne va pas tarder à faire rage avec les producteurs de Gloria, mais, là encore, Joe sait y faire.

Joe passe Noël en famille – Rose attend leur huitième enfant pour février – avant de s'envoler pour Palm Beach, où il demande à Gloria de le rejoindre. Là, il peut lui annoncer que ses dettes sont en partie réglées et que tout est bientôt prêt pour une nouvelle étape de sa carrière. En effet, Joe vient de fonder la Gower Street, dans le Delaware, et de consolider son circuit de production. Il va bientôt pouvoir annoncer au reste du monde son association avec la plus grande star du cinéma mondial. Une fin d'après-midi, alors que Gloria rejoint son hôtel après une journée de shopping, elle découvre Joe qui l'attend dans sa chambre et, sur son lit, il lui déclare sa flamme. Ils deviennent amants.

Fort de sa nouvelle conquête et tout juste père d'une cinquième fille, Jean Ann, venue au monde le 20 février, Joe repart pour Los Angeles à la mi-mars. Il y rencontre Cecil B. DeMille dont les studios, Pathé, accusent quelques difficultés financières. DeMille n'a aucune confiance en lui mais il sait que Joe est un *money maker* – un « faiseur d'argent ». Il lui confie les rênes de la compagnie et Joe contrôle désormais son deuxième grand studio. Pour lancer la production du prochain film de Gloria, il se met en quête d'un réalisateur, qu'il trouve en la personne d'Erich von Stroheim. Le cinéaste juif autrichien – qui ment à la fois sur sa religion et sur ses origines, modestes – a alors quarante-deux ans et déjà quelques succès à son actif. C'est un homme tyrannique, qui organise la haine et la compétition entre ses acteurs tout en entretenant des relations insupportables avec ses producteurs et ses techniciens. Mais il a réalisé quelques perles du cinéma muet, où il met justement en scène comme peu d'autres à la fois le romantisme et le cynisme de l'âme humaine. Il vient de connaître un beau succès avec *Greed*, en particulier, qui raconte la fortune soudaine de gagnants à la loterie et le désastre qu'elle engendre autour d'eux. Joe l'invite à le rencontrer, chez Gloria. Il se présente comme le fils d'un catholique autrichien et d'une baronne allemande, et « Mme la marquise », comme il l'appelle rapidement, le trouve intéressant. L'accord est vite trouvé.

C'est alors que Joe met la main sur un troisième producteur, la KAO, se retrouvant à la tête d'un empire qui couvre cette fois l'ensemble de l'industrie cinématographique. La First National se trouve au même moment à son tour en difficulté, et l'approche pour une « association ». Mais on ne s'associe pas avec Joe : il prend les commandes. Avant qu'ils aient pu le réaliser, les actionnaires de la compagnie sont pieds et poings liés. Avec cette quatrième conquête, Kennedy est le nouveau géant d'Hollywood ; sa réputation fait maintenant le tour de la planète. S'il parvient à fusionner toutes ces compagnies et à s'en assurer le contrôle – tout se passe alors par le jeu de l'actionnariat –, plus rien ne pourra l'arrêter. Le moment ne peut pas tomber mieux : *The Jazz Singer*, de la Warner, même s'il ne rencontre pas le succès commercial, annonce l'arrivée du film sonore. Or, le plus grand talent de Joe est son flair sans pareil quand il s'agit de découvrir les futurs gisements d'or. À l'été 1928, encore, *The Lights of New York* confirment que l'avenir est à la sonorisation. Mais le film est également un échec car la technique n'est pas au point. Le défi technologique réclame des moyens gigantesques aux acteurs du marché s'ils veulent continuer d'exister. Or, dans ce paysage où pas une semaine ne se passe sans son cortège de faillites et de créations, Joe est encore un pionnier. Certes, depuis 1927, il connaît le film sonore et fait travailler David Sarnoff, l'un des talents dans ce nouveau domaine – qui sera même bientôt le préfigurateur de la télévision. Pour une fois, les choses ne vont pas tourner à son avantage. Les discussions avec Sarnoff s'éternisent et, du côté de la First National, c'est la fronde. Les méthodes de Joe, qui a décimé les équipes par sa politique de rationalisation, sont jugées intolérables. S'ils avaient oublié que Joe est avant tout un banquier, ses associés reviennent vite aux réalités. Inébranlable, Joe embarque avec Rose pour un voyage prévu de longue date en Europe, où son agenda est rempli de rendez-vous avec les distributeurs du continent. À son retour, le vent a tourné. Il a perdu la main sur la First, mais il reste l'actionnaire principal de la FBO, de la KAO et la signature de Pathé. Sans compter, bien sûr, Gloria…

Cependant, Joe a l'intuition que le marché financier se fragilise. Et, de son côté, Stroheim, qui fait l'objet de plaintes constantes de la part des équipes de tournage, multiplie les caprices, engloutissant sans cesse plus d'argent en reportant le début du tournage du nouveau film de Gloria. Initialement intitulé *The Swamp*, il est bientôt rebaptisé *Queen Kelly,* un titre plus accrocheur. Gloria, qui attend à New York qu'on l'appelle pour jouer, tourne en rond, folle de rage. Elle refuse désormais d'apparaître en public. Joe passe autant de temps qu'il peut avec elle et finit même par l'amener à la maison, à Riverdale, sous le nez de Rose, ravie d'accueillir l'actrice. De là, Joe et Gloria partent pour Los Angeles où, enfin, *Queen Kelly* va démarrer.

Une mauvaise surprise les attend à Los Angeles, où sort tout juste le film que Stroheim a réalisé deux ans plus tôt, *The Wedding March*. Une curieuse histoire de jeune prince dépensant la fortune de ses parents et fréquentant les bordels : pas moins de quinze minutes du film y mettent en scène ces lieux de débauche et, par ailleurs, il comporte des scènes où l'on peut voir des squelettes jouer de l'orgue dans une église… Mais le début du tournage a tout de même lieu et, pour Joe, c'est une grande satisfaction, ainsi que d'avoir à ses côtés celle qui occupe le haut de l'affiche avec lui. Une satisfaction éphémère. Gloria déteste vite la tournure que prend le film ; d'ailleurs, elle s'y sent mal mise en valeur. Stroheim, lui, continue à dilapider les moyens de la production. L'affaire tourne bientôt au désastre. Gloria accable Joe de reproches tandis qu'en retour il lui reproche ses propres dépenses fastueuses. Finalement, un soir, Joe décroche son téléphone et annonce au réalisateur qu'il est renvoyé.

Il vient de se faire un ennemi de plus dans le monde du cinéma. Rafistolé par le réalisateur Eddie Goulding qui le juge de toute manière catastrophique, *Queen Kelly* ne connaîtra pas un grand destin en Amérique. Mais Kennedy confie à Goulding le tournage d'un nouveau film dans la foulée, sous le titre *The Trespasser*.

Ce rebondissement apaise les relations entre Joe et Gloria. Pour la première de *The Trespasser*, ils sont à Londres, en compagnie d'Henri de La Falaise et de Rose. Le film, qui ne sortira pour le grand public que plusieurs semaines plus tard, fait sensation. Kennedy et Swanson apparaissent en couverture de nombreux magazines. C'est durant ce voyage triomphal que Gloria découvre par hasard une lettre de son mari, dans laquelle il annonce à une amie son intention de divorcer dès leur retour aux États-Unis. Un véritable psychodrame se joue sous les yeux de Rose, qui feint de n'en rien voir. Pourtant, Joe est à deux doigts, lui aussi, de la quitter. Dans ses mémoires, l'actrice rapportera, bien des années plus tard, comment elle a été convoquée à son retour par le cardinal O'Connell – celui-là même qui a marié Joe – à New York. Joe a écrit au cardinal pour lui confier son projet de vivre avec Gloria. L'entrevue est houleuse. O'Connell admoneste l'actrice et l'enjoint de ne plus revoir Kennedy. « C'est à M. Kennedy que vous devriez vous adresser ! », lui répond-elle, cinglante comme à son habitude.

Le 2 octobre, Joe commence à se séparer discrètement de ses actions dans l'industrie cinématographique, encourageant son entourage à en acheter, au contraire. Vingt-deux jours plus tard, l'effondrement massif de Wall Street vaporise littéralement 10 milliards de dollars. Joe Kennedy sort totalement indemne du krach. Il a tout loisir d'assister, le 1er novembre, à la sortie du bien nommé *The Trespasser*, qui vaudra bientôt une nomination aux Oscars à son héroïne, même si, sur le plan commercial, le film sera un échec. Finalement divorcée d'Henri et livrée à elle-même vis-à-vis des studios, Gloria, aux abois, ne va pas tarder à lui sembler embarrassante, lui rappelant qu'il est avant tout un père de famille. Il est toujours aux commandes de Pathé, mais il songe clairement à la suite de son parcours, et celui-ci ne passe évidemment plus par Hollywood, où les ravages de la crise se font bien sentir. Il décide, au printemps 1930, de démissionner, même s'il garde son siège au conseil d'administration de Pathé et entretiendra encore pendant plus de vingt ans ce lien avec le cinéma – ce n'est d'ailleurs que l'année suivante qu'il finalisera son retrait de la société. Mais Joe quitte aussi Gloria Productions. Ils se reverront, occasionnellement, l'un comme l'autre coutumier de ces liaisons épisodiques.

Rose, loin de se douter qu'elle a failli se retrouver seule, poursuit invariablement sa vie avec les enfants. Pour Jack, qui a douze ans, le début de l'adolescence a pour toile de fond la crise de 1929. Pourtant, il ne voit que l'opulence de la famille et ses avantages. Selon David Nasaw, Joe Kennedy « était fier de sa réussite, mais il s'inquiétait qu'elle ne "pourrisse" ses enfants. Jack, en particulier, devenait trop indiscipliné, trop insouciant, et trop fataliste à propos de tout : sa santé, ses études, ses vêtements et l'argent[1] ». À treize ans, Jack est un élève très moyen ; ses parents décident de l'envoyer en internat, à la Canterbury School de New Milford, dans le Connecticut. C'est un établissement religieux dirigé par un prêtre, où l'enseignement, réputé, est prodigué par quatorze enseignants catholiques à quatre-vingt-dix-neuf étudiants. Jack, le plus privilégié de tous grâce à son statut familial, est mitigé. « C'est un endroit plutôt bien, note-t-il, et la piscine est formidable », mais il remarque que l'équipe de football semble « plutôt mauvaise », qu'il « gèle la nuit » et qu'il

1. David Nasaw, *op. cit.*

« fait assez froid le jour[1] ». Tout ce qui se passe au-dehors semble totalement lui échapper. Dallek note à ce sujet qu'en 1960, lorsque le journaliste du *Time* Hugh Sidey lui demandera quel souvenir il garde des années de la crise de 1929, la Grande Dépression, il répondra : « Je n'en ai eu aucune expérience directe. Ma famille possédait l'une des plus importantes fortunes du monde et cela comptait alors plus que jamais. Nous avions de grandes maisons, de nombreux domestiques, nous voyagions beaucoup. L'une des seules choses dont j'ai été le témoin direct, c'est lorsque mon père embaucha plus de jardiniers, juste pour leur donner un emploi afin qu'ils puissent manger. Je n'en ai vraiment appris sur la crise de 1929 qu'en me documentant à ce sujet, une fois à Harvard. »

1. Robert Dallek, *op. cit.*

5

LA GUERRE DES KENNEDY

Joe Kennedy est enfin devenu, à quarante-deux ans, « le plus riche des Irlandais-Américains dans le monde », tel qu'il se proclame lui-même. Sa conquête de l'Ouest a été victorieuse, le *Boston Globe* estime qu'il est à la tête d'une fortune de 15 millions de dollars, dont 12 proviennent de l'industrie cinématographique. Le magazine *Fortune* parle pour sa part de 8,5 millions de dollars. Il fréquente le Tout-Hollywood et sa réputation n'est plus à faire dans les médias, qui le suivent à la trace. Il invoque, dans sa lettre de démission au président de Pathé, en mai 1931, des « raisons de santé ». En réalité, il s'en va directement à Hyannis Port pour y passer son premier vrai été avec sa femme et ses enfants. Le couple se retrouve enfin, et Rose mettra au monde, neuf mois plus tard, leur neuvième et dernier enfant, un garçon prénommé Edward Moore – dit « Teddy » – en référence à l'ami Eddie Moore, parrain des enfants Kennedy. C'est l'été du bonheur, tandis que l'Amérique et le reste du monde vivent dans le marasme de la crise. Le président républicain Herbert Hoover est à mi-mandat, et sa politique d'« efficacité » tarde à donner des résultats. Le chômage frappe un quart de la population active, les faillites bancaires se comptent par milliers, le taux d'imposition sur les revenus s'envole au-dessus des 60 %. Joe, lui, n'a que l'embarras du choix en matière de projets.

Précisément, c'est du côté de la politique qu'il regarde, et vers un candidat en particulier.

Un an auparavant, il s'est rendu à Albany pour un déjeuner organisé par le gouverneur de New York, Franklin Delano Roosevelt, dans sa résidence. Roosevelt venait tout juste d'être réélu et songeait à la présidentielle. Les deux hommes s'étaient entretenus du sujet et Joe avait déjà proposé sa contribution. Roosevelt voulait le revoir. Avec Eddie, il s'envole bientôt pour Warm Springs, en Georgie. C'est durant ce nouvel entretien que Joe parle à Roosevelt de son ami William Hearst, le magnat de la presse. Hearst – qui a inspiré le personnage de *Citizen Kane* à Orson Welles – n'est pas seulement le sulfureux propriétaire de dizaines de journaux et de magazines à travers les États-Unis – onze millions d'exemplaires par jour – et l'initiateur du *yellow journalism*, nom que l'on donne au journalisme à sensation. C'est également un homme politique influent du Parti démocrate depuis le début du XXe siècle[1]. Joe Kennedy le connaît : cela remonte à l'époque où plusieurs de ses journaux ont publié une série d'articles sur lui, alors qu'il était le jeune président de la banque fondée par son père, la Columbia Trust Company. Ils ont beaucoup de choses en commun ; tous deux sont en particulier isolationnistes. Joe a refusé de rejoindre les rangs de l'armée lors de l'entrée en guerre des États-Unis en 1917 ; Hearst s'est opposé, en 1919, à la création de la Société des Nations, l'ancêtre des Nations unies. Joe est certain de pouvoir obtenir son appui financier ainsi que le soutien de ses journaux. Roosevelt acquiesce. Après cette nouvelle rencontre, Joe et Eddie partent aussitôt pour San Simeon, en Californie, afin de rencontrer Hearst – à

1. William Randolph Hearst fut maire de New York pour deux mandats, en 1905 et 1909, et représentant au Congrès de l'État de New York de 1903 à 1907.

la demande de Roosevelt, prétend Joe. Hearst, plus difficile à séduire que prévu, finit toutefois par mettre la main à la poche.

La relation de Joe Kennedy avec Franklin Roosevelt a toujours été ambiguë. À bien des égards, Roosevelt incarne tout ce que Joe déteste. Roosevelt, issu d'une vieille famille protestante et fortunée, est l'un de ces privilégiés dont les manières semblent hautaines à Joe. Et il se rendra compte, à maintes reprises, qu'il n'inspire que méfiance à l'entourage de Roosevelt. Deux choses toutefois leur permettent de s'entendre : leur amour immodéré des femmes, et leur pragmatisme. Roosevelt connaît la capacité de Kennedy à bâtir des empires ; Kennedy a le don de flairer les vainqueurs. Eleanor, l'épouse de Roosevelt, a pour sa part du mal à dissimuler son exaspération vis-à-vis de Joe, trop proche à son goût de leur second fils, James, vingt-six ans. « Jimmy » a obtenu son diplôme de Harvard, il s'est marié à Boston avec une fille de bonne famille, Betsey Cushing, et a fondé son propre cabinet d'assurances. Joe a aidé Jimmy à ses débuts – le jeune homme avait ouvert son premier compte en banque à la Columbia Trust et il l'avait soutenu financièrement. Joe est également proche de la secrétaire de Roosevelt, Missy LeHand. Jimmy et Missy l'aident chaque fois qu'ils en ont l'opportunité. C'est ainsi qu'il obtient rapidement deux licences d'importation d'alcool « à visée médicinale », une mine d'or puisque la Prohibition touche à sa fin – les États américains ratifient les uns après les autres le 21e amendement, qui sera finalement voté par le Congrès en décembre 1933. Aussitôt, il part pour Londres, accompagné de Rose et de Jimmy Roosevelt – un voyage très médiatisé en Angleterre. Grâce à l'aura de Jimmy, Joe met la main sur les principales firmes d'exportation d'alcools britanniques, Haig & Haig et Dewar's. De retour en Amérique, il fonde sa propre société de négoce d'alcools, à laquelle il donne le nom de Somerset.

Nouveau magnat de l'alcool dans son pays, Joe s'offre une splendide demeure à Palm Beach, en Floride, sur Addison Mizner, où toutes les grandes fortunes ont la leur. Une fois de plus, il fait une excellente affaire : du fait de l'effondrement des prix de l'immobilier durant la crise, son acquisition ne lui coûte que 100 000 dollars. La famille compte un nouveau point d'attache, qui sied à son rang.

Jimmy joue une fois de plus les *go between* et fait inviter le couple Kennedy à la Maison Blanche. Roosevelt, qui achève alors sa première année dans le bureau ovale, s'attache à relever le pays à travers une multitude de régulations et d'organismes publics destinés à rétablir des infrastructures dévastées. Il prépare la mise en place de la Securities and Exchange Commission – futur « gendarme » de Wall Street – afin de combattre la fraude et la spéculation qui ont mis en pièces l'économie nationale. L'apparition de Kennedy au dîner annuel du Gridiron Club ne peut pas mieux tomber. C'est bel et bien la réputation sulfureuse de Joe à Wall Street et les profondes inimitiés qu'il a suscitées, ayant traversé la crise sans le moindre dommage, qui en font un homme redouté. Pour faire taire les critiques, l'éternel ami et correspondant du *New York Times*, Arthur Krock, chante les louanges de Kennedy dans son journal. À cette fin, il n'hésite pas à réécrire la biographie de Joe. Il le décrit comme une ancienne star du base-ball à Harvard ; comme un homme courtisé par le milieu bancaire, qui a finalement accepté l'invitation de la Columbia Trust ; comme un grand organisateur de l'industrie cinématographique, admiré du Tout-Hollywood et de Wall Street, empêché d'aller plus loin par de malheureux problèmes de santé. Mieux encore, il fait le portrait d'un homme qui a prospéré durant la Grande Dépression grâce à ses seuls fonds propres, loin des coups bas et des manipulations du marché par les *traders* de Wall Street. Rares sont les membres du conseil d'administration de la toute nouvelle SEC qui accordent foi au roman publié par Krock dans le *New York Times*. Mais l'homme de presse est puissant et écouté.

C'est en 1932 que Joe Kennedy a fait sa connaissance. Alors âgé de quarante-six ans, Krock était un soutien actif de la campagne de Roosevelt, dans laquelle Kennedy a investi, financièrement et à travers son réseau. Krock est né dans le Kentucky, fils de libraires juifs allemands de condition modeste. Il a grandi à Chicago et, après avoir démarré au *Louisville Herald*, a rapidement été promu correspondant à New York pour le *Louisville Times* et le *Louisville Courier-Journal*. Repéré par la rédaction du *New York Times*, il a été nommé correspondant à Washington en 1927, son véritable tremplin. Il s'y est instantanément taillé une réputation, grâce à une rubrique très en vue, *In the Nation*[1]. Surtout, il ne passe pas inaperçu, avec sa stature, son cigare « à la Churchill » et un agenda où s'affiche en permanence tout ce que l'Amérique compte de puissants. Et c'est un homme de caractère, qui a imposé à ses confrères de l'appeler « Mister Krock ». À un journaliste qui lui demandait combien de temps il entendait conserver ces formalités « ridicules », il répondit : « Aussi longtemps que vous voudrez rester ici[2]. » Lorsque Joe s'assoit dans le prestigieux fauteuil de premier président de la SEC, les deux hommes deviennent rapidement amis intimes. En août 1934, Krock décrit le « président » Kennedy comme un homme « jovial », loue son « esprit plein d'énergie » et la « gaieté » de ses « yeux bleu clair ». Il évoque ouvertement la vie de famille des Kennedy, le lien entre Joe et ses neuf enfants : « Il est évident qu'il les contemple comme les meilleurs dividendes qu'il ait jamais reçus. On sent qu'il est concerné par leur bien-être futur ; que les améliorations pour lesquelles il se bat doivent être celles

1. Krock tiendra sa rubrique durant trente-trois ans. Il est l'un des rares journalistes à avoir reçu quatre fois le prix Pulitzer.
2. Eric Alterman, *Sound & Fury: The Making of the Punditocracy*, Cornell University Press, 2000.

dont ils bénéficieront.» Bientôt, il désigne Joe comme «l'une des figures les plus extraordinaires d'Amérique» et le classe parmi les «hommes-miracles» du président (Roosevelt). L'historien David Nasaw relate: «Au cours du quart de siècle suivant, alors qu'il travaillait à Washington [au magazine *Time*] comme chef du bureau et comme éditorialiste, Arthur Krock servira d'attaché de presse non officiel, voire clandestin à Kennedy – auteur de discours, conseiller politique, informateur et consultant à tout faire.» Grand bien lui fasse, comme l'écrit Eric Alterman: «Kennedy paya Krock généreusement pour qu'il écrive le livre qu'il publia en 1936, pendant la campagne, en soutien à la réélection de Franklin Delano Roosevelt; pour aider son fils, John Fitzgerald Kennedy, à transformer sa thèse d'université en livre [...] et pour couvrir les frais des vacances de Krock à Palm Beach et à Londres. La capacité de Kennedy à offrir à Krock une proximité avec le pouvoir, l'influence et l'information fut tout aussi importante. Et Krock fit plus que lui retourner ses faveurs[1].»

Les jeux étant faits d'avance, Joe est nommé président du puissant organisme. Il prononce son premier discours devant l'Association nationale de la presse et sur les ondes de la radio publique, annonçant que «le temps de la manipulation des cours est passé» et qu'«aucun homme honnête ne doit craindre la régulation». Fort de son nouveau pouvoir, Joe devient un habitué de la Maison Blanche, où il se rend plusieurs fois par semaine. Il s'entoure d'une équipe de choc dans laquelle Eddie Moore fait office d'assistant confidentiel, qu'il paye de sa propre poche – mais Moore est officiellement appointé par le gouvernement, de sorte qu'il a accès à tous les documents de l'administration. Il installe même Moore, seul avec lui, dans la demeure qu'il loue au nord de Washington. Elle

1. Eric Alterman, «The Journalist and the Politician», *New York Examiner*, 15 février 2013.

domine la rivière Potomac et compte trente-trois pièces dont douze chambres, ainsi qu'une piscine, une salle de cinéma privée pouvant accueillir une centaine d'invités, le tout géré par un personnel de maison pléthorique. Arthur Krock s'extasie devant ce « château extraordinaire ». Très vite, le « château », qui ne compte que deux hôtes permanents, devient le décor de soirées somptueuses et de discussions discrètes. Joe y convie les barons de la presse de Washington, leurs journalistes affidés – parmi les « réguliers » figurent bien sûr Arthur Krock, mais également le patron du *Chicago Tribune*, et Cissy Patterson, du *Washington Times-Herald* –, ainsi que de nombreux membres du Congrès. Franklin Roosevelt s'y rend en compagnie de sa secrétaire, Missy LeHand. Il organise la projection en avant-première des toutes dernières productions d'Hollywood pour son parterre d'invités, et devient ainsi le contact privilégié de l'industrie cinématographique auprès des politiciens de Washington. Lorsqu'un film est visé par la censure, Joe arrondit les angles. Et lorsque la censure est finalement renforcée par le *Production Code*, il s'arrange pour offrir une compensation à ceux de ses amis d'Hollywood qui ont à en souffrir tout en donnant satisfaction aux censeurs.

Ainsi, non seulement Joe n'a pas vraiment quitté Hollywood, mais, s'il n'y fait plus directement fortune, il y cultive son influence. Il est désormais l'un des hôtes les plus courus de Washington et de Palm Beach. Et, à New York, ses affaires se développent de manière exponentielle. Ses amis Ted O'Leary et Tom Delehanty gèrent le siège de la société Somerset, situé au 230 Park Avenue, qui agit comme importateur exclusif des alcools de Dewar's et Haig & Haig. Ses avoirs à Wall Street sont florissants, tout comme ses propriétés immobilières en Nouvelle-Angleterre et les multiples sociétés qu'il possède dans le Delaware. En 1934, il installe des bureaux dans le tout nouveau Rockefeller Center de New York.

Arthur Krock lui assure une couverture régulière dans le *New York Times,* mais on peut le voir en photo dans de nombreux autres journaux du pays. Lorsqu'il se retire de la présidence de la SEC, en septembre 1935, c'est devant une cohue de journalistes et de cameramen qui se pressent à son bureau. Sa réussite en tant que régulateur de Wall Street est saluée. *Time* – qui tire alors à cinq cent mille exemplaires – consacre sa couverture à celui qui a conduit « la plus brillante réforme du New Deal ». L'influent *Literary Digest* souligne « la haute estime de la communauté financière pour M. Kennedy ». Quant au *Wall Street Journal,* c'est à l'homme « le plus régulièrement et unanimement salué par la presse qu'aucune autre figure officielle de son temps » que le très conservateur chroniqueur Frank Kent rend hommage. À quarante-sept ans, Joseph Kennedy est une figure nationale.

Il aurait pu se maintenir à son poste. Mais il voit plus loin. Dans sa lettre de démission à Roosevelt, le 6 septembre 1935, il invoque de manière imprécise des « raisons personnelles. » En réalité, il ne pouvait pas mieux choisir son moment. Son influence, désormais, est immense.

Joe Kennedy embarque le 25 septembre 1935 sur le *Normandie*, en compagnie de sa femme, Rose, et de leurs deux enfants, Jack et Kathleen, dite « Kick ». À Londres, Harold Laski se chargera de l'éducation de Jack comme il l'a fait pour son frère aîné. Jack doit entrer à la prestigieuse London School of Economics. Kick, elle, ira à Paris pour intégrer une école privée à Neuilly-sur-Seine. Outre la gestion de ses propres affaires, situées en partie en Grande-Bretagne, Joe a été chargé par Roosevelt de négocier avec les autorités financières de Grande-Bretagne, des Pays-Bas, d'Allemagne, d'Italie et de France l'enregistrement de leurs cotations respectives à la Bourse de New York. C'est ainsi qu'il va rencontrer notamment pour la première fois le chancelier de l'échiquier Neville Chamberlain et l'ancien chancelier de l'échiquier Winston

Churchill, deux rencontres qui pèseront lourd. Mais sa tournée va être brusquement écourtée par l'hospitalisation soudaine de Jack, qui souffre d'une rechute d'une précédente agranulocytose. Si Jack se rétablit rapidement, en réalité sa santé ne fait que se dégrader et les alertes se succèdent. Joe décide qu'il doit retourner en Amérique et le fait entrer, en cours d'année, à l'université de Princeton – Princeton et non Harvard, où Joe Jr fait déjà ses études, car Joe veut éviter que les deux frères ne se distraient mutuellement. Mais Jack n'en finit pas de rechuter et doit finalement être retiré de Princeton en décembre 1935. Il va se reposer durant les vacances de Noël à Palm Beach, accompagné par des amis de l'université, avant de rentrer à Boston où il devra subir, durant deux mois, des examens médicaux poussés à l'hôpital, sans qu'un diagnostic puisse toutefois être établi. Non seulement Jack montre un ennui prodigieux pour les études et un goût de plus en plus immodéré pour les conquêtes féminines, mais ses contraintes médicales le tiennent à l'écart des cours. Il retourne encore à Palm Beach, puis dans l'Arizona où Arthur Krock lui a trouvé un lieu de repos. Il en repart en pleine forme, pour New York, où il annonce à son père qu'il ne souhaite plus réintégrer Princeton, mais préfère rejoindre son frère à Harvard. Joe écrit au responsable des admissions à Harvard, prenant les devants : « Jack est un esprit brillant pour les choses qui l'intéressent, mais il ne s'applique pas pour celles qui ne l'intéressent pas. Ceci, bien sûr, est une mauvaise attitude. »

Lors de l'élection de novembre 1936, Roosevelt rafle quarante-six des quarante-huit États américains et 61 % des voix, un triomphe impressionnant. Aussitôt, Joe est en première ligne. Par l'intermédiaire de son ami l'évêque de Boston, Francis Spellman, il obtient que le conseiller du pape Pie XI, qui doit débarquer en compagnie du cardinal Pacelli pour discuter avec le président réélu du renouveau des relations entre les États-Unis et le

Vatican, lui rende visite à son bureau de New York. Avec Enrico Gallazi, Joe noue une complicité nouvelle. À la demande de Gallazi, qui mesure vite l'importance de Joe, ce dernier organise une visite privée de Pacelli dans New York et prend en charge l'organisation d'un déjeuner avec Roosevelt, prévu pour le 5 novembre. Un déjeuner auquel, bien sûr, il assiste lui aussi. Avant de repartir pour Rome, le cardinal se rend à Bronxville, où il rend visite à la famille de Joe. Il va être élu pape moins de trois ans plus tard, sous le nom de Pie XII et les Kennedy seront plus d'une fois au rendez-vous des messes privées du Vatican pendant et après la guerre.

L'Ambassadeur

Que faire de Joe Kennedy? L'entourage du président Roosevelt lui pose sans cesse la question. Il irrite autant que le président lui-même s'en méfie. Trop populaire, trop activiste, trop riche, trop manipulateur, Kennedy n'a eu de cesse que de démontrer son influence depuis des années, et sa présence, à Washington, incommode. On a très mal vu les violentes critiques de William Hearst contre Roosevelt – il l'a qualifié de «candidat de Moscou» –, et qui dit Hearst dit Joe. Celui-ci joue ouvertement sur les deux tableaux. Au lendemain de la réélection du président démocrate, Hearst subit un sérieux revers commercial: son comportement a choqué et ses journaux ne s'achètent plus. L'administration tente de l'attaquer sur ses actifs financiers. Son empire vacille. Joe épaule Hearst pour mettre en place un plan de restructuration et lui éviter la faillite, grâce à une nouvelle émission d'actions sur le marché. Mais ce sont surtout ses ambitions présidentielles éventuelles qui inquiètent. Il s'en amuse et travaille de nouveau pour Hollywood, comme consultant de la RCA, et il boucle un rapport sur la Paramount. Mais il n'entend pas rester loin du pouvoir et, rapidement, il s'intéresse de près à la nouvelle « commission maritime » dont Roosevelt prépare l'instauration. Arthur Krock repart en campagne et le présente comme « l'une des plus extraordinaires incarnations du rêve américain » dans le *New York Times.* Roosevelt finit par le proposer pour le poste de premier président de la nouvelle commission. Au gouvernement et au Sénat, qui doit d'abord valider la nomination, l'idée a du mal à passer : elle enfreindrait le règlement sur les conflits d'intérêts. En effet, parmi les dizaines de sociétés de Joe se trouve la Todd Shipbuilding, une entreprise de construction navale. Pour surmonter cet obstacle, il promet de s'en séparer en cas de nomination. Il obtient gain de cause. Et, puisqu'il n'entrera en fonction qu'à l'automne 1937, il travaille jusque-là pour Hearst, qu'il aide toujours à éviter la faillite. Mais, à peine installé dans le fauteuil de président de la commission maritime, Joe repart en campagne, contre les choix de Roosevelt. Son poste est sensible : des tensions internationales posent la question de la réorganisation de la marine américaine et de ses capacités d'action. Or, d'importantes grèves ont paralysé à plusieurs reprises les chantiers navals, et Joe défend l'abandon du droit de grève en échange de la mise en place d'une commission d'arbitrage. Une fois encore, il peut compter sur ses amis de la presse pour relayer ses actions.

C'est l'été 1937. Le premier depuis très longtemps que Joe passe enfin en famille, à Hyannis Port. Jack est parti visiter l'Europe. Grâce à Joe, son ami Lem Billings et lui vont être chaleureusement accueillis partout où ils passent. À Rome, ils sont reçus par le cardinal Pacelli et ont droit à une audience privée avec le pape Pie XI. La santé de Jack s'est améliorée tout au long de l'année scolaire. En revanche, celle de Rosemary se détériore. Elle est très fragile des nerfs, physiquement très faible, et il faut souvent la maintenir à l'écart des autres, dans les différents établissements scolaires qu'elle fréquente.

Son retard mental ne s'améliore pas. Elle doit faire l'objet d'une surveillance constante. Elle subit de fréquents examens médicaux, en vue d'un diagnostic et d'un traitement. Au fil du temps, ses parents et ses frères et sœurs réalisent la gravité de son état. Chacun voudrait que Rosemary se sente mieux et vive une vie d'adolescente la plus « normale » possible, mais la jeune fille, indéniablement, s'enfonce.

Joe retourne à ses affaires à la rentrée. Il est parvenu, au début de l'été, à arracher un accord à la plupart des compagnies maritimes et à sauver ainsi les deniers du pays. Au mois de novembre, il enchaîne les conférences de presse, ce qui lui permet de se targuer d'une industrie navale remise à flot. La presse l'applaudit si fort que Roosevelt lui-même se fend d'une lettre, rendue publique, dans laquelle il salue son fantastique travail. Son succès est d'autant plus promptement souligné par le président que celui-ci ne peut se permettre de bouder la moindre réussite. Le début de son second mandat a été vertement critiqué pour son interventionnisme dans tous les domaines, ce qui ressemble, pour beaucoup, à une prise en main autoritaire et idéologique par l'exécutif. Joe rend d'ailleurs la politesse à Roosevelt, et le défend dès qu'il en a l'occasion. C'est que, depuis un moment déjà, il réfléchit à la « récompense » qu'il a bien méritée pour ses services rendus au président…

James, le fils de Roosevelt, est dans la confidence. Une place au gouvernement ? Pourquoi pas. Mais le seul poste qui conviendrait à Joe est celui de secrétaire au Trésor, et les choix de Roosevelt ne sont pas les siens. En réalité – il y a un bon moment qu'il y songe –, c'est le poste d'ambassadeur des États-Unis en Grande-Bretagne qui servirait le mieux ses ambitions. Quoi de tel que de retourner à Londres pour y représenter, lui, l'Irlandais catholique, la première puissance mondiale ? Tous les yeux sont braqués vers l'Europe, où les tensions s'accumulent et Joe sent bien que c'est là que l'Histoire se déroule. Il n'y a pas, à l'étranger, de poste diplomatique plus influent que celui de Londres. James Roosevelt se montre d'abord sceptique. Il ne croit pas que son père accordera une telle fonction à Kennedy. Lui-même en comprend mal la logique. Joe lui affirme que le président le lui a déjà promis. James relaie alors cette demande – en forme de rappel – à son père, et s'en revient avec sa confirmation. Évidemment, Joe s'arrange pour que l'information soit diffusée, grâce à Arthur Krock : une fois la nouvelle publiée, Roosevelt ne pourra pas changer d'avis. Mais il dit à Krock d'aller plus loin encore.

Cette fois, la manœuvre prend tous les aspects d'un avertissement à Roosevelt, au cas où il reculerait. Le 2 janvier 1938, le *Boston Sunday Post* fait ainsi sa une : « Le monde de la finance et le cœur du pouvoir politique grouillent de rumeurs selon lesquelles Kennedy serait le candidat à la présidentielle de 1940. » Comment ignorer un tel message ? Joe doit faire face à la bronca de nombreux sénateurs, membres du gouvernement et autres conseillers, qui n'en finissent plus de compter les « honneurs » qui lui confère son argent. Mais à chaque fois, aussi, les réticences s'atténuent lorsque Roosevelt confirme ce qu'il pense : Kennedy est un homme « dangereux ». Mieux vaut, dit-il, savoir où il est et ce qu'il fait, or c'est à Washington qu'il est le plus menaçant[1]. Il nomme donc Joseph Kennedy ambassadeur des États-Unis en Grande-Bretagne.

À Londres, Robert Worth Bingham a quitté en novembre 1937 les fonctions qu'il occupait depuis 1933. Il meurt à peine un mois plus tard. C'était un homme puissant, lui aussi : il s'était marié en secondes noces à Mary

1. Tiré du témoignage d'Henry Morgenthau Jr, secrétaire au Trésor de Franklin D. Roosevelt (1934-1945), in *Years in Crisis*, Houghton Mifflin, 1959.

Lily Flagler, veuve du fondateur de la Standard Oil, le plus gros producteur de pétrole au monde[1]. Bingham comptait parmi ses nombreuses possessions le *Courier-Journal* et le *Louisville Times*. Heureux hasard, c'est dans ce dernier qu'Arthur Krock avait démarré sa carrière journalistique ; l'on restait, pour ainsi dire, « en famille ». La transition n'en avait été que plus facile pour Joe Kennedy, qui avait déjà anticipé. À son arrivée à Londres, le 17 janvier 1938, il n'est pas seulement le représentant des États-Unis, mais aussi le producteur d'Hollywood, le magnat des alcools, l'ancien « gendarme » de la finance… Il est l'homme qu'un sondage classe dans le peloton de tête des personnalités auxquelles les Américains prêtent un possible destin présidentiel.

Pour Joe, le débarquement en Angleterre est un triomphe. La presse l'accueille à Plymouth. Il revient victorieux en Grande-Bretagne, une véritable « claque » pour les anticatholiques et les ennemis de l'Irlande. Le 4 juillet, il savoure sa revanche en recevant à l'ambassade, pour la fête de l'Indépendance, la crème de la haute société londonienne. Très vite, cependant, sa nature va reprendre le dessus. À Londres comme à Washington, on ne tarde pas à constater que les certitudes de Joseph Kennedy sont bien ancrées, et qu'il n'a de chef que lui-même. Reste que, par bien des aspects, Kennedy se montrera, dans l'épisode à venir, « fondamentalement américain ».

Isolationnisme

« *A posteriori*, le procès en isolationnisme de Joe Kennedy servira beaucoup à maquiller la réalité de l'Amérique des années 1940. Il faut en effet rappeler tout de suite que le 25 novembre 1942, plus de trois ans après qu'Hitler eut déclenché la Seconde Guerre mondiale, le *New York Times* publia le premier rapport authentifié

1. Celle-ci décède à son tour l'année suivante et l'on soupçonna de près Bingham de ne pas y être étranger.

prouvant la mise en place par les nazis d'une politique d'extermination des Juifs. La première page du *New York Times* ce jour-là est essentiellement occupée par les nouvelles de la guerre, outre d'autres éléments tels qu'un scandale mineur au City Hall. L'histoire de l'assassinat des Juifs – un rapport confirmé par le Département d'État, selon lequel plus de deux millions de Juifs ont déjà été assassinés dans l'Europe occupée par les nazis – n'apparaît qu'en page 10. Le président, Franklin Roosevelt, aurait eu beaucoup à dire en se servant de cette nouvelle, s'il l'avait voulu, mais il n'en fit rien ; et dans les mois qui suivirent, aucun journaliste ne lui posa jamais la question. Et même si le *Times* et d'autres journaux de premier ordre publièrent ensuite, quoique peu fréquemment, des informations sur le sujet, certains magazines populaires, tels *Time, Life, Newsweek*, dirent peu sinon rien sur le sujet. C'était comme si le pays préférait ne pas savoir[1]. »

Mais revenons au début de l'histoire. À Washington, Kennedy se percevait lui-même comme un rempart contre les errements « gauchistes » de l'administration Roosevelt en matière économique et législative, mais également vis-à-vis des va-t-en-guerre qui, selon lui, pullulaient autour du président. À Londres, il va agir cette fois librement, en « calife » indépendant, et discuter avec le cabinet londonien comme s'il était le seul gardien de la politique de son pays. En cette année 1938, l'isolationnisme reste une tendance forte aux États-Unis. Il n'a rien à voir avec le pacifisme, même si les deux mouvements unissent régulièrement leurs forces pour se faire entendre.

Les isolationnistes ne voient dans l'engagement américain dans une guerre européenne que source d'affaiblissement pour leur pays. Ils cultivent pour beaucoup le mythe du complot orchestré par des puissances occultes

1. David McCullough, in *America and the Holocaust*, documentaire réalisé en 1994 par Martin Ostrow pour la chaîne PBS.

et des intérêts financiers sournois – voire, à l'occasion, par des Juifs. Ils voient avant tout dans la guerre une menace pour le capitalisme et le redressement de l'économie. À l'instar de l'aviateur Charles Lindbergh, l'une des grandes figures de ce mouvement, beaucoup entrevoient le spectre d'un «socialisme de guerre» qui prendrait le pouvoir en Amérique et ne s'en retirerait pas. Comme lui, ils pensent que «Dieu seul sait ce qu'il arrivera ici avant que l'on en finisse [avec la guerre] – émeutes raciales, révolution, destructions».

Sur l'autre bord, les isolationnistes «libéraux» redoutent que la guerre ne mette un terme au New Deal de Roosevelt et que le pays ne régresse à l'époque de Coolidge, marquée par le triomphe du *big business*. Bien sûr, le spectre de la Première Guerre mondiale hante les esprits. Toute une génération est encore profondément influencée par l'école révisionniste américaine, qui l'associe à la fin des libertés civiles, à l'espionnage et au plongeon dans un âge sombre. Les oppositions à la guerre sont même relayées par Ernest Hemingway, selon qui la guerre n'est jamais utile ni glorieuse. On cultive beaucoup l'idée de l'injustice du traité de Versailles et de la Conférence de Paris, on méprise l'incapacité des Alliés à rembourser les prêts qui leur ont été octroyés durant la Grande Guerre et après celle-ci. Et puis on ne croit pas pouvoir s'opposer véritablement à la puissance d'Hitler. De toute façon, pour de nombreux isolationnistes, l'Europe est perpétuellement en guerre ; elle semble inguérissable de ce mal qu'elle porte en elle.

Comment ignorer pourtant la question des Juifs d'Europe? Depuis 1933, Franklin Delano Roosevelt ne l'a évoquée qu'une seule fois en conférence de presse – et ce, en réponse à un journaliste, de manière très vague. Il faudra attendre cinq ans et trois cent quarante-huit autres conférences de presse pour que Roosevelt s'engage enfin sur la question, devenue tragique, des réfugiés juifs. Quatre sondages publiés au cours de l'année 1938 montrent qu'une écrasante majorité – jusqu'à 85 % des Américains – s'oppose alors à un assouplissement des lois d'immigration supposées permettre aux Juifs de se réfugier aux États-Unis. Il existe déjà en réalité un quota réservé par l'administration Roosevelt à ces immigrants, en provenance pour la plupart d'Allemagne et d'Autriche, et qui pourrait permettre à cent vingt mille d'entre eux de fuir les persécutions dont ils sont victimes. Mais un nombre écrasant de demandes est rejeté. D'importantes personnalités américaines ne cachent pas leur sympathie vis-à-vis d'Hitler. À commencer bien sûr par Henry Ford, le fondateur de la firme automobile. Il a publié dans son journal, dès 1920 et jusqu'en 1922, le *Protocole des Sages de Sion*, un faux recueil antisémite célèbre, le diffusant à un demi-million d'exemplaires. Le même Ford accepte en 1938, de la part du IIIe Reich, la médaille de Grand-Croix de l'Aigle allemand. Lindbergh reçoit également les honneurs de l'Allemagne nazie où il déclare même sa résidence, tandis que son épouse célèbre la gloire du Führer. Le prêtre Charles Coughlin, qui a parfois accompagné Joe Kennedy dans ses visites à Roosevelt – même si Kennedy s'est par la suite violemment retourné contre lui –, est l'un des relais les plus populaires de l'antisémitisme : son émission à la radio le dimanche, où il répand ses prêches haineux, lui vaut de recevoir en moyenne quatre-vingt mille lettres par semaine.

À Boston, New York, Washington, et surtout à Hollywood, Joe Kennedy a connu beaucoup de Juifs. Il ne les considère pas autrement que comme des concurrents, livrés aux mêmes aléas que les autres minorités, en particulier les Irlandais. L'historien David Nasaw relève : « Il estime – et c'est ainsi qu'il l'exprime – que les Juifs sont une autre tribu. Ils sont différents ; ils sont culturellement différents. Ils s'occupent d'eux-mêmes, tout comme les catholiques irlandais s'occupent d'eux-mêmes. Les Juifs sont plus intelligents, parce qu'ils sont mieux organisés. Il dit au pape : "Vous savez, nous devrions être mieux organisés aux États-Unis en tant qu'Irlandais catholiques. Les Juifs obtiennent ce qu'ils veulent." Mais sa fascination pour les Juifs l'encourage à souscrire à des mythes antisémites millénaires, alors qu'il est ambassadeur en Grande-Bretagne. Ce qui est réellement effrayant. Il est heureux que sa famille n'ait pas eu à lire certaines de ses lettres et de ses carnets de notes [et à écouter] certaines de ses conversations enregistrées[1]. »

Joe Kennedy est profondément opposé à l'entrée en guerre des États-Unis. Ses amis, Henry Ford, Charles Lindbergh ou William Hearst, sont sur la même ligne. Robert McCormick, le puissant propriétaire du *Chicago Tribune*, l'est également. Curieusement, la première visite qu'il reçoit d'un Américain à son ambassade à Londres est celle du Grand Rabbin Stephen Wise, qui se dira « impressionné » par lui et félicitera Roosevelt pour ce choix, dans une lettre écrite à son retour. Wise est venu à Londres discuter avec les responsables de la communauté juive anglaise du risque d'une remise en cause de la déclaration Balfour qui, en 1917, a vu le gouvernement britannique accueillir favorablement l'établissement d'un foyer juif national en Palestine. Il semble qu'au cours de leur rencontre Kennedy ait manifesté son soutien au rabbin Wise et se soit engagé à plaider sa cause auprès de Londres. « Dans les mois qui viennent, écrit Wise au Mouvement sioniste américain le 1er mars 1938, le leadership sioniste pourra compter sur Kennedy, comme il l'a pu avec Roosevelt, pour soutenir ses positions sur la Palestine. » En réalité, Londres prépare la publication du fameux Livre blanc qui rabattra le couvercle sur les Juifs d'Europe, pris au piège de la politique d'annihilation conduite par Hitler, en bloquant l'émigration juive vers la Palestine.

Depuis que Joe Kennedy a rencontré Neville Chamberlain en 1935 à Londres, les deux hommes se connaissent

1. David Nasaw, *op. cit.*

bien. Joe a fait la connaissance de celui qui est désormais Premier ministre[1] deux jours après être arrivé en Angleterre pour prendre son poste d'ambassadeur, au 10 Downing Street. «J'ai trouvé un homme fort, décidé, à l'évidence pleinement aux commandes de la situation», rapportera Kennedy à Washington après sa visite. Chamberlain écrira à Kennedy, début 1939: «Vous êtes aujourd'hui notre ami le plus dévoué et le plus estimé[2].» Puis, un mois avant sa mort, en 1940: «J'ai toujours parlé avec vous en toute franchise des événements qui se produisaient et je vous ai donné mes opinions sur notre politique en toute liberté. [...] J'ai trouvé en vous la compréhension de ce que j'essayais de réaliser et une intégrité de caractère qui m'a particulièrement impressionné.» Kennedy a vite compris, après son arrivée à Londres, le tempérament particulier de Chamberlain. Un homme assez distant vis-à-vis du public, peu connu de celui-ci, et qui a en commun avec Kennedy la maîtrise de sa communication ainsi qu'une certaine façon d'apprivoiser la presse.

Quelques années auparavant, les deux hommes auraient pu constater leurs désaccords sur la question irlandaise. Chamberlain s'est âprement opposé aux velléités du premier président de la République d'Irlande, Eamon De Valera, de rompre les derniers liens restant entre son pays et la Couronne britannique, après l'émancipation de 1932. Mais en avril 1938, revenu au pouvoir, Chamberlain a finalement accédé à de nombreuses demandes de Dublin, mettant un terme à de longues et difficiles négociations – au grand dam de Winston Churchill. Lorsqu'ils se retrouvent, Kennedy et Chamberlain peuvent discuter de cela et, aussi, de la volonté de Chamberlain d'établir avec l'Allemagne d'Hitler un partenariat tenable. Il y croit,

1. Chamberlain est Premier ministre de la Grande-Bretagne du 28 mai 1937 au 10 mai 1940.
2. De Neville Chamberlain à Joseph Kennedy, 19 mars 1939.

même si Hitler lui-même ne se précipite pas. Chamberlain ne considère pas que la politique d'Hitler rende impossible un compromis ; en particulier, il n'est pas impressionné par sa politique antijuive. D'ailleurs, dans une lettre à sa sœur, il écrit : « Les Juifs ne sont pas un peuple aimable. Je ne m'inquiète pas de leur sort, même si ce n'est pas une raison pour expliquer les pogroms. » Le même Chamberlain expliquera devant le cabinet anglais, vis-à-vis de l'émigration juive vers la Palestine : « Il est d'une immense importance, d'un point de vue stratégique, que nous ayons le monde musulman avec nous. Si nous devons offenser un camp, offensons les Juifs plutôt que les Arabes. »

Lorsqu'en février 1938 Hitler commence à faire pression sur l'Autriche pour qu'elle accepte l'Anschluss, Chamberlain estime qu'il est nécessaire de cimenter les relations de l'Angleterre avec l'Italie pour contrebalancer l'influence allemande. Contre les réticences de son secrétaire aux Affaires étrangères, Anthony Eden, il a obtenu le soutien des membres du Cabinet. Eden parti, il le remplace par lord Halifax. C'est le début du chemin vers Munich. Au cours de ces mois, Kennedy va jouer un rôle prépondérant entre Londres et Washington. Son style, très personnel, restera d'ailleurs après lui comme l'une des marques reconnaissables de la diplomatie anglo-américaine. Il manifeste avec tant d'insistance, de part et d'autre, son opposition à l'entrée dans la guerre, qu'il ne tarde pas à éveiller des inquiétudes, tant du côté de l'administration américaine qu'à Londres même.

De juin à août 1938, l'ambassadeur Kennedy a tout loisir de savourer les avantages de sa position. À la Cour Saint-James, il fait forte impression. Il est non seulement un intime de Chamberlain, mais aussi un homme admiré par la City, où l'on connaît bien ses qualités d'investisseur et d'entrepreneur… ainsi que la valeur de ses comptes en banque. Le 14 juin, il est invité au Royal Ascot, la course de chevaux créée par la reine Anne en 1711, traditionnellement parrainée depuis par la Couronne. Même s'il se plaint souvent des contraintes sociales de son poste, sa famille et lui apparaissent souvent dans les journaux, en très haute compagnie.

Mais quelques ombres suscitent déjà des interrogations, prélude aux tensions à venir. Traditionnellement, l'ambassadeur des États-Unis à Londres donne son tout premier discours devant la Pilgrims Society, fondée en 1912 pour promouvoir les bonnes relations entre les deux pays. Lorsqu'il soumet son texte à Washington, on lui demande d'apporter quelques corrections : le Département d'État estime que Kennedy y va « trop fort » en déclarant que les États-Unis se tiendront à l'écart des affaires européennes. Déçu, il n'en est pas moins décidé à s'affirmer et adresse une lettre très étonnante au secrétaire d'État pour lui faire savoir que s'il a besoin d'une « réelle assistance en dehors des instructions habituelles » il se tient à sa disposition. Ce faisant, il ne fait que renforcer à Washington le sentiment qu'il est incontrôlable.

Munich, pourtant, lui donne l'occasion de renforcer l'image positive qu'il a su se créer dans l'opinion britannique et auprès du pouvoir. « L'approche proactive et l'intimité de Kennedy avec le gouvernement britannique durant ces événements, écrit J. Simon Rofe, sont peut-être en première ligne. [...] Kennedy rencontra presque quotidiennement les différents membres du cabinet britannique, y compris Chamberlain. Par exemple, Kennedy rencontra le Premier ministre le 12 septembre pour discuter des "événements alarmants en Tchécoslovaquie", tandis que, le lendemain, c'était au tour du Home Secretary, sir Samuel Hoare, de lui donner son "sentiment du jour" sur la situation en Europe centrale[1]. » Le 24 septembre, Kennedy informe le secrétaire du Département d'État qu'il

1. J. Simon Rofe, *Franklin Roosevelt's Foreign Policy and the Welles Mission*, J. Simon Rofe Publishing, 2007.

connaîtra les demandes faites par Hitler à Chamberlain dès son retour de Bad Godesberg. Deux jours plus tard, il rapporte l'entrevue très secrète au cours de laquelle il a appris, de Chamberlain, que celui-ci avait donné l'assurance au président du Conseil Édouard Daladier de s'aligner aux côtés des Français si ceux-ci entraient en guerre pour défendre la Tchécoslovaquie. « Étant donné la pression que les Britanniques et les Français exerçaient sur les Tchécoslovaques pour qu'ils acceptent les demandes d'Hitler, note encore J. Simon Rofe, il semble que la valeur d'une telle promesse ait seulement consisté pour Kennedy à attester de sa propre influence. » Il est encore présent le 28 septembre au Parlement, lorsque Halifax transmet à Chamberlain la note par laquelle Benito Mussolini offre sa médiation pour résoudre la crise tchécoslovaque. Chamberlain annonce à la Chambre des lords qu'il accepte l'invitation de Mussolini à rencontrer Hitler et Daladier le jour suivant à Munich. Un télégramme dicté par Roosevelt parvient à l'ambassadeur Kennedy, à l'intention de Chamberlain. On peut y lire : « Un homme bien. Franklin D. Roosevelt. » À Hitler et Mussolini, il demande instamment de « poursuivre les négociations ». L'accord de Munich est signé le 30 septembre. Kennedy se réjouit – tout comme d'ailleurs l'opinion britannique, qui a le sentiment que la guerre a été évitée de justesse.

Au lendemain de cet accord historique, le magazine *Life* titre : « Hitler écoute la voix de la raison » et salue en Chamberlain « le Britannique qui ramène l'Allemagne dans la loi mondiale ». *Time* estime quant à lui : « Pour la première fois dans l'Histoire, un conflit majeur a été évité grâce aux pourparlers plutôt qu'aux armes. » Roosevelt déclare à la radio publique qu'il n'est « pas du tout mécontent du résultat final » et qu'il y a désormais « plus d'opportunités que jamais au cours de ces vingt dernières années pour établir un nouvel ordre mondial fondé sur la justice et sur la loi ». Quant à l'ambassadeur Kennedy, il qualifie tout simplement l'événement de « merveilleux »... Mais les réjouissances vont tourner court.

Trois semaines après l'accord de Munich, Kennedy s'exprime publiquement pour estimer que les démocraties et les dictatures « pourraient unir leurs énergies avantageusement pour résoudre leurs difficultés communes en tentant de rétablir de bonnes relations sur une base mondiale ». De toutes les vues émises par l'ambassadeur au sujet de la situation internationale, c'est là sans doute la plus grave. Emporté par son enthousiasme munichois, Kennedy sème le trouble à Londres et répand la colère à Washington. Cette fois, il est allé trop loin. Le journaliste Walter Lipmann critique brutalement « les ambassadeurs qui cherchent à jouer un rôle personnel plutôt que de se comporter authentiquement comme un membre d'une équipe ». Dans les semaines qui suivent, Kennedy songe à démissionner. Il s'en ouvre à lord Halifax, qui l'enjoint de ne rien faire et lui réaffirme son soutien. L'ambassadeur reste à son poste, mais le mal est fait. Il peut le mesurer lorsque, retournant aux États-Unis pour passer ses vacances de fin d'année en Floride – en nourrissant encore quelques hésitations sur sa carrière diplomatique –, il se voit demander par Roosevelt de repartir pour Londres deux semaines plus tôt que prévu. Peu après son retour, en mars, il est désigné pour assister à l'investiture du pape Pie XII au Vatican, une opportunité puisqu'il peut ainsi faire valoir auprès du Département d'État ses relations personnelles avec le cardinal Pacelli, dont il a l'oreille. Mais son discours n'a pas varié d'une virgule, et il continue de justifier ses positions auprès de ses interlocuteurs. Il ne peut ignorer les indices qui prouvent que Washington a ouvert une ligne directe avec Londres et que l'on se passe de son intermédiaire de plus en plus souvent. Entre-temps, les invitations à la Cour Saint-James se font plus rares, même si la franche entente avec Chamberlain et Halifax, elle, ne faiblit pas.

Le 14 juin 1939, le porte-parole de la Maison Blanche, Stephen Early, reçoit la copie d'une note publiée par le *Foreign Observer*, feuille politique confidentielle et très bien informée, éditée chaque semaine à Londres. L'auteur, qui n'est autre que l'influent directeur du *Foreign Observer*, fait état de la profonde perplexité du gouvernement britannique devant le maintien de Joseph Kennedy comme ambassadeur de Washington à Londres, qualifié d'apologue de Chamberlain et de chantre de la politique d'apaisement avec le régime d'Hitler[1]. Cette note rapporte que Kennedy a informé les membres du gouvernement britannique qu'ils ne devaient pas se soucier de ce que le président Roosevelt pourrait dire, puisque, paraît-il, « ce sont mes amis qui seront à la Maison Blanche en 1940 », que « Roosevelt est manipulé par les Juifs » et que « tout ce sentiment antifasciste aux États-Unis est largement suscité par les Juifs qui dominent la presse ». Le *Foreign Observer* estime que ces déclarations sèment un trouble considérable dans les réunions du cabinet britannique, où l'on se demande si elles reflètent avec véracité l'opinion américaine vis-à-vis des puissances de l'Axe. Au même moment, Kennedy est tenu à l'écart de l'organisation de la visite du gouvernement britannique aux États-Unis. Le 24 août, dans un message qu'il adresse à Roosevelt, l'ambassadeur le presse de s'adresser à Hitler pour le convaincre d'accepter une résolution pacifique. La réponse tombe comme un couperet, par la voix de Breckinridge Long, qui remarque publiquement que Kennedy « a passé son temps à condamner tout le monde, à tout critiquer et a dressé les uns contre les autres la plupart des membres de l'administration ».

Évidemment, le durcissement de l'attitude de Roosevelt et de son entourage ne tient pas essentiellement à leurs convictions. Après tout, et Kennedy le sait mieux

1. Mémorandum du FBI daté du 9 juin 1948.

que personne, le Département d'État est un véritable nid d'antisémites, pour lesquels la guerre contre Hitler ne doit être menée qu'au nom des intérêts économiques des États-Unis, si elle doit avoir lieu. Breckinridge Long et ses propres collaborateurs seront même qualifiés plus tard de « mouvement souterrain déterminé à laisser les Juifs se faire exterminer ». Long est paranoïaque vis-à-vis des Juifs, se voit en permanence la cible d'un complot de la part des « communistes, extrémistes radicaux, Juifs agitateurs professionnels, réfugiés excités ». Le chef de la division en charge du contrôle des fonds étrangers du secrétariat au Trésor, John Peble, sera informé durant l'été 1943 de l'indifférence du Département d'État vis-à-vis du sort subi par les Juifs. Henry Morgenthau lui-même se souviendra, pour sa part, de ces « terribles dix-huit mois » à Washington, durant lesquels « les nazis planifiaient l'extermination totale des Juifs d'Europe », et au cours desquels « les responsables officiels ont esquivé leurs responsabilités, tergiversé malgré les plans solides qui étaient mis sous leurs yeux et sont allés jusqu'à dissimuler des informations sur ces atrocités ». Ces dix-huit mois auxquels Morgenthau fait référence sont ceux qui séparent l'été 1942, moment où Roosevelt et son administration sont mis au fait du génocide perpétré par Hitler, et juin 1944, date à laquelle Roosevelt prend effectivement la décision de mettre en place un Bureau des réfugiés de guerre, qui finira par sauver la vie de deux cent mille Juifs. Des années durant lesquelles les résidents de Washington qui vont prendre du bon temps à la plage, par exemple du côté de Chesapeake Bay, passent devant un panneau indiquant : « Pas de Juifs ni de chiens autorisés[1] ». L'historien Gunnar Myrdal peut ainsi écrire que l'antisémitisme américain, durant ces

1. Témoignage de Ruth Fein, de l'American Jewish Historical Society, in *America and The Holocaust,* réalisé par Martin Ostrow en 1994.

années-là, était « probablement plus fort qu'en Allemagne avant l'époque nazie ».

Quant à l'opinion publique, voici ce qu'écrit l'historien Robert Michael[1] en 2005 : « Tandis que la presse britannique poussait à la mise en place de mesures urgentes pour venir en aide aux Juifs, la presse américaine, aussi bien religieuse que laïque, acceptait sans sourciller l'argument du président et du Département d'État, selon lequel seule la victoire militaire sur les nazis pourrait aider les Juifs [qui auraient survécu à l'Holocauste]. La plupart des journaux américains, leurs rédacteurs en chef et leurs reporters, comme l'essentiel de la communauté intellectuelle américaine, prenaient leurs distances vis-à-vis des nouvelles au sujet de [ce que nous appelons maintenant] l'Holocauste. Ces journaux trahirent leur négligence en refusant de traiter les informations concernant les souffrances des Juifs sur le même plan que les souffrances des non-Juifs, parlant des "déclarations" des Juifs au lieu de parler d'événements factuels et réservant peu d'espace aux rapports sur l'assassinat systématique des Juifs [...] ou enterrant ces rapports dans les dernières pages[2]. »

Le fils de l'ambassadeur

En réponse aux attaques de Walter Lippmann contre son père, Joe Jr a rétorqué que le journaliste exprimait une « réaction juive naturelle ». Il effectue peu après cet épisode un séjour en Espagne, où il se trouve impressionné par le franquisme et pense à écrire un livre à ce sujet. Mais, entretemps, le climat a tourné à l'orage du côté de Washington et son père se trouve en difficulté. Le projet tourne court. Néanmoins, Joe Jr participe, à Harvard, à la fondation

1. Robert Michael est professeur d'histoire émérite de l'université du Massachusetts.
2. Robert Michael, *A Concise History of American Antisemitism*, Rowman & Littlefield Publishers, 2005.

du Harvard Committee Against Military Intervention in Europe, un groupe où se retrouvent les isolationnistes et les pacifistes pour appeler le pays à rester à l'écart de la guerre. Le 17 décembre 1940, l'Associated Press relate la constitution de ce groupe. Le 3 février 1941, il signe une tribune dans le *Harvard Crimson*[1], sous le titre : « Le bloc antiguerre presse FDR de tenir sa promesse. » Les signataires, parmi lesquels Joe Jr, écrivent dans cette lettre ouverte au président Roosevelt : « Nous sommes de jeunes Américains typiques, ni communistes ni nazis, ni pacifistes ni isolationnistes, ni *jingoists*[2] ni partisans de l'apaisement. Nous sommes prêts à nous battre pour notre pays, mais nous ne pensons pas que la cause de l'Amérique ou de la démocratie ou de l'humanité serait servie par une intervention militaire dans la guerre européenne. [...] Il est inutile pour nous de vous rappeler votre engagement de garder ce pays hors de la guerre, et la vigoureuse détermination pour la paix exprimée lors des dernières élections par le peuple américain, mais, dans cette tempête de propagande guerrière, nous pensons que nous devons vous affirmer notre ferme conviction que l'aide à la Grande-Bretagne doit rester loin de la guerre. [...] Bien que nous détestions le totalitarisme sous toutes ses formes, nous sentons que l'entrée dans une longue et dangereuse guerre menacerait gravement la démocratie américaine, même si nous étions victorieux. La plus importante des responsabilités de l'Amérique concerne notre propre peuple et notre propre hémisphère. [...] Pour la défense de l'Amérique, nous sommes prêts à tous les sacrifices, mais, pour le salut de l'Amérique et de sa démocratie, nous nous sentons contraints de vous soumettre notre ferme sentiment que nous avons la force de préserver la démocratie dans l'hémisphère Ouest et que

1. Le *Harvard Crimson*, fondé en 1873, est le plus ancien journal universitaire des États-Unis et compte parmi ses plumes Franklin D. Roosevelt en 1904, puis John Fitzgerald Kennedy en 1940.
2. Partisans d'une politique étrangère offensive.

nous ne devons pas disperser cette force dans les guerres européennes ou asiatiques.» Jack, qui défend ses positions dans le *Crimson*, participe vraisemblablement à ce groupe, mais la note des services de renseignement établie à ce sujet en 1948 est «noircie» à cet endroit[1].

Jack se trouve à l'ambassade de Londres lorsque la guerre est déclarée, le 3 septembre 1939. C'est un jeune étudiant plus éduqué que la plupart des autres : il voyage fréquemment à travers l'Europe depuis son adolescence, connaît aussi bien l'Allemagne que l'Italie, la Tchécoslovaquie, l'Angleterre, la Suède ou la France ; il a rencontré Chamberlain, Churchill et le pape. Il ne lui faut que deux mois pour rédiger sa thèse à Harvard, intitulée *Appeasement in Munich*, une lourde charge de 189 pages contre l'opinion britannique depuis le début des années 1930, dans laquelle il voit un mélange d'«aveuglement», de «pacifisme idiot», d'indulgence vis-à-vis de certaines revendications allemandes, d'intérêts mercantiles, d'opposition syndicaliste au réarmement qui se serait fait au détriment des services publics – la liste est encore longue. Elle préserve cependant les dirigeants britanniques, y compris Chamberlain, l'homme de Munich, en expliquant que «les leaders sont responsables de leurs échecs pour à peu près tout dans le domaine du gouvernement mais ne peuvent pas être tenus responsables des erreurs d'une nation en entier». Son idée est que Chamberlain avait peu de marge d'action, puisque, dans une démocratie telle que la démocratie britannique, l'opinion publique penche naturellement vers le pacifisme. «Au lieu de regarder Munich comme le résultat de la faiblesse ou de l'erreur de jugement d'un homme, écrit-il, essayons de le voir tel que c'était, le prix que l'Angleterre devait payer pour son année de grâce.»

1. Un long passage de la note n° 65-39058,7,73 sur les activités militantes des deux frères Kennedy a été rendu illisible.

À aucun moment, Jack ne voit Munich autrement que comme cette «punition» ni n'en condamne le contenu et la portée. Le mot «déshonneur» n'apparaît pas sous sa plume et les autres pays d'Europe confrontés à Hitler sont satellisés et qualifiés d'«alliés» de l'Angleterre. Tropisme singulier, voire obsession.

Harvey Klemmer, le conseiller et publicitaire de Joe Kennedy, se chargea de corriger la thèse de Jack. Si Joe avait pu entrer en campagne pour une élection présidentielle, il eût été son directeur. C'est à Klemmer que Joe dit un jour: «Individuellement, les Juifs sont très bien, mais en tant que race ils puent. Ils pourrissent tout ce qu'ils touchent. Regarde ce qu'ils ont fait avec les films.» Klemmer, dans une interview bien des années plus tard, indiqua que Kennedy et son entourage parlaient généralement des Juifs en utilisant les mots «youdes» ou «youpins». Curieusement, alors qu'il ne partage pas les vues de l'ambassadeur – lequel, un soir, alors que les bombardements de nuit sur Londres commençaient et que les deux hommes marchaient ensemble à St James Park, lui montra du doigt Buckingham Palace et lui dit: «Je te parie ce que tu veux, à dix contre un, qu'Hitler sera ici avant deux semaines» –, Klemmer, malgré de nombreuses annotations soulignant les erreurs commises par Jack dans sa thèse, conclut sa correction en saluant la qualité de son travail. Joe Jr, lui, n'est pas convaincu par la thèse de son frère qui, selon lui, «ne prouve rien». Quant aux directeurs d'études de Jack, leur avis est plus que mitigé. Bien qu'ils reconnaissent le travail fourni et la force de la discussion, Henry Yeomans et C. J. Friedrich notent que la thèse est «mal écrite», «beaucoup trop longue», «verbeuse», «répétitive» et truffée de nombreuses erreurs typographiques, mais surtout que, sur le fond, «les causes fondamentales ne sont jamais analysées[1]».

1. Robert Dallek, *op. cit.*

Si Jack termine ainsi ses études sur un bilan très moyen – il est classé 68e des 143 étudiants reçus –, sa thèse, compte tenu de l'accueil qui lui a été réservé, va connaître un destin peu commun. Tandis qu'il est reparti pour l'Europe, Joe en envoie une copie à l'ami Arthur Krock. Celui-ci, pour être un fervent supporter de Joe, ne prête pas un aussi grand destin à Jack – son frère lui paraît bien plus brillant et robuste – et n'a pas exactement la réaction attendue. Il enjoint le jeune Kennedy à corriger l'angle de sa thèse afin de faire porter le blâme sur Chamberlain et non sur la démocratie anglaise, c'est-à-dire d'inverser le sens même de son propos. Il insiste également pour que Jack se prononce clairement en faveur d'une intervention américaine, et utilise l'exemple britannique pour avertir les Américains des dangers d'une léthargie face à la menace nazie. Aussitôt, les corrections sont faites, et Krock fait en sorte que le manuscrit soit publié. Il lui donne un titre. Churchill vient alors de réunir une collection de ses propres discours, sous le titre *While England Slept*. Krock le transforme en *Why England Slept*[1]. Jack a modifié sa thèse à un degré tel qu'elle glisse d'un exposé justifiant la politique d'apaisement de Chamberlain à la condamnation du rôle de l'opinion publique britannique, qui n'aurait pas laissé de choix à son Premier ministre ; d'une compréhension explicite de cette attitude – et même de la pensée – de Chamberlain à la célébration de son opposé, Churchill ; d'une exposition des motifs justifiant la non-intervention américaine à la présentation des raisons pour lesquelles l'Amérique devrait dessiner un projet d'intervention.

Lorsque le livre sort, c'est un best-seller dont quarante mille exemplaires s'arrachent dans les librairies… mais sont souvent achetées par milliers par les propres assistants de Joe. Krock a sauvé, sans le savoir, le jeune

1. John F. Kennedy, *Why England Slept*, Dolphin, 1962.

Kennedy du déshonneur futur d'avoir plaidé en faveur de l'isolationnisme américain sous ses pires aspects. Tant et si bien que l'Histoire retiendra qu'il a été l'auteur, à vingt-trois ans, d'un best-seller plaidant pour une entrée en guerre des États-Unis, où l'on peut lire qu'un « comportement agressif, si on le laisse se développer sans contrôle et sans partage, conduit finalement à la guerre ». Mais la ficelle est grosse. Loin de faire l'unanimité parmi les experts, *Why England Slept* est malgré tout considéré par beaucoup comme une justification des positions très controversées de Joseph Kennedy avant-guerre. Le spécialiste Harold Laski lui écrira ainsi : « Je pense honnêtement qu'aucun éditeur n'aurait considéré sérieusement le livre de Jack s'il n'avait été votre fils et si vous n'aviez été ambassadeur[1]. »

Rares sont les générations suivantes qui relèveront le tour de passe-passe magistral, mais, en 1960, Robert Loverett, l'ancien secrétaire de la Défense de Harry Truman, votera contre Kennedy parce que son père est Joseph Kennedy, en ayant bien du mal, de son propre aveu, à se convaincre que le père n'a pas contaminé la pensée du fils. Surtout, il est pour le moins surprenant de constater combien de fois le livre a été republié à travers le monde – et modifié au fil de ses publications – et quelle fierté il inspirait à Kennedy, lequel, durant sa présidence, en gardait même un exemplaire (offert par son épouse) sur son bureau à la Maison Blanche. Un livre où l'on peut lire ce qui, sous la plume d'un jeune étudiant peu concentré sur ses études et fortement influencé, est peut-être acceptable, mais non sous celle d'un homme d'État. Ainsi : « L'accord de Munich a été violemment critiqué – et nulle part plus violemment qu'en Amérique. C'était dû en partie à notre prise de conscience qu'il était

1. Isaac Kramnick, Barry Sheerman, Harold Laski, *A Life on the Left*, Hamish Hamilton, First Edition, 1993, p. 155.

essentiellement un triomphe pour Hitler[1]. » C'est en grande partie faux, évidemment. Il écrit encore : « Les Américains, remplis du mythe de l'invincibilité britannique à travers les siècles, ne pouvaient comprendre les efforts désespérés de Chamberlain pour éviter une guerre[2]. » On l'a vu, tel n'était pas le sentiment prévalant au lendemain de Munich. Jack Kennedy souligne encore l'injustice faite au Premier ministre britannique : « Je crois que Chamberlain était sincère en pensant qu'une grande étape avait été franchie vers la guérison d'un accès de fièvre de l'Europe. Je crois que l'opinion publique anglaise n'était pas suffisamment stimulée pour le soutenir dans une guerre[3]. »

Alors que sa thèse – puis son livre – porte sur la posture britannique vis-à-vis d'Hitler, il fait l'impasse sur les débats pourtant publics et animés qui agitent depuis des années la classe politique et l'opinion britanniques, sur l'immigration juive, par exemple. Peut-être Jack n'est-il pas non plus « armé » intellectuellement, sensible culturellement ni assez lucide pour percevoir les différents aspects de la question. Mais son jugement sur la question tchécoslovaque, lui, n'a pas d'excuse, lorsqu'il estime que ce pays a « accepté » la proposition des Européens, amoindrissant par là même le rôle de Chamberlain dans l'abandon de cette république. Il tranche d'ailleurs froidement : « Si l'on prend tous ces facteurs en considération, le pacte de Munich apparaît sous une lumière différente, qui ne révèle pas un vieil homme complètement gâteux [Chamberlain, entraîné malgré lui]. Cela montre que l'apaisement ne manquait pas de réalisme ; c'était le résultat inévitable de circonstances qui ne permettaient aucune autre décision[4]. » L'extermination des Juifs ? Il ne la relève même pas. Que n'en

1. John F. Kennedy, *Why England Slept*, *op. cit*
2. *Ibid.*, p. 155.
3. *Ibid.*, p. 158.
4. *Ibid.*, p. 159.

a-t-il vu les prémices lors de ses nombreux voyages en Europe, y compris en Allemagne.

Activiste

En ce début novembre 1940, Roosevelt emporte un troisième mandat présidentiel, avec 55 % du vote populaire et trente-huit des quarante-huit États américains. L'ambassadeur Joseph Kennedy, qui est rentré en Amérique en octobre, peut lui présenter sa démission. Mais les jours passent et il n'a aucun retour. Kennedy déclare à la presse que la démocratie est «finie» en Grande-Bretagne et que le fascisme «va s'emparer de ce pays[1]». Une prise de position qui entraîne cette fois les réprimandes de la plupart des journaux. C'est l'heure de la disgrâce publique. Joe Kennedy part alors pour Hollywood retrouver ses amis qui, eux, lui sont restés fidèles. Il veut les entretenir de la situation de l'industrie cinématographique.

David Nasaw témoigne de cet épisode, qui constitue pour lui «la découverte la plus dérangeante» au sujet de Joe Kennedy: «Les frères Warner l'invitent à une sorte de déjeuner-séminaire organisé pour les cadres du studio, au sujet de ce qui va se passer concernant les exportations de films hollywoodiens, maintenant qu'il y a la guerre en Europe. Hollywood gagnait beaucoup d'argent en diffusant ses films en Europe et dans le monde. [...] La pièce est pleine de cadres [de l'industrie cinématographique] et il va s'adresser à eux pendant les trois ou quatre heures suivantes, dans les termes les plus vicieux. *Le Dictateur* vient juste de sortir – le pamphlet de Charlie Chaplin contre Hitler. Et Kennedy passe ces heures à expliquer aux cadres d'Hollywood, qui sont juifs: "Si vous ne stoppez pas cette propagande antinazie, anti-Hitler, si vous ne cessez pas de faire des films comme ceux-là, vous endosserez la responsabilité de pousser les États-Unis à la

1. Propos publiés dans le *Boston Sunday Globe*, 10 novembre 1940.

guerre. Vous serez responsables de l'absence de négociations sur la paix. Si la guerre survient et que le sang américain est répandu, ce sera sur vos mains. Et l'explosion antisémite dans ce pays sera inimaginable." Il le dit et il le pense[1]. »

Cette réunion à Hollywood préfigure ce que sera l'activité de Joe au cours des deux années suivantes. En attendant, les « bruits » à son sujet reprennent. Le 13 janvier 1940, le journaliste John O'Donnell, très connu pour ses positions hostiles à la fois à Roosevelt et aux Britanniques, laisse entendre que Kennedy est prêt à attaquer publiquement l'administration américaine, mais qu'il en est empêché car Roosevelt n'a pas encore accepté sa démission. Le secrétaire d'État Harold Ickes, de son côté, se montre inquiet en apprenant que Joseph Kennedy « a eu un entretien avec Hearst dans le but de lancer une campagne en faveur de l'apaisement et a rencontré ou va rencontrer Roy Howard et Joe Patterson, du *New York Daily News* [...], qui a le plus fort taux de diffusion de tous les journaux du pays[2] ». Ickes estime – et ce n'est pas pour le rassurer – que le *Chicago Tribune* et le *Washington Times-Herald* répercuteront cette campagne. Roosevelt invite alors enfin Kennedy à venir le voir à Hyde Park pour parler du problème. La rencontre se passe très mal. Kennedy ne courbe pas l'échine. Au point que Roosevelt dira à Eleanor, son épouse : « Je ne veux plus jamais voir ce fils de pute aussi longtemps que je vivrai. Prenez sa démission et sortez-le d'ici[3] ! » À peine sorti, Kennedy déclare avec malice à la presse, commentant sa décision de démissionner de son poste d'ambassadeur en Grande-Bretagne : « [Je vais] consacrer mes efforts à ce qui me semble être la plus grande cause dans le monde. [...]

1. Conférence de David Nasaw à la JFK Library de Boston, mars 2012.
2. Kenneth S. David, *FDR: The War President, 1940-1943*, Random House, 2000.
3. *Ibid.*, p. 62.

Cette cause, c'est d'aider le président à tenir les États-Unis en dehors de la guerre[1]. »

Désormais écarté par Roosevelt et son entourage, contraint de renoncer à ses ambitions politiques personnelles, Joe est pourtant loin d'être un *outsider*. La « chute » souvent décrite par nombre de livres est totalement imaginaire : si le destin ne s'apprêtait pas à foudroyer Joe, sans doute aurait-il voulu rebondir politiquement après la guerre, et rien ne dit qu'il n'y serait pas parvenu. Mais l'état de Rosemary ne fait qu'empirer. À vingt-trois ans, la jeune femme poursuit sa descente aux enfers, vivant dans un état de tension et d'agitation permanent, secouée régulièrement par des crises de rage impressionnantes et des convulsions. Joe consulte de nombreux spécialistes de la psychiatrie ; Walter Freeman, en particulier, qui exerce au service neurologique de la faculté de médecine à Washington. Celui-ci pratique couramment la lobotomie sur les patients atteints de ce type de désordres mentaux, une pratique controversée mais devenue courante, très défendue par le milieu psychiatrique. Joe accepte. Rose ne le sait pas, le reste de la famille non plus. À la mi-novembre, Freeman opère Rosemary. À un certain stade de l'opération, Rosemary, qui est éveillée et a été placée sous calmants, devient incohérente ; l'intervention prend fin. À son réveil, Rosemary est inerte, incapable de parler ou de marcher. Elle est conduite à l'hôpital de Beacon, au nord de New York, pour sa convalescence. Elle y séjournera sept ans, sans aucun changement, avant d'être déplacée en 1949 dans une institution psychiatrique à Jefferson (Wisconsin), où elle passera le reste de ses jours. Elle mourra le 7 janvier 2005, à l'âge de quatre-vingt-six ans, au Fort Atkinson Memorial Hospital, dans le Wisconsin, entourée de ses sœurs Jean, Eunice et Patricia, et de son frère Ted. Elle sera inhumée auprès de ses parents à

1. Michael Bes, *ibid.*, p. 64.

Brookline, Massachusetts. Sa mère Rose, qui s'est éteinte un an auparavant à l'âge de cent quatre ans, n'aura appris la vérité sur la décision de Joe d'autoriser une lobotomie que vingt ans après celle-ci. Joe n'a jamais écrit sur cette tragédie et les témoignages sont quasi inexistants. Mais sans doute cet échec l'a-t-il profondément assombri. D'autant qu'il précède de peu d'autres drames.

Le 4 décembre 1941, un sondage publié par l'institut Gallup révèle que 52 % des personnes interrogées s'attendent à une guerre avec le Japon, et les bases américaines dans le Pacifique sont en état d'alerte. Pourtant, le 7 décembre 1941, à 7 h 48 du matin, la base navale américaine de Pearl Harbor est surprise par l'attaque massive de 353 bombardiers japonais ; 2 402 Américains sont tués, 1 282 blessés, et la base est dévastée. Le lendemain, les États-Unis déclarent la guerre au Japon. Trois jours plus tard, Hitler déclare la guerre aux États-Unis. Kennedy tente de joindre Roosevelt par tous les moyens, mais celui-ci ignore ses messages. Le 5 février 1942, il adresse un message au cabinet britannique pour lui offrir ses services. Ses deux fils sont dans l'armée, Joe Jr en Floride et Jack à Washington. Il fait établir la résidence de toute la famille Kennedy à Palm Beach, mais fait en sorte que ses deux fils soient enregistrés dans le Massachusetts, afin de préparer leur avenir, auquel il songe sérieusement – un avenir qu'il ne conçoit que dans la politique, après son propre échec. Depuis le début de l'année 1941, Joe correspond beaucoup avec le FBI et Edgar Hoover. Hoover est fidèle au président, comme toujours, mais il a une vieille sympathie pour Kennedy, qu'il considère comme un vrai patriote. Sans doute Hoover a-t-il eu l'occasion de discuter de Kennedy avec Roosevelt, d'ailleurs, et d'atténuer quelque peu son ressentiment. Lorsque Joe réécrit à Roosevelt, le 4 mars 1942, faisant part de son inquiétude pour ses deux fils, Roosevelt rompt la glace et l'assure de sa présence.

D'ailleurs, lui dit-il, son nom lui a été communiqué pour prendre en charge, à nouveau, la commission maritime, et il souhaite qu'il accepte. Mais les conditions liées à cette fonction, qui le mettent trop étroitement sous surveillance et l'obligent à s'y consacrer exclusivement, font reculer Kennedy, qui préfère décliner l'offre. Il décide de s'atteler, plutôt, à rétablir son influence dans le Massachusetts en organisant la campagne de John Fitzgerald, son beau-père, qui s'y représente contre une vieille connaissance, Henry Cabot Lodge Jr. Il voit loin : le père de Rose a soixante-dix-neuf ans et sa place, une fois vacante, pourra revenir à Joe Jr. Il peut compter sur l'aide de William Hearst pour assurer la promotion de « Grandpa ». Mais le candidat échoue.

Pendant ce temps, Joe Jr est devenu apte au combat et Jack, lui, est sorti diplômé de l'école d'entraînement naval de Chicago. Son état de santé, déjà bien dégradé, devrait l'empêcher de s'engager pour le front, mais il n'envisage pas de ne pas y aller. Joe obtient son intégration dans la marine. Jack est d'abord assigné à Jacksonville, en Floride et, craignant d'y rester, il sollicite l'aide de son grand-père Fitzgerald, qui connaît bien le président de la commission des affaires navales. Il peut ainsi quitter la Floride en février 1943, direction San Francisco, où il embarque sur un navire de transport de troupes en direction des Nouvelles-Hébrides, puis pour Tulagi, une petite île des Salomon. Après avoir connu les honneurs de la presse et vendu plus de quarante-cinq mille exemplaires de son livre, Jack va connaître une épreuve qui scellera sa légende guerrière. Joe reste en contact avec Lenny Thom, l'officier supérieur de Jack, qui lui relate personnellement ses problèmes de santé et le tient informé. « Jack s'en sort plutôt bien, lui écrit-il. Kennedy n'a pas laissé voir à son équipage ou à son officier commandant qu'il était malade ou qu'il souffrait. Il n'a pu, cependant, dissimuler sa douleur chronique au bas du dos, puisqu'il porte en permanence un corset et a disposé une planche de bois sous son matelas. »

Héroïsme

Après deux mois d'entraînement à Tulagi, Jack peut prendre, fin avril, les commandes d'un patrouilleur de vingt-quatre mètres, le PT-109, chargé de naviguer dans les eaux du détroit de Blackett. Dans la nuit sans lune du 1er août, à 2h30, celui-ci entre en collision, par accident, avec le destroyer japonais *Amagiri*. Deux membres de l'équipage trouvent la mort dans l'explosion du PT-109, un troisième, l'ingénieur Patrick McMahon, est grièvement brûlé, tandis que les autres se retrouvent à l'eau, couverte d'un pétrole qui menace de s'enflammer, dans le noir. Il faut abandonner l'épave et tenter de gagner à la nage l'île la plus proche, une île japonaise située à cinq kilomètres. Bon nageur – il a fait partie du club de natation de Harvard –, Kennedy accroche à lui le gilet de sauvetage qui maintient McMahon à flot, tandis que sept autres hommes en aident deux, très mauvais nageurs. Ils parviennent à Plum Pudding – ils l'appelleront « Bird », car la plage est couverte d'excréments d'oiseaux. Mais la présence d'une barge japonaise les oblige à reprendre leur nage pour emprunter le passage Ferguson, habituellement parcouru par les autres patrouilleurs américains. Cette nuit-là, ceux-ci sont ailleurs, et les marins doivent finalement rebrousser chemin pour atteindre l'île Leorava, au sud-est de « Bird », avant d'y retourner après quelques heures de repos. Malheureusement, les patrouilleurs sont toujours invisibles. Le 4 août, ils repartent à la nage. La nuit est pluvieuse et froide, et la recherche d'un endroit sûr difficile. C'est enfin à l'île Naru qu'ils s'arrêtent, face au passage Ferguson. Ils croisent deux Japonais en canoë, qui prennent peur et s'enfuient. Puis ils découvrent un autre canoë dans des buissons, qui leur permet de poursuivre leur route à la recherche de ces introuvables patrouilleurs américains. En arrivant à Olasana, l'équipage tombe à nouveau sur les deux Japonais qu'ils ont fait fuir, Gasa et Kumana, qui servent en fait d'éclaireurs aux forces alliées. Le 6 août, Kennedy repart avec eux pour Naru. Là, ses deux acolytes lui donnent l'idée de graver sur une noix de coco un message. Il y inscrit un appel au secours. Puis il s'embarque avec Gasa et Kumana sur leur propre canoë, pour rejoindre le passage Ferguson, laissant là le reste de l'équipage, qui va devoir se cacher de huit insulaires apparus peu après son départ. Dans la soirée du 7 août, après six jours d'errance improbable, Kennedy s'arrête à Gomu, où il retrouve les forces américaines et peut organiser le sauvetage. Le 8, l'équipage est récupéré…

L'épisode va beaucoup contribuer à la légende de Jack Kennedy. Il sera décoré de la médaille de la Navy et de l'insigne du Purple Heart. L'histoire du PT-109 et de l'action héroïque de Jack Kennedy va être grandement popularisée. Mais elle va, également, être souvent mise en doute. Un journaliste américain, Gary Wills, conteste dans son enquête les récits publiés dans le *New Yorker* et le *Reader's Digest*, selon lesquels Kennedy aurait tenté d'empêcher la collision ou que celle-ci se serait produite lors d'une manœuvre de contournement. À cette époque, en effet, les performances de ces patrouilleurs sont beaucoup exagérées à des fins de propagande et l'idée même que l'un d'entre eux puisse simplement se faire couper en deux par un autre navire n'était pas brillante. Qu'importe. L'histoire sera mille fois racontée, réécrite, colportée, jusqu'à devenir un haut fait de guerre, outil de propagande par bien des aspects assez comique.

L'épisode servira beaucoup à Jack Kennedy, une fois président – sur le modèle de ce que l'on retrouve, habituellement, dans une dictature. Mais même dans cette démocratie occidentale que sont les États-Unis, il est vrai, la propagande fait merveille depuis l'après-guerre. En 1961, le journaliste à Washington et historien Robert John Donovan publie un livre, *PT-109, John F. Kennedy dans la Seconde Guerre mondiale*, où l'on peut découvrir les exploits héroïques d'un homme « assailli par la faim, la chaleur, le froid, le découragement et le danger imminent, sans effets ou postures, jusqu'à la bravoure », écrit alors le *New York Times*.

En 1962, le chanteur de country Jimmy Dean sort un disque intitulé *PT-109*, dans lequel il loue les exploits du lieutenant Jack Kennedy durant la guerre : « En quarante-trois ils mirent à la mer treize hommes et Kennedy / À bord du PT-109 pour combattre l'effronté ennemi / Et au large d'Olasana dans le silence / Un destroyer jap dans la nuit coupa le 109 en deux [...] Il mena ses hommes à travers les eaux sombres, les récifs escarpés et les requins affamés / Brava les baïonnettes ennemies [...] Maintenant qui pourrait deviner ou simplement savoir / Que ce même homme nommé Kennedy / Serait le leader d'une nation, celui qui prendrait les commandes / Le PT-109 était parti, mais Kennedy vivrait pour se battre à nouveau / Fumée et feu sur la mer / Partout où ils regardaient, se trouvait l'ennemi, mais Kennedy et son équipage survécurent / Ce qui prouve qu'il est difficile d'avoir le grand homme nommé John / Grand John, grand John, grand John. »

La chanson se hisse en tête des hit-parades durant plusieurs mois, c'est le plus grand succès de ce chanteur populaire. L'année suivante, le journaliste Richard Tregaskis, ancien correspondant de guerre très prolifique, publie *John F. Kennedy et le PT-109*. Le livre devient un immense succès et sera offert en particulier durant de longues années aux enfants pour Noël – on le trouve encore facilement dans le commerce. Le groupe de folk The Limeliters enregistre une chanson intitulée « To Everything There Is a Season », qui sera popularisée sous le titre « Turn! Turn! Turn! », par le groupe The Byrds en

1965, dédié à Kennedy, où sont reprises des paroles de l'Ecclésiaste. Et, en 1963, Cliff Robertson incarnera John Kennedy dans *PT-109* au cinéma. L'acteur a été choisi par le président lui-même, bien que Jackie eût préféré Warren Beatty. La production du film a démarré durant l'épisode de la baie des Cochons et s'est achevée durant la résolution de la crise des missiles de Cuba.

En revanche, le destin de Joe Jr pendant la guerre sera beaucoup plus sombre. Dans la soirée du 12 août 1944, à 2000 pieds au-dessus de Blythburgh, dans le Suffolk, au sud-est de l'Angleterre, le BQ-8, bombardier lourd piloté par les lieutenants Joseph Patrick Kennedy Jr et John Willy, explose. Les deux hommes sont probablement tués sur le coup. Joseph Patrick Jr s'était porté volontaire dans le cadre du projet « Aphrodite », mis en place le 23 juin précédent, dont le but était de faire exploser sur des sites de lancement de fusées V-1 et V-2 allemandes situés le long des côtes françaises, belges et néerlandaises, des bombardiers remplis à bloc de Torpex, un puissant mélange de cyclonite et de TNT. Churchill espérait, grâce à cette opération dont le nom de code était « Crossbow », détruire ces infrastructures. Plus de seize mille V-1 et quatorze mille V-2 avaient déjà touché le sol britannique.

À Hyannis Port, Joe est dévasté par l'appel qui lui annonce la mort de son fils, sans doute le plus grand espoir de sa vie et celui qui, en tous points, lui ressemblait. Les circonstances de la mort de Patrick Jr resteront assez floues, tout comme les raisons pour lesquelles son mémorial se trouve gravé sur une pierre, à Mimoyecques, dans le Pas-de-Calais, sur le site d'un ancien bunker nazi où étaient installées cinq rampes de lancement de fusées V-3. Si Mimoyecques était bien l'objectif de sa mission, celle-ci n'avait que peu lieu d'être puisque le site avait été intensivement bombardé dès l'automne 1943 et finalement abandonné par les Allemands le 30 juillet 1944. Il est donc probable que c'est une faille dans les renseignements alliés qui a conduit à l'ordre de mener cette mission inutile. Par ailleurs, le bombardier de Kennedy a explosé au-dessus du Suffolk, à la suite du déclenchement manuel de l'armement des explosifs, bien avant qu'il n'approche de son objectif. Ce n'est qu'à la fin des années 1960 que les Kennedy apprendront l'effroyable erreur qui a conduit à l'envoi du bombardier vers une cible fantôme.

Un flottement étrange

La guerre touche à sa fin. Le 1er mars 1945, en raison de son état de santé – il souffre de douleurs abdominales de plus en plus pénibles –, Jack Kennedy est officiellement un officier en retraite de la Navy américaine. Il a vingt-sept ans. C'est pour lui un moment d'hésitation sur la suite de ses activités. Journaliste, peut-être? L'idée le tente depuis longtemps et son succès d'auteur l'a doté d'une signature. L'opinion vis-à-vis de Munich a déjà été révisée à la baisse, mais il reste très influencé par sa vision des années 1930. Incontestablement, dans l'esprit de Jack, la menace communiste est infiniment supérieure à celle du nazisme. D'ailleurs, ses écrits vont bientôt prendre une bien étrange tournure.

Il commence à travailler pour les journaux de William Hearst, qu'il connaît bien grâce à son père, et part pour San Francisco couvrir la conférence au cours de laquelle cinquante nations alliées vont signer la Charte des Nations unies et fonder ainsi l'organisation du même nom. Puis il s'envole pour l'Europe, où il suit les élections en Grande-Bretagne, avant de se rendre en Allemagne, pour la conférence de Potsdam. Il a obtenu de pouvoir accompagner le secrétaire à la Marine James Forrestal. Berlin et son état de «dévastation complète» l'impressionnent beaucoup.

Il écrit: «Les Russes entrèrent avec une telle violence – démontant les usines et violant les femmes – qu'ils s'aliénèrent les membres allemands du Parti communiste, lequel avait une certaine influence dans les usines. [...] Les Russes ont joliment et bien pillé le pays, ils ont vécu à ses dépens... Les Russes ont pris tous les hommes et les femmes valides et les ont emmenés par bateau. » Il est à la fois impressionné par l'action des Anglais et très critique vis-à-vis d'eux : « D'après nos experts navals, le bombardement de l'Allemagne n'est pas parvenu à stopper la production, laquelle s'est accrue de 300 % pendant la période 1942-1944. » Brême lui inspire ce commentaire : « Les Britanniques sont entrés à Brême avant nous – et tout le monde a unanimement décrit le pillage et la destruction par les Britanniques, qui ont été très sévères. Ils ont pris tout ce qui avait un rapport avec la marine – navires, petits bateaux, lubrifiants, machineries, etc. » De son passage en Bavière, il relève, à propos de sa visite de la ville dominée par le « nid d'aigle » d'Hitler, qu'elle est « complètement dévastée, résultat d'une attaque aérienne avec des bombes de 6,5 t par la Royal Air Force au cours d'une tentative pour tuer Hitler ».

Surtout, voici ce qui surgit sous sa plume, dans une note datée du 1er août 1945 : « Après avoir visité ces sites, vous comprendrez aisément que, d'ici à quelques années, Hitler émergera de la haine qui l'entoure aujourd'hui pour devenir l'un des personnages les plus marquants ayant jamais vécu. Il avait des ambitions sans bornes pour son pays, ce qui faisait de lui une menace pour la paix mondiale, mais il y a un mystère autour de lui, à cause de la manière dont il vécut et mourut, qui vivra et grandira après lui. Il avait en lui l'étoffe dont on fait les légendes[1]. »

Son frère aîné, sans doute, ne l'aurait pas désapprouvé.

---

1. Ces notes ont été publiées en 1995 sous le titre *Prelude to Leadership: The European Diary of John F. Kennedy, Summer 1945*, Washington DC, Regnery.

6

UN JEUNE ESPOIR DE LA POLITIQUE

L'idée couramment répandue selon laquelle Joe Kennedy a été balayé par le déshonneur après sa chute en tant qu'ambassadeur à Londres est largement erronée. Bien sûr, il ne reviendra pas personnellement sur le devant de la scène politique. Évidemment, la disparition de Joe Jr l'a durablement marqué. Mais alors que la guerre s'achève et que quelques mois à peine se sont écoulés depuis la tragédie, Joe Kennedy semble plus habile que jamais à décupler sa fortune, déjà immense.

À la mi-juillet 1945, il achète à la compagnie pétrolière Socony-Vacuum Oil, à Albany (New York), un immeuble de treize étages pour un peu moins de 2 millions de dollars. Deux semaines plus tard, il fait cette fois l'acquisition de son plus beau trophée, le plus grand bâtiment commercial du monde – et le plus grand bâtiment tout court après le Pentagone, tout juste achevé – à Chicago, pour 17 millions de dollars. Le Merchandise Mart est un colosse de style Art déco qui s'élève sur vingt-quatre étages et s'étend sur 372 000 mètres carrés. Ouvert en 1930, il est alors occupé pour un tiers par des bureaux du gouvernement fédéral, et Joe a obtenu que ceux-ci déménagent à la fin de leur bail. Le « Mart » est également le siège de plusieurs radios, parmi lesquelles NBC, le reste étant occupé par des activités commerciales, un important nœud de transports, ainsi que des salles de cinéma et de concerts. L'ensemble accueille chaque année quelque quatre cent mille visiteurs. Dans la foulée, Joe cède sa compagnie de négoce d'alcools, la Somerset, pour 8 millions de dollars en cash – elle lui en avait coûté 100 000 treize ans plus tôt. Des opérations de grande envergure, dûment relayées dans la presse nationale.

Son prochain objectif est déjà inscrit sur son agenda depuis longtemps : le siège de représentant du Massachusetts est à prendre, l'année suivante, et Jack doit récupérer ce poste jadis occupé par son grand-père, Patrick Joseph Kennedy, en 1885. Il en a déjà discuté maintes fois avec Jack, notamment à Noël l'année précédente, lorsqu'ils se sont retrouvés à Palm Bach. D'ailleurs, comme l'écrit Robert Dallek, « au printemps et à l'été 1945, Joe fit un effort particulier pour réactiver la présence des Kennedy dans le Massachusetts. Si le souvenir de son poste d'ambassadeur ne le servait pas au plan national, son État d'origine serait plus indulgent. En avril, Joe fit la une du *Boston Globe* en déjeunant avec le gouverneur Maurice J. Tobin. [...] et en acceptant de devenir le président de la commission préparant l'avenir économique de l'État[1] ».

Comme à son habitude, Jack tergiverse. Mais, de toute évidence, il ne brille pas en tant que journaliste, passant plus de temps à discuter avec les hommes de pouvoir au cours de ses voyages qu'à jouer les reporters. Il semble envisager un moment de reprendre des études à Harvard. Curieuse idée car il a déjà vingt-huit ans. Sans doute cherche-t-il plutôt à retarder l'inéluctable. Et il souffre d'un certain complexe d'infériorité vis-à-vis de son frère, dont la disparition le marque encore. Il le sait, son père est en embuscade et ne le lâchera pas d'une semelle. Reste que l'activité parlementaire ne l'intéresse pas et qu'il consacre, déjà, un temps considérable à séduire les femmes et à voyager, ses deux activités favorites. Mais il a des atouts inestimables. La presse nationale l'a salué comme un grand héros de guerre

1. Robert Dallek, *op. cit.*

– le *New York Times* l'a distingué en première page et le récit du *Reader's Digest* a fait entrer sa légende dans tous les foyers américains. Son best-seller, *Why England Slept*[1], lui a valu d'être reconnu comme un « historien » à travers tout le pays. Il n'aura aucune difficulté financière pour financer une campagne et, d'ailleurs, pour sa vie quotidienne, il reçoit un confortable salaire de la Maine and New Hampshire Theaters Company, l'une des sociétés de distribution cinématographique dont Joe est toujours le propriétaire. Enfin, il est ami avec les principales signatures du pays, à commencer bien sûr par Arthur Krock, et soutenu par William Hearst en personne – avec ses trente-trois journaux et magazines. Jack finit donc sans grande surprise par briguer le mandat de la onzième circonscription du Massachusetts.

Le siège est alors occupé par l'ancien maire de Boston, James Michael Curley, également gouverneur. Mais il n'a pas échappé à Joe que celui-ci est en difficulté, en raison de soupçons de fraude qui pèsent sur lui. Joe Kennedy envoie donc l'un de ses hommes de main, Joe Timilty, offrir son soutien financier à Curley s'il accepte, plutôt que de briguer sa réélection, de se présenter à nouveau à la mairie de Boston. Une proposition idéale pour Curley, qui accepte… Curley éliminé, Jack peut annoncer sa candidature à l'investiture par le Parti démocrate, le 25 avril 1946. Au même moment, Jack bénéficie de la couverture réservée au baptême d'un destroyer américain qui reçoit le nom de son frère, l'*USS Joseph P. Kennedy Jr* – celui-ci servira, bien des années plus tard, au blocus de l'île de Cuba.

Neuf candidats au total se présentent dans le Massachusetts et curieusement, parmi eux, deux portent le même nom. C'est en réalité une vieille pratique à Boston, traditionnellement utilisée pour induire les électeurs en erreur. Le premier Joe Russo est un vétéran du conseil municipal de Boston et il a ses chances, grâce à son implantation

1. John F. Kennedy, *op. cit.*

ancienne. Or Joe Kennedy a convaincu, par l'intermédiaire de Joe Timilty, un autre Joe Russo – son vrai nom, en réalité, est Joe Kane –, de se présenter lui aussi, moyennant le financement de sa campagne. Les autres candidats sérieux sont Mick Neville, l'ancien chef démocrate de l'État, un homme assez populaire, et John F. Cotter, l'ancien adjoint de James Curley au Congrès. L'électorat féminin, lui, semble pencher pour Catherine Falvey, une avocate de trente-cinq ans qui a déjà été élue par deux fois au congrès du Massachusetts Très vite, la plupart des candidats – à l'exception, bien sûr, du « faux » Joe Russo – s'en prennent à l'inexpérience de Jack Kennedy. Celui-ci supporte très mal les attaques dont il fait l'objet. Mais, dans l'opinion, la critique ne prend pas. Joe fait quadriller la circonscription par ses amis et investit largement dans la campagne de Jack – 300 000 dollars au total, bien plus que tous les autres candidats réunis. Il s'est assuré les services d'une agence de publicité, la John Dowd Agency, qui se charge de cultiver l'image de héros de guerre du lieutenant Kennedy et de diffuser les photos de ses visites au grand-père Fitzgerald, un homme solidement implanté et qui, malgré ses quatre-vingt-trois ans, danse encore la *jig* irlandaise comme personne.

Au cours de sa campagne, Jack parvient difficilement à incarner les valeurs du Parti démocrate. Ses idées en matière de politique intérieure sont vagues, essentiellement tournées vers les vétérans et noyées par des considérations de politique extérieure, sa seule manière de penser. Mais s'il est un domaine dans lequel son discours est à ce stade remarquable, c'est lorsqu'il s'exprime le 4 juillet 1946, jour de célébration de l'Indépendance aux États-Unis. Déjà très préoccupé par la lutte anticommuniste, il déclare :

— Nous devons gagner cette guerre et, dans la victoire, nous devons non pas rechercher la vengeance, mais l'établissement d'un ordre international dans lequel l'esprit du Christ régira le cœur des hommes et des nations.

Plus insistant dans ce registre religieux, il assène :

— Aujourd'hui, les bases de ces idées religieuses sont remises en question par l'athéisme et le matérialisme : chez nous, par la philosophie cynique de beaucoup de nos intellectuels, ailleurs, dans la doctrine du collectivisme, qui soutient les deux piliers de l'athéisme et du matérialisme comme philosophie officielle de l'État. [...] Les caractéristiques du peuple américain ont toujours été un sens profond de la religion, un sens profond de l'idéalisme, un sens profond du patriotisme et un sens profond de l'individualisme.

Et l'on retrouve ce trait caractéristique, déjà :

— Ne nous leurrons pas sur le fait que les temps à venir seront des temps amers[1].

Moins de quinze ans plus tard, le même Kennedy, candidat à la présidentielle, se dira cette fois favorable à la séparation de l'Église et de l'État et annoncera, encore et toujours, des jours difficiles à ses compatriotes. En août, l'archevêque de Boston, Richard Cushing – futur cardinal et hagiographe de Pie XII[2] –, offre une contribution de 650 000 dollars, montant jamais égalé dans l'histoire politique de l'État.

Le 5 novembre 1946, Jack Kennedy est élu, à vingt-neuf ans, représentant du Massachusetts au Congrès, par 69 093 voix contre 26 007 à son adversaire républicain, Lester A. Bowen. Il part s'installer à Georgetown, accompagné de sa sœur Eunice qui, à vingt-six ans, vient d'être engagée comme secrétaire exécutive du comité contre la délinquance juvénile au département de la Justice. Billy Sutton, l'attaché parlementaire de Jack au Congrès, emménage également avec eux. Comme prévu, Jack s'ennuie prodigieusement dans son activité parlementaire. Robert Dallek relève le commentaire qu'il fit en 1959 à ce sujet : « Nous n'étions à la Chambre que des

1. Discours prononcé le 4 juillet 1946 à Faneuil Hall, Boston.
2. Richard Cushing, biographe de Pie XII, le décrira comme le « pape de la paix » (*Pope Pius XII*, ed. Saint-Paul, Boston, 1959).

vermisseaux, personne ne nous accordait d'attention au plan national[1]. »

Pourtant, il gagne en visibilité et, bien sûr, son père est à la manœuvre. Dès janvier 1947, il est désigné par l'US Junior Chamber of Commerce comme le premier d'une sélection des dix grands espoirs de l'année 1946, et la presse le salue. Mais ce frémissement n'entraîne pas pour autant de regain d'intérêt chez le jeune congressiste, qui prend ses distances avec la politique locale – lâchant souvent ses anciens alliés au passage –, cherchant de plus en plus à se démarquer de son image de « catholique » et ne trouve véritablement d'inspiration que dans la politique internationale. Il voyage longuement en Europe, séjourne souvent à Palm Beach et passe du bon temps avec ses amis, fait beaucoup de sport – il aime particulièrement le football et le basket-ball –, multiplie les conquêtes féminines – il a déjà une solide réputation de « playboy ».

Ce moment d'insouciance va cependant s'interrompre lorsqu'au cours de son voyage en Irlande, durant l'été, on lui diagnostique la maladie d'Addison. La traversée du retour à bord du *Queen Mary*, entre Londres et New York, se déroule mal. Il souffre tant qu'il fait venir un prêtre à son chevet pour lui demander l'extrême-onction. Sa sœur Kathleen, toujours très présente dans sa vie et restée en Angleterre, est néanmoins plus proche de lui que jamais et ils échangent une abondante correspondance. Ils se ressemblent en tous points. Elle vit alors une passion avec Peter Fitzwilliam, un aristocrate anglais et héros de guerre, qu'elle entend bien épouser une fois qu'il aura divorcé, malgré l'opposition farouche de leur mère à tout mariage avec un protestant. Jack n'en est que plus marqué par la disparition tragique de Kathleen, au mois de mai 1948. L'avion qui l'emmenait en vacances dans le sud de la France avec son futur époux s'écrase à Saint-Bauzile, dans l'Ardèche.

---

1. Robert Dallek, *An Unfinished Life, op. cit.*

Tout au long de son mandat de représentant, Jack s'est concentré sur les affaires internationales et son anticommunisme s'est encore affirmé. Il a fait campagne en 1947 à travers tout le Massachusetts, pour l'octroi d'une aide massive à l'Italie afin de lutter contre l'invasion communiste, à un moment où les États-Unis se sont franchement invités dans la campagne électorale, via la CIA, pour barrer la route au Parti communiste dont la victoire semble possible. Son anticommunisme est aveuglant. À tel point qu'il porte la défaite des nationalistes chinois de Chiang Kaï-chek, en 1949, au débit des États-Unis. On perçoit déjà dans ses discours très emportés une volonté puissante d'intervention dans les affaires asiatiques, et ce n'est pas un hasard si ce sera l'un des grands thèmes de son futur mandat présidentiel. Son obsession ne va d'ailleurs que redoubler avec la guerre de Corée, qui se présente mal pour les États-Unis. Jack se montre ouvertement va-t-en-guerre et reprend l'éternel couplet sur l'impréparation de son pays face à la menace extérieure. Mais, désormais, il se trouve en phase avec le reste de l'opinion publique, qui suit pour la première fois, en images, sur ses écrans de télévision, les opérations qui se déroulent là-bas. En peu de temps, d'ailleurs, cette opinion a glissé d'une position assez pacifiste à un sentiment clairement plus interventionniste. C'est dans ce contexte que surgit l'effrayante croisade du sénateur Joseph McCarthy et, avec elle, l'un des épisodes le plus dérangeants du parcours de Jack Kennedy – et de sa famille.

Le mariage idéal

Cette année 1952 est pour Jack celle de la campagne sénatoriale. Pour une jeune étudiante américaine tout juste diplômée de la Sorbonne en littérature française, c'est le temps de l'entrée dans la vie professionnelle. Jacqueline Bouvier a vingt-deux ans et vient d'être engagée comme photographe par le *Washington Times-Herald*. Assez curieusement, le journal est passé depuis peu entre les mains d'un proche ami de Joe Kennedy, Robert McCormick, dit «Colonel», un Américain d'origine irlandaise, éditeur du *Chicago Tribune* et leader de la cause anti-interventionniste qui s'est violemment engagé contre l'entrée des États-Unis dans la Seconde Guerre mondiale. McCormick a pris les commandes avec Joseph Patterson, le fils de l'ancien maire de Chicago, dont la sœur, la célèbre journaliste Cissy Paterson, est décédée en 1948, après avoir été la première femme à la tête d'un grand quotidien national. Ensemble, ils insufflent au *Washington Times-Herald* une ligne très conservatrice. La jeune fille vient elle-même d'un milieu strict.

Jacqueline Bouvier est née à Southampton, d'une famille catholique et républicaine. Son père, John Vernon Bouvier III, est agent de change; sa mère, Janet Norton Lee, qui a de lointaines origines irlandaises, écossaises, anglaises et françaises – du temps de Napoléon Bonaparte –, a divorcé de cet homme mondain, joueur et alcoolique, lorsque Jacqueline avait onze ans. Elle s'est remariée, deux ans plus tard, avec Hugh Dudley Auchincloss Jr, avocat d'affaires originaire de Newport, dans le Rhode Island. Celui-ci est lié par sa mère au troisième président des États-Unis, Aaron Burr, et il est l'héritier des pétroles Standard Oil, fondés par son grand-père, Oliver Gould Jennings, avec John D. Rockefeller[1].

1. Le demi-frère de Jackie, James Auchincloss, de six ans son cadet, que l'on peut voir sur les clichés tenant sa traîne de mariée, est un personnage peu recommandable. Jackie elle-même s'en méfiait beaucoup et avait pour cela quelques raisons, qui ne surgiront au grand jour qu'en 2009, lorsque la police découvrira à son domicile d'Ashland, en Californie, une grande quantité de photographies d'enfants. James Auchincloss est soupçonné de pédophilie; Eddy McManus, son assistant durant quinze ans, déclare alors à l'Associated Press qu'il a cessé ses fonctions auprès, de lui après l'avoir constamment averti du risque qu'il prenait à consulter des sites d'images pédopornographiques. Cela explique également que James Auchincloss fut banni de l'entourage des époux Kennedy pour éviter tout contact avec John Jr. En 2010, il est emprisonné après avoir admis les charges retenues contre lui.

C'est peut-être son beau-père, contributeur de longue date du Parti républicain, qui a fait entrer Jacqueline au *Washington Times-Herald* à la fin de ses études. À moins que Joe n'y soit pour quelque chose, ce qui ne serait guère surprenant. D'ailleurs, elle ressemble beaucoup à Rose, à l'époque où il la courtisait. La jeune femme est indépendante, très bien éduquée, moderne. Elle photographie les personnalités politiques du moment et, bien sûr, le jeune espoir du Sénat, Jack Kennedy. Ils ont des points communs. «Jackie» se plaint de son père alcoolique et de sa mère, qui la méprise et ne lui voit pas un grand avenir. Jack se lamente de n'être que le jouet de son père. Mais il ne confie pas à Jackie l'étendue de ses problèmes de santé, qu'il explique par l'état de son dos – dû à la blessure entraînée par ses actes de guerre héroïques, d'ailleurs, c'est de notoriété publique… Pendant un an, jusqu'après leur mariage, Jack et sa famille parviendront à dissimuler la maladie de Jack. La jeune mariée va en découvrir la dure réalité bien après leurs noces, célébrées le 12 septembre 1953 à l'église St Mary de Newport, dans le Rhode Island, devant trois mille personnes et une cohue de journalistes et de caméras.

Il n'y a pas que la maladie qu'elle ignore, bien sûr. Elle ne sait pas non plus que Jack a envisagé de se fiancer avec lui à une jeune Suédoise, Gunilla von Post, durant ses vacances sur la Côte d'Azur au mois d'août, et qu'il continuera d'entretenir cette liaison jusqu'à l'été 1955[1]. Les mariés passent leur voyage de noces au Mexique, à Acapulco, avant de rentrer s'établir dans leur nouvelle maison de Hickory Hill, en Virginie.

---

1. Gunilla von Post, décédée en 2011, a publié ses mémoires en 1997 sous le titre *Love, Jack* (Crown). L'ouvrage contient la reproduction des lettres envoyées par Jack Kennedy après son mariage avec Jacqueline Bouvier. En 1954, il lui propose de partir durant deux semaines au cours de l'été sur un bateau faisant le tour de la Méditerranée.

Jackie devra vivre avec Jack – ou plutôt, le plus souvent, sans lui –, mais également avec plusieurs personnages qui ne quittent jamais Jack. À commencer par Lem Billings, qui a été le compagnon de chambre de Jack à Choate, à partir de la rentrée 1932. Kirk LeMoyne, de son vrai nom, est son aîné d'un an. Il est né à Pittsburgh, en Pennsylvanie, d'un père physicien et diplômé de l'académie navale, et d'une mère descendante des passagers du *Mayflower*. Billings est rapidement devenu l'invité des week-ends et des vacances à Palm Beach ou à Hyannis Port ; il a longuement voyagé avec Jack à travers l'Europe dans les années 1930. Mais, surtout, Jack et Lem sont unis par un secret qui ne sera éventé qu'en 1970 par des proches de Lem, et dévoilé finalement par l'écrivain David Pitts en 2007, après qu'il eut été autorisé par la famille à accéder à cette partie des archives présidentielles.

Ce secret, c'est que Lem Billings est homosexuel. Sa relation avec Jack va être si forte au cours de leur existence que Lem disposera d'une chambre à la Maison Blanche, une fois Kennedy au pouvoir. Jacqueline Kennedy se plaindra souvent que « Lem Billings a été invité à la maison chaque week-end durant [son] mariage » mais elle le prit souvent pour confident, y compris après l'assassinat de Jack. Selon David Pitts, Lem Billings a joué un rôle important durant les années de présidence. « Il a eu connaissance de la crise des missiles de Cuba et d'autres événements bien avant les autres », explique Pitts, pour lequel « le rôle qu'il joua pour apaiser les tensions et donner son avis sur ces gens qui avaient le doigt sur la couture du pantalon au plus fort de la guerre froide était également très important[1] ». Cela lui valut de nombreuses inimitiés ; l'écrivain et essayiste américain Gore Vidal estima ainsi un jour que Lem « n'était personne ». Pourtant, dans la tombe de Jack Kennedy, on placera un cadeau de

1. Entretien avec Kenneth Hill, WoolfandWilde.com, 2008.

Lem Billings que le président avait toujours gardé sur son bureau à la Maison Blanche, un fanon de baleine.

C'est en 1953 par ailleurs que Jack s'attache les services de Theodore Sorensen, l'homme qui sera sa plume la plus précieuse, l'homme des formules mémorables. Né en 1928 – onze ans après Kennedy – à Lincoln, dans le Nebraska, où il a passé son diplôme à la faculté de droit, Sorensen est l'un des cinq enfants d'un couple mixte, composé d'une mère juive d'origine russe et d'un père unitariste d'origine danoise, avocat et politicien républicain. Très marqué par la maladie mentale de sa mère alors qu'il avait quinze ans, Sorensen part pour Washington à l'âge de vingt-trois ans, dans le plus parfait anonymat. Il postule auprès du sénateur du Massachusetts, qui lui confie la mise en forme d'un programme législatif pour le renouveau économique de la Nouvelle-Angleterre. Les deux hommes s'entendent bien et Kennedy se sent à l'aise avec les idées mises en forme par Sorensen. Surnommé en 1962 par un magazine « l'homme-mystère de l'administration », Sorensen a vite pris la place de principal conseiller du sénateur et il sera après sa disparition son exégète, l'un des bâtisseurs essentiels de sa légende, si volontairement candide lorsqu'il rédige en 1965 une biographie du président que l'on a peu de mal à y ressentir, déjà, la part très douteuse du subjectif. D'une singulière indulgence, il écrit dans ses propres mémoires, évoquant les « erreurs » commises par Kennedy, en particulier dans sa vie privée : « C'était de l'auto-indulgence. Ça ne reflète pas bien son attitude vis-à-vis de sa fonction publique ou la vérité sacrée. C'était mal et il savait que c'était mal, raison pour laquelle il s'est attaché à garder ça caché[1]. »

Les jeunes époux ne sont pas mariés depuis un an que Jack tombe gravement malade, à l'automne 1954.

---

1. Theodore Sorensen, *op. cit.*

Entre-temps, Jackie a eu le loisir de comprendre – elle le dira elle-même – que son mariage serait placé sous le signe de l'infidélité et de l'absence, puisqu'elle ne passe pas un seul week-end avec lui jusqu'à l'été. Mais avec ses parents, coutumiers du genre, elle a été à bonne école et, pour tout dire, plus Jack est malade, plus ils sont proches : ne l'appelle-t-elle pas d'ailleurs son « pauvre petit garçon » ? Elle connaît plus que toute autre les fragilités de Jack et c'est en cela que leur couple est fort. Jackie, qui s'est mise à fumer trois paquets de cigarettes par jour et vit « sur les nerfs » – elle fera une fausse couche quelques mois plus tard puis accouchera l'année suivante d'une petite fille mort-née, Arabella –, se ronge les ongles. Elle confie ses craintes, parfois, à ses beaux-parents. En retour, ils la rappellent à ses devoirs de Kennedy. Ainsi entre-t-elle peu à peu dans le « moule » familial. Elle n'entend rien à la politique et ne voit rien de ce qui se trame en ce difficile automne. Mais une autre femme, elle, ne l'oubliera jamais.

7

LES SECRETS DE CHICAGO

> *« J'ai menti lorsque j'ai dit que je n'étais pas une intermédiaire entre le président Kennedy et la mafia. J'ai menti lorsque j'ai dit que le président Kennedy ignorait mes amitiés avec les truands. Il savait tout au sujet de mes relations avec Sam Giancana et Johnny Rosselli, puisque je les rencontrais pour son compte. Je ne les aurais pas vus autrement. Et je n'aurais jamais connu les truands s'il n'y avait eu Franck Sinatra. »*
>
> Judith Campbell Exner, *Mafia Moll*

Eleanor Roosevelt sait qu'elle ne démasquera pas Jack Kennedy. Et Joe Kennedy sait qu'il faut rester vigilant, car sa propre réputation pourrait anéantir les chances de son fils d'accéder à la présidence. Bien plus que le catholicisme des Kennedy. Il s'attache à faire taire les rumeurs malveillantes. Les frasques sexuelles de son fils? Il sait que la presse n'en parlera pas et que les Américains eux-mêmes ne veulent pas en entendre parler. Son état de santé? Jack est passé maître dans l'art de dissimuler ses symptômes. En réalité, Joe est plus actif que jamais, dans l'ombre. Ce n'est pas à Washington qu'il prépare le rendez-vous de novembre 1960. Ni à New York, ni à Los Angeles. En route pour Chicago.

Il faut toujours avoir, dit un dicton local, deux amis à Chicago, un pour se faire accompagner en prison, un autre pour se faire accueillir à la sortie. La troisième ville des États-Unis – qui mène une rude et ancienne bagarre pour faire entendre qu'elle mériterait plutôt en réalité la deuxième place – est le cœur de la politique américaine. Davantage encore qu'à Washington, la ville de toutes les trahisons, et qu'à Boston, celle de toutes les détestations, Chicago est cette étonnante et très méconnue machine où l'on fabrique les futurs présidents du pays – le dernier en date étant un sénateur de l'Illinois, Barack Obama. Dans les années 1950, on l'a vu, Joe est le géant économique de la ville, à la tête de son navire amiral, le *Merchandise Mart*. Dès son acquisition, en 1945, il y a nommé comme directeur général Sargent Schriver, qui épousera, huit ans plus tard, sa fille Eunice, puis sera l'organisateur de la campagne de Jack en 1960. Il installe dans l'immense bâtiment les premiers studios de télévision de NBC et étend ses activités dans le domaine du marketing politique. Il va œuvrer pour que la convention démocrate de 1956 se tienne dans cette ville où il mène la grande vie et où se rendent fréquemment ses enfants. Il a depuis repéré Richard Joseph Daley, d'une famille d'origine irlandaise, catholique bien sûr – il vivra toute sa vie à Bridgeport, l'un des quartiers de Chicago, et on l'y verra chaque matin à l'église –, dont les ancêtres ont fui, comme les siens, la Grande Famine de 1840. Ce Daley est un sacré personnage ; il a travaillé comme vendeur de journaux et livreur tout en suivant les cours du soir à la faculté de droit ; il a également travaillé aux Yards, le fameux quartier des abattoirs de Chicago, un endroit absolument infâme, où règne la loi de la rue. Il connaît bien les bas-fonds. Il a souvent été du mauvais côté. Il trouve facilement son chemin pour se faire accepter dans les clubs démocrates de la ville et se lancer en politique, à l'âge de vingt-deux ans. Il se fait d'abord élire dans un commissariat de la circonscription et, tout à fait par opportunisme, alors qu'il est démocrate, comme représentant à la Chambre de l'Illinois sous l'étiquette républicaine. Nous sommes en 1936 et il a trente-quatre ans. Puis il revient rapidement vers les démocrates pour se faire élire au Sénat de l'Illinois, deux ans plus tard. En 1949, le gouverneur Adlai Stevenson a repéré cet homme qui gagne presque à tous les coups – il n'a échoué qu'en 1946 au poste de sheriff de Cook County – et le prend sous son aile pour le propulser comme secrétaire de la mairie, en piste pour la mairie elle-même. Grâce à l'appui de Joe Kennedy et de la presse locale, Daley sera élu, en 1955, maire de Chicago, un poste auquel il sera reconduit six fois de suite. Son fils, Richard M. Daley, reprendra le flambeau en 1989 et sera lui aussi réélu cinq fois, avant de rejoindre Barack Obama à la Maison Blanche.

Dès son arrivée à la mairie de Chicago, Daley appointe un procureur général, dont l'une des missions est de ne pas poursuivre trop assidûment les chefs du crime organisé, afin de ne pas perturber l'organisation très particulière de sa ville. Dans une cité à la fois très catholique et très remuante, Daley doit être le gardien du puritanisme pour contenter l'Église, assurer les emplois, pour maintenir sa popularité et laisser aux réseaux souterrains une confortable marge d'action. Parmi les hommes qui constituent les rouages essentiels de cette vaste entreprise, se trouve Joe Kennedy. Un de ces grands patrons de la ville, qui ne redoutent jamais l'une de ces grèves ou de ces blocus que les maîtres de l'ombre savent organiser quand leurs sources de revenus sont menacées. Un homme qui n'a rien à craindre des autorités, de la police ou de la justice.

Quand ils ne parlent pas «affaires» avec Daley, Joe et ses fils profitient abondamment des soirées très particulières de Chicago, loin de là. Ils connaissent bien un manoir cossu qui se dresse au 1340 North State Parkway. Les vingt-trois fenêtres de son imposante façade restent illuminées jusque tard dans la nuit, que son propriétaire y travaille ou qu'il y donne des soirées mondaines. Il n'est pas rare que des ombres s'attardent discrètement au-dehors, tentant d'apercevoir une créature de rêve. C'est là, dans ce quartier bordant l'immense lac Michigan et surnommé « Gold Coast », qu'a démarré voilà sept ans la révolution sexuelle américaine. Issu d'une famille conservatrice et méthodiste de sang-mêlé anglais et allemand, Hugh Hefner n'avait que 10 600 dollars en poche et un profond mépris à l'encontre du puritanisme ambiant lorsqu'il y a lancé, à l'âge de vingt-six ans, le magazine *Playboy*. Il lui en a coûté 200 dollars pour acheter les illustrations du premier numéro : une série de douze clichés réalisés par un photographe, Tom Kelley, dans un petit studio délabré de Los Angeles, durant l'après-midi du 27 mai 1949. Y figurait une très jolie femme de vingt-deux ans. Elle s'offrait nue, posée sur un fond de velours carmin. Elle s'appelait Norma Jean et embraserait bientôt l'imaginaire du monde entier. Les 72 000 exemplaires du premier *Playboy*, volontairement non daté et mis en vente le 1er décembre 1953, se sont arrachés en quelques jours à peine. Vingt ans plus tard, l'empire de l'homme qui a décadenassé la libido des Américains s'appuierait sur les 7 millions d'exemplaires du célèbre mensuel aux oreilles de lapin écoulés chaque mois. Le nabab, toujours en vie en 2013, achètera même la crypte voisine de la tombe de Norma au cimetière de Westwood, afin d'y reposer pour l'éternité au côté de son héroïne. Une héroïne que Peter Lawford fera bientôt rencontrer à son beau-frère, Jack.

Quand ils ne sont pas à Las Vegas ou à Los Angeles, les membres du *Rat Pack* – Peter Lawford, le beau-frère de Jack, en tête – et le reste du clan Kennedy s'amusent beaucoup dans les clubs privés de Chicago. Mais ils y font également leur « bussiness ». Ce soir du 29 février 1960 – c'est une année bissextile et Hefner croit aux symboles –, il règne une ambiance particulière au grand manoir. Le jour est tombé depuis longtemps sur la deuxième ville du pays, qui depuis toujours méprise New York et ses lumières trop vives, préférant se livrer, dans l'obscurité, les *alleys*, les somptueuses demeures et les souterrains aménagés, à des nuits improbables. Le maître des lieux a délaissé le pyjama dans lequel il passe ses journées à travailler ou à recevoir, assis sur son immense lit-bureau circulaire, pour endosser le smoking à revers de soie, signe de ralliement de tous les hommes qui se rendent à Downtown. Lui n'arrivera que plus tard, accompagné de son associé, pour célébrer leur triomphe.

Depuis des heures, malgré le froid glacial et le brouillard, de longues files d'attente se sont formées et les voitures ont envahi le quartier aux abords du 116 East Walton Street. Le propriétaire du bâtiment, Arthur Witz, qui possède par ailleurs le Chicago Stadium, a accepté de le louer à bas prix et en échange d'un petit pourcentage sur les bénéfices. Aux anciens clubs Colony et Cameo va ce soir-là succéder le premier d'une chaîne qui ne s'éteindra qu'en 1986 : le Playboy Club. Hugh Hefner n'en a pas inventé le concept, comme on le pense souvent. Mais il en créera la légende. C'est une réplique du Gaslight Club, qui a essaimé à New York, à Washington, et qui gagnera Paris en 1961. Un endroit sophistiqué, tout proche de là, qui a eu l'idée séduisante d'être accessible aux membres dotés d'une clé et à l'intérieur duquel la clientèle, en majorité masculine, est servie dans différentes pièces par les *gaslight girls*, des jeunes femmes habillées de costumes très ajustés au corps, aux corsets échancrés et plongeants et de bas résille.

Un article consacré à ce «bon plan» par son magazine a eu tant de succès que Hefner et son partenaire, Victor A. Lownes III, ont compris l'intérêt d'ouvrir leur propre club, adossé à leur marque, plutôt que de continuer à parrainer les hauts lieux noctambules que sont le Black Orchid, Chez Paré ou les Cloisters. Pour 50 dollars, les clients reçoivent une clé estampillée du célèbre logo aux oreilles de lapin et une adhésion à vie à ce nouveau temple qui heurte avec bonheur la pudibonderie du pays. Sur quatre étages, le Playboy offre un repaire chaleureux, chic et sophistiqué, une cuisine raffinée et des boissons pour tous les goûts, dans une atmosphère dédiée à la mode coquine et au spectacle professionnel, où se succèdent les comédiens et les chanteurs de haut vol. Barbra Streisand, Mel Torme et une certaine Aretha Franklin (âgée seulement de dix-neuf ans) vont figurer à l'affiche. Le décor est inspiré du Café américain dans le film *Casablanca* et de son propriétaire, Rick, joué par Humphrey Bogart. Les différents espaces se nomment Playroom, Penthouse, Library et Living Room. Mais la principale attraction est le salon aux murs en bois précieux, à l'ameublement de cuir et de teck où évoluent dans les volutes des cigares des hôtesses bien particulières qui en feront la légende : les fameuses *bunnies*, de jeunes et séduisantes femmes recrutées lors d'un casting impitoyable, vêtues d'un maillot d'une seule pièce de satin offrant une vision très suggestive de leur anatomie, affublées d'oreilles de lapin stylisées et d'une queue en coton. En moins d'un an, le lieu va compter cent six mille détenteurs de clés et l'on y servira plus de consommations que n'importe où ailleurs dans cette ville d'Amérique qui garde, encore à ce jour, le plus grand nombre de bars par habitant.

Bunnies et bosses

> *« Au fil des années, un nombre incalculable de grands parrains et de témoins ordinaires ont attesté que Joseph Kennedy avait travaillé de conserve avec le milieu pour établir sa fortune. »*
>
> Gus Russo, *The Outfit*

Le code du Playboy Club est strict. La première règle est évidemment que le client regarde, mais ne touche pas. Les *bunnies* sont là pour porter les cocktails et rien d'autre. Chacune d'elles doit obéir aux quarante-quatre pages du manuel qui lui est remis à son embauche ; on lui inculque que les rendez-vous privés sont interdits avec les « adeptes », qu'elle ne doit jamais communiquer son numéro de téléphone personnel ni rencontrer son petit ami ou son mari à moins de deux pâtés de maisons du club. La discipline est garantie par une *bunny mother*, une sorte de mère supérieure chargée à la fois de soutenir les jeunes femmes, de les conseiller et, si nécessaire, de les rappeler à l'ordre. Pas question de laisser se produire d'incidents dont pourraient s'emparer les conservateurs, qui guettent en embuscade pour réclamer la fermeture des lieux à la moindre occasion. Bientôt, Hefner et Lownes vont même recourir aux prestations d'une agence de détectives privés, Willmark Service System, chargée de piéger régulièrement les hôtesses en leur offrant de l'argent en échange d'un petit supplément, pour s'assurer de leur fiabilité.

Une fameuse enseigne que le Playboy Club. À l'image d'une ville qui, de tous les grands centres urbains du pays, est probablement la plus authentique. Mais le Playboy Club, comme elle, n'a pas son pareil pour dissimuler sous les velours du scrupule et de la beauté, derrière des traits pleins de retenue et de dignité, le discret parfum du danger et les dessous du scandale.

Ce fameux soir du 29 février 1960 est pour certains hommes un moment bien particulier, qui a tout lieu de les contenter. Car ils sont ici chez eux et ne sont soumis à aucune des règles du manuel de bonne conduite. Chacun possède une clé portant le chiffre Un. Ils sont un peu partout, mais personne ne les voit vraiment, sauf les initiés. D'ailleurs, le 116 East Walton Street est en plein sur leur territoire. Si l'alcool coule à flots au Playboy, c'est grâce à eux. Des hommes pour la plupart dans la quarantaine, qui constituent le « syndicat ». Rien que l'on puisse comparer au « milieu » new-yorkais. À Chicago, la mafia n'existe pas et n'a jamais été. On n'y connaît que deux pouvoirs. Le « Syndicat », pour la face cachée, et la « Machine », du côté des élus. Ainsi, les chefs qui contrôlent ce premier arrondissement de la ville sont-ils ceux sans lesquels aucune licence de vente d'alcool ne peut être obtenue : en l'occurrence, John D'Arco et Pat Marcy. Les couverts du club sont fabriqués par l'un des très nombreux établissements appartenant aux *bosses*, dirigé celui-là par Ralph, le frère d'Al Capone. Le reste, jusqu'au dernier clou, provient des usines du réseau tenu par ces hommes. Le personnel – garçons de bar, serveurs, concierges, valets de parking ou chargés des juke-box – est entièrement sous la coupe réglée du syndicat d'Accardo et Humphreys. La partie restauration dépend de Tony Roma, le mari de Josephine Costello, fille du lieutenant de Capone, Joseph Costello. La *bunny mother*, Peg Strak, est la petite amie d'Eddie Vogel, futur secrétaire de Roma lorsqu'il deviendra le responsable de la compagnie Playboy Club International, Inc.

Pourtant personne ne va voir, lors de cette inauguration, les patrons de la plus grande organisation criminelle des États-Unis. Joe D'Accardo, Mooney Giancana, Curly Humphreys et Johnny Rosselli sont en effet à New York. Ils ont été invités par Joseph Kennedy. Ce n'est que quinze ans plus tard que l'on connaîtra la teneur de cette rencontre très particulière, qui se tient au restaurant Felix Young. Elle a été arrangée pour le compte de Joe par une très ancienne connaissance, Johnny Rosselli. Joe y demande aux chefs du Syndicat leur soutien financier à la campagne de son fils Jack, mais également le soutien, capital, de leur main-d'œuvre tentaculaire. Il doit pour cela les conviancre que son fils, Robert, qui s'intéresse d'un peu trop près à leur pouvoir ne constitue pas une menace. Un entente est trouvée. Avec Joe pour surveiller ses fils, au moins, les choses seront claires. Et Daley, ce soir-là, où est-il ? Auprès de Jack, bien sûr. Le « faucon », futur invité permanent à la Maison Blanche, discute avec le candidat de la carte électorale de la ville. Ainsi, chacun de leur côté, Joe et Jack verrouillent les portes du bastion.

Parce que les maîtres du Syndicat revendiquèrent un peu trop ouvertement leurs relations avec les Kennedy père et fils, notamment dans les années 1970, et que beaucoup de partisans du complot ont voulu y voir les indices d'un règlement de comptes, le 22 novembre 1963, l'histoire mêlée de Kennedy et du syndicat du crime a été souvent mal abordée. Se peut-il que l'insoumission de Bobby, qui s'est voulu par la suite l'implacable justicier en charge de faire tomber les « parrains », ait suscité un acte de vengeance de leur part? C'est assez peu probable, même si la commission d'enquête de la Chambre des représentants sur l'assassinat, en 1992, avance le nom du chef de la mafia de la Nouvelle-Orléans, Carlos Marcello. Il avait été arrêté quelques mois après l'entrée en fonctions de Kennedy, expulsé des États-Unis, et après être parvenu à revenir, n'avait pas caché son projet de tuer le président. En revanche, comment douter des liens étroits entre le Syndicat et les Kennedy? C'est proprement absurde. Car il est tout simplement inconcevable que Joe Kennedy, l'un des premiers employeurs de Chicago, ami d'un Rosselli, d'une part, et d'un Daley, d'autre part, n'ait pas été intimement lié au crime organisé. Certes, il n'avait pas besoin de celui-ci pour faire fortune. Mais on ne cohabite pas, à Chicago, sans se rendre de nombreux services. Il est évidemment inimaginable, par ailleurs, que Jack et Robert Kennedy, très proches de Peter Lawford et de Sinatra, grands consommateurs de drogues et de femmes, n'aient rien eu à voir avec ces hommes. Et ces relations ne pouvaient qu'être assorties de pactes et de commerces inavouables… et dangereux. Mais Chicago est la ville du silence par excellence, où le nom de Kennedy est omniprésent et, pour longtemps encore, un nom sacré.

8

FAUX-SEMBLANTS

«Le président Kennedy n'accordait aucune importance aux droits civiques. Je ne pense pas que l'homme y était hostile, mais le Parti démocrate dépendait des voix noires, là où ces gens étaient autorisés à voter, et le Congrès était contrôlé par les Blancs du Sud. Une confrontation dans le pays était la dernière chose dont il eût besoin.»

Richard Reeves, *President Kennedy: Profile in Power*

«En 1963, le FBI attribua le statut d'ennemi à King. Même après avoir reçu des renseignements selon lesquels on projetait de l'assassiner, le Bureau refusera de prévenir King comme il prévenait habituellement les cibles potentielles.»

Taylor Branch, *Parting the Waters: America in the King Years*

Nous voici revenus en 1960, pour cette campagne au cours de laquelle Jack Kennedy va bénéficier du soutien massif des médias américains. Il prend l'Amérique par surprise et, pour un homme au moins, cette séquence qui dure onze mois est une leçon qu'il ne sera pas près d'oublier: Richard Nixon. Quel aurait été le destin du républicain s'il n'avait pas croisé la route des Kennedy? Nul bien sûr ne peut le savoir, mais une chose est plus que probable: sa trajectoire et son image de politiciens n'auraient pas été les mêmes. Car Nixon a singulièrement manqué de lucidité et d'audace durant cet affrontement avec son redoutable adversaire démocrate.

Pour sa défense, Nixon fait face à quelqu'un qu'il est très difficile et périlleux d'attaquer. Le couple Jack-Jackie est à ce point emblématique qu'il ne viendrait pas à l'esprit des mieux informés des journalistes – et encore moins de ses adversaires politiques – de sous-entendre, ne serait-ce qu'un instant, que Jack est ce qu'il est, c'est-à-dire le contraire d'un homme galant et fidèle. D'ailleurs, son manque de discrétion avec les femmes est si évident qu'on en oublie de le questionner. De quoi donner raison à son père, dont l'une des devises est «plus la ficelle est grosse, moins cela se voit». Par ailleurs, Nixon, par principe, mais également parce qu'il en connaît les risques, n'a aucune intention d'exploiter la religion dans cette campagne. Enfin, il ne mentionnera jamais l'état de santé de Jack. Nixon est un politicien classique, fort en gueule, qui ne renâcle pas aux coups habituels en politique, mais il ne vise pas ses adversaires en dessous de la ceinture, on peut lui concéder cela. En réalité, les «coups» que lui réserve Kennedy après l'été 1960, il ne les aura jamais vus venir, convaincu de pouvoir compter sur la solidité de son bilan, sur ses acquis en matière de politique intérieure, de questions sociales et de diplomatie. Convaincu, surtout, que son adversaire est un danger pour le pays sur le plan extérieur et qu'il n'a aucune projet de société. Lourde erreur de jugement. Quoi que l'on dise des prouesses médiatiques et télévisuelles de Kennedy, c'est avant tout l'incapacité de Nixon à déjouer les pièges qui va très probablement entraîner sa défaite, pour à peine 113 000 voix.

On l'a vu, Jack Kennedy a su neutraliser la question du catholicisme à travers son discours de Houston, le

12 septembre. Le 26 septembre, lors du premier débat télévisé qui les oppose en direct de Chicago, il s'est imposé face à un adversaire malade et épuisé, grâce à son apparence photogénique. De manière très intéressante, les auditeurs confinés près de leur poste de radio ont, eux, donné l'avantage à Nixon. Il faut également relever que si les quatre instituts de sondage Gallup, Kraft, ORC et Roper confèrent à Kennedy, au lendemain du premier débat, un avantage en matière d'opinions favorables compris entre 9 et 20 points, cette avance va considérablement se réduire dès le deuxième débat, organisé à Washington le 7 octobre : l'avantage, cette fois, est à Nixon pour Kraft (42 % contre 41 %) et l'écart n'est plus que de 5 points en faveur de Kennedy selon ORC. Or, c'est au cours de ce débat que la question des droits civiques est abordée. Par la suite, Nixon sera crédité d'une large avance sur Kennedy pour le troisième débat, qui a lieu à Los Angeles et New York le 13 octobre (selon Kraft, Nixon, qui débat depuis Los Angeles, recueille 39 % d'avis favorables, contre 34 % pour Kennedy, en direct de New York, et l'écart est de 46 % contre 28 % pour ORC), et pour le quatrième et dernier débat, qui se tient à New York le 21 octobre, Nixon est encore en avance sur Kennedy, selon ORC et Roper.

Mais Nixon est loin d'imaginer qu'il va perdre l'un de ses avantages avec la question des droits civiques.

Surprise d'octobre

La « surprise d'octobre » est une spécialité des campagnes présidentielles américaines. Elle désigne le « coup » décisif d'un candidat pour faire basculer les suffrages en sa faveur à l'approche du scrutin de novembre. Harry Truman en est sans doute à l'origine, lorsqu'il annonce dans la dernière ligne droite de son combat pour sa réélection, en 1948, alors qu'il fait face au candidat républicain, Thomas E. Dewey, son plan pour envoyer son ministre de la Justice, Fred Vinson, négocier la fin de la guerre froide avec Joseph Staline. Étant donné la détermination dont il fait preuve habituellement, on peut le croire, et l'annonce provoque un raz-de-marée en sa faveur. Truman décroche largement son second mandat. Une autre « surprise d'octobre » célèbre verra Henry Kissinger, le conseiller de Nixon, déclarer que la paix est « à portée de main » au Viêtnam, en 1972. Nixon sera réélu avec près de 61 % des voix.

En 1980, le public américain sera privé d'une « surprise » dont plusieurs grands médias ont été avisés, en secret, par l'entourage direct de Ronald Reagan. Rien ne leur permet alors de confirmer l'information, mais elle pèsera lourdement sur l'insistance de ces médias à souligner l'incapacité du président en fonction, Jimmy Carter, de faire libérer les otages américains de l'ambassade des États-Unis à Téhéran. Lorsque les otages sont libérés, le jour même de l'entrée de Ronald Reagan à la Maison Blanche, le 20 janvier 1981, la thèse d'un accord passé entre l'entourage de Reagan et le régime de Téhéran est publiquement cautionnée par l'ancien membre du Conseil national de sécurité de Carter, Gary Slick. À la veille des élections de l'an 2000, la fameuse « surprise » viendra des opposants au candidat George W. Bush, qui révèlent son arrestation, en 1976, en état d'ivresse, et mettent ainsi l'accent sur son alcoolisme. Mais elle n'empêche pas son élection. En 2012, enfin, alors que la côte Est des États-Unis vient de subir de plein fouet les effets du cyclone Sandy, l'engagement spectaculaire du très influent gouverneur républicain du New Jersey, Chris Christie, en faveur de Barack Obama, est perçu comme l'une de ces « surprises d'octobre ». Mais la plus étonnante de ces surprises reste, sans doute, celle que Kennedy réserve à Richard Nixon en 1960.

Le 26 octobre, Kennedy, après avoir longtemps atermoyé, décide de téléphoner à Coretta Scott King, l'épouse du leader noir Martin Luther King. Le 4 mai, King, son épouse et l'écrivaine blanche Lillian Smith ont été arrêtés alors que leur véhicule approchait de l'hôpital d'Emory University, en Georgie, où Smith devait recevoir un traitement pour son cancer du sein. Cette arrestation semble liée à la présence d'un homme noir et d'une femme blanche dans un même véhicule. La police prétend alors que les plaques d'immatriculation du véhicule ont expiré selon la réglementation locale. Bien qu'il présente un permis de conduire délivré en Alabama, King se voit infliger une citation à comparaître et doit se présenter au tribunal de DeKalb County, le 23 septembre. Lors de sa comparution, le juge Mitchell lui inflige une amende de 25 dollars pour conduite avec une licence périmée, mais également une période de douze mois de probation au terme de laquelle il ne devra «violer aucune ordonnance municipale, d'État ou fédérale». Le 19 octobre, King est arrêté de nouveau, à Atlanta, à la suite d'une manifestation réunissant quatre-vingts personnes protestant contre la ségrégation dans les commerces locaux. Après le refus de King de s'acquitter d'une nouvelle amende de 500 dollars, il est immédiatement incarcéré. Le 23 octobre, les protestataires arrêtés sont libérés, à l'exception de King, au motif qu'il a violé sa probation. Deux jours plus tard, une foule d'étudiants en colère assiste à son transfert, qui a pourtant été tenu secret. Le pasteur comparaît mains et pieds enchaînés, suivi par un berger allemand, lors d'une nouvelle audience au tribunal de DeKalb County. Là, deux cents supporters de King attendent la sentence, à l'emplacement même où, quelques jours plus tôt, le Ku Klux Klan a organisé une parade pour fêter l'incarcération du pasteur. King est alors condamné par le même juge Mitchell à quatre mois de travaux forcés. Au matin du 26 octobre, King est transféré en catimini à trois cents kilomètres de là, et enfermé à la Georgia State Prison près de Reidsville. Mais il ne faut pas longtemps pour que la nouvelle se répande.

Alors que la tension est au maximum, que Coretta King s'active pour trouver de l'aide, survient le fameux appel du sénateur Kennedy. Lorsqu'elle relatera au *New York Times* cette brève conversation avec le candidat, Coretta King expliquera : « Cela m'a fait du bien qu'il m'appelle personnellement et me livre son sentiment. J'ai senti qu'il était aussi concerné qu'il pouvait l'être et qu'il ferait ce qu'il pourrait pour que M. King soit libéré[1]. »

Ce coup de téléphone, passé douze jours avant l'élection, suscite une sympathie évidente de la communauté noire. Le père de Martin Luther King fait immédiatement savoir qu'il votera pour Kennedy. Le 27 octobre, il s'exprime devant la foule réunie à l'Ebenezer Baptist Church, pour lancer :

— J'avais envisagé de voter contre le sénateur Kennedy à cause de sa religion. Mais, maintenant, il peut être mon président, catholique ou quel qu'il soit. Il a eu le courage d'appeler ma belle-fille dans un moment comme celui-là. Il a le courage moral de se lever pour ce qu'il sait être juste.

Le pasteur lui-même, toutefois, se refuse à prendre parti pour l'un des deux candidats car, explique-t-il, il dirige la Southern Christian Leadership Conference, une organisation non partisane. En réalité, il est probable qu'il ne veut pas prendre position contre Nixon. Mais il exprime publiquement sa reconnaissance « au sénateur Kennedy pour le sincère souci qu'il a manifesté » après son arrestation[2]. Le 8 novembre, King ne peut voter car il n'a pas été résident de l'État de Georgie assez longtemps. Il lui faudra attendre encore jusqu'en mars 1961 pour que la cour d'appel de l'État de Georgie considère que la sentence de douze mois de probation prononcée en septembre 1960 avait été une « erreur ».

1. « Kennedy Calls Mrs. King », *New York Times*, 27 octobre 1960.
2. Communiqué de Martin Luther King diffusé le 1er novembre 1960.

sudiste au sujet de la Reconstruction radicale. En 1957, le président Eisenhower présente un nouveau projet de loi sur les droits civiques au Congrès, une première depuis 1875. Ce projet envisage la création d'une commission sur les droits civiques. Kennedy se retrouve confronté au dilemme de détruire sa réputation au Sud, s'il soutient le projet, ou de se faire de nouveau montrer du doigt par les démocrates du Nord, s'il s'y oppose. Il décide alors de soutenir les démocrates du Sud en poussant le projet devant le comité judiciaire, qui y est très hostile, puis il vote pour l'article III du projet, qui confère de nouveaux pouvoirs au procureur général pour poursuivre les opposants à la déségrégation dans les écoles. Il revient ensuite vers les Sudistes en votant un amendement qui accorde aux mêmes opposants le droit de recourir aux jurys populaires, leur permettant de s'opposer légalement aux droits des Noirs. Évidemment, un tel amendement ne peut que satisfaire pleinement les opposants à la déségrégation puisqu'ils sont maîtres sur leurs terres et que les jurys leur sont acquis d'avance. L'une des principales figures de la NAACP, Roy Wilkins, se rend alors dans le Massachusetts, où il dénonce la cour faite par Kennedy aux leaders sudistes. Mais Kennedy obtient que la NAACP désavoue Roy Wilkins, en échange de son soutien final à la loi – largement vidée de son contenu – qu'Eisenhower proclame le 9 septembre 1957.

Robert Dallek écrit à son sujet : « Contrairement à Hubert Humphrey, un autre rival pour la Maison Blanche, viscéralement et depuis longtemps en faveur de l'abolition de la ségrégation, ou même Lyndon B. Johnson, dont les actes politiques masquent une sincère opposition à la ségrégation, la réponse de Jack Kennedy aux grands débats des années 1957-1960 sur les droits civiques était largement motivée par des considérations politiciennes[1]. »

1. Robert Dallek, *op. cit.*

D'ailleurs, grâce à l'enlisement des textes antiségrégationnistes sous la pression des sudistes, Kennedy échappe à l'épreuve de nouveaux votes et commence à réfléchir à une nouvelle approche de l'électorat noir. Il approche alors Martin Luther King pour le consulter sur la question tout en désignant Lyndon B. Johnson comme candidat à la vice-présidence lorsqu'il emporte la nomination de son parti pour briguer le mandat présidentiel. Il sait que Johnson sera son meilleur atout dans le Sud, et Johnson n'en est pas dupe.

Kennedy reste cependant obsédé par l'idée que son catholicisme est la seule vraie raison qui puisse lui barrer l'accès à la Maison Blanche. Il sait que, traditionnellement, l'électorat noir se méfie des catholiques. En tant qu'Irlandais, il aurait peut-être pu rappeler l'engagement du leader catholique irlandais Daniel O'Connell en faveur de l'abolition de l'esclavage dans l'Empire britannique et en Amérique. Mais c'est une histoire, la sienne, qu'il ne maîtrise pas. Il serait d'ailleurs tombé dans de nombreux pièges qui auraient réclamé de lui qu'il devienne un vrai militant des droits civiques. On lui aurait vite rappelé – ou appris – que les Repeal Associations, aux États-Unis, avaient pris le contre-pied d'O'Connell pour soutenir l'esclavage. Que les immigrants irlandais avaient longtemps été en compétition avec les Noirs affranchis pour trouver du travail et répugnaient à faire cause commune avec eux. Que pour les Irlandais catholiques, l'abolitionnisme était la marque des protestants. Qu'ils savaient gré aux propriétaires d'esclaves de faire entendre leurs voix en faveur de l'émancipation de l'Irlande, leur pays d'origine et de cœur. Que l'Irlandais John Mitchel fut, entre 1853 et 1875, l'un des plus farouches propagandistes de l'esclavage, et que trois de ses enfants ont combattu dans les rangs des confédérés. Quant à l'Église catholique en Amérique, ses liens étaient anciens avec la pratique de l'esclavage dans le Maryland et en Louisiane. Le pape Grégoire XVI eut beau publier en 1839 la bulle *In Supremo Apostolatus*, par laquelle il condamnait l'esclavage, celle-ci n'avait eu presque aucun écho en Amérique. En 1842, l'archevêque de New York eut beau avoir dénoncé l'esclavage, il n'en considérait pas moins que l'action d'O'Connell en Irlande constituait une ingérence intolérable dans les affaires de l'Amérique. Et l'évêque de Charleston déclara que si la tradition catholique s'était opposée au commerce des esclaves, cela n'avait rien à voir avec l'antiesclavagisme moderne.

Ce n'est qu'au cours de la guerre civile que des catholiques partisans de Lincoln firent mouvement vers l'antiesclavagisme. Mais les épiscopaliens et les luthériens restèrent indifférents ; quant aux baptistes et aux méthodistes du Sud, ils jouaient l'ambiguïté. Kennedy, dans son obsession de réduire au minimum l'impact de ses origines, ne mentionna même pas que la plupart des conseillers les plus influents de Lincoln étaient irlandais. Et que, malgré tout, cent trente-sept immigrants irlandais ont été honorés de la médaille d'honneur de la guerre civile, soit bien davantage que tous les autres groupes d'immigrants. S'il avait voulu clairement s'engager pour les droits civiques, le candidat Kennedy aurait pu le faire en s'appuyant sur ces faits... Mais il garda prudemment le silence, de son entrée en politique en 1946 jusqu'à la campagne de 1960, préférant les coups tactiques destinés à gagner la sympathie des Noirs sans s'aliéner celle des Sudistes.

Reste les dessous du fameux appel à Coretta King. En vérité, la fameuse « surprise d'octobre » a été soigneusement préparée. Dès l'annonce de l'incarcération de King, et face à l'agitation qu'elle a suscitée, le débat a fait rage autour du candidat Kennedy, derrière des portes bien fermées. Le recoupement des témoignages ultérieurs sur cet épisode permet de reconstituer une séquence très politique. Bobby Kennedy était de loin le plus hostile à une intervention de son frère. Il considérait que celui-ci y perdrait toute chance d'être élu. À l'opposé, le beau-frère de Jack, Sargent Shriver, pensait qu'il devait faire un geste et téléphoner à Coretta Scott King. La confrontation entre Bobby et Shriver tourna si mal qu'elle brouilla définitivement leurs relations. Mais, très vite, la stratégie s'est dessinée et l'idée de Shriver eut gain de cause, malgré la fureur de Bobby. Son succès dépendait toutefois d'une suite de facteurs décisifs. L'appel à Coretta King n'aurait de sens que si King était libéré de prison. Harris Wofford expliquera : « Si King était resté en prison, l'appel du sénateur à Mme King aurait pu n'être qu'un symbole sans substance – le pire des cas pour n'importe quel acte symbolique[1]. »

C'est pourquoi l'appel n'a été passé qu'après un autre appel, celui de Wofford au juge Mitchell, le matin même de sa décision. Mitchell expliquera plus tard que sa décision était déjà prise lorsque Wofford l'appela. Officiellement, on expliquera que l'appel a été passé par Bobby. Et l'idée selon laquelle son appel a entraîné la libération de King l'emporterait sur l'explication de Mitchell ; elle resterait comme la preuve de l'engagement de Kennedy pour faire libérer King. Il fallait également que Nixon et son équipe soient totalement pris par surprise, le père du révérend King ayant jusque-là pris fait et cause en faveur de Nixon, lequel était rassuré quant au vote noir. C'est pourquoi l'entourage du candidat reçut pour mission de ne pas alerter les médias nationaux au sujet de son appel, mais de le rapporter uniquement à des groupes-cibles susceptibles de répandre la nouvelle dans la communauté noire. Enfin, lorsqu'il fut assuré de l'impact de la nouvelle dans cette communauté, les deux millions de tracts constituant la « Bombe bleue » et opposant le « *no comment* » de Nixon à la généreuse intervention de

1. Taylor Branch, *Parting the Waters: America in the King Years, 1954-63*, Simon & Schuster, 1988, p. 691.

Kennedy en faveur de King et de son épouse devaient pleuvoir sur les électeurs noirs.

De fait, Nixon s'est retrouvé face à l'absurde accusation d'indifférence, les Sudistes n'ont pas été alarmés par les médias nationaux et, lorsque ceux-ci se sont emparés de l'histoire, il ne restait plus que quelques heures avant le scrutin. Matt Sullivan confirme la tactique de Kennedy. Un reporter du *New York Times* demanda à Kennedy, alors qu'il descendait de son avion à New York, si l'histoire de l'appel était vraie. "C'est une amie et j'étais préoccupée de sa situation", répondit Kennedy en passant devant ce reporter [...] John F. Kennedy et Coretta Scott King ne s'étaient jamais rencontrés[1]. » Et Sargent Shriver s'était chargé d'ébruiter la nouvelle de l'appel, provoquant une colère monstrueuse de Bobby.

En 1968, tandis que Bobby Kennedy fait campagne, le *Washington Post* écrit : « Le ministre de la Justice Kennedy a ordonné pour la première fois l'espionnage du Dr King le 16 juillet 1963. Sa motivation tenait au fait que le Dr King était en relation avec différents communistes et était influencé par eux. Cet ordre provoqua la surprise du FBI. Durant la campagne de 1960, Bobby et son frère, bientôt président, avaient offert d'aider le Dr King lorsqu'il avait été arrêté à Atlanta le 19 octobre et avait refusé de payer l'amende prononcée pour une manifestation en faveur des droits civiques. John F. Kennedy avait même publié un communiqué de presse offrant son aide au Dr King, geste qui avait eu un effet considérable sur le vote noir trois semaines plus tard. À Cook County, c'était le vote noir qui avait donné à Kennedy sa timide marge de victoire de huit mille votes dans l'Illinois, lui permettant de gagner la présidence. Aussi, lorsque le frère du président ordonna la mise sur écoute du Dr King, le FBI fut stupéfait et s'y

---

1. Matthew E. Sullivan, *A Symbol of Virtue Or A Strategy for Votes?*, Brandeis University, 2013.

opposa. Courtney Evans, qui servait en tant qu'agent de liaison entre John Edgar Hoover et Bobby Kennedy, dit au ministre de la Justice que le Dr King voyageait beaucoup, de sorte qu'une mise sur écoute pourrait ne pas être très efficace. Il dit aussi que ces écoutes pourraient susciter de mauvaises réactions si elles étaient découvertes par les Noirs. Le ministre de la Justice lui opposa qu'il n'était en rien intéressé par les répercussions de sa décision. Mais il n'insista pas et le FBI ne plaça donc pas le Dr King sur écoute en juillet 1963. Pourtant, en octobre de la même année, Bobby Kennedy signa un ordre de mise sur écoute des lignes téléphoniques du Dr King, demandant que toutes ses conversations soient suivies. »

Le *Washington Post* rappelle la violente polémique qui opposa par la suite John Edgar Hoover et Martin Luther King Jr et la manière dont, après une visite à Washington pour aller parler en face à Hoover, il ressortit de leur entrevue en faisant « une déclaration étonnamment favorable au FBI ». Hoover lui avait-il donné la preuve qu'il n'était pas lui-même à l'origine de ces écoutes? C'est probable. Le *Washington Post* indique néanmoins que King resta sur écoute et que le FBI adressa à Bobby Kennedy ses rapports d'écoutes « jusqu'à la mort » de King, le 4 mars 1968. Alors même que Bobby faisait campagne, en particulier, sur la question des droits civiques…

En février 2011, la National Black Republican Association, qui représente les conservateurs afro-américains, publiait une déclaration de la nièce de Martin Luther King, Alveda C. King, rappelant que King « était un républicain ». L'organisation estime : « Le président démocrate John F. Kennedy est loué comme défenseur des droits civiques. Pourtant, Kennedy vota contre le *Civil Rights Act* de 1957 quand il était sénateur, comme le fit le sénateur démocrate A Gore Sr. Devenu président, Kennedy s'opposa à la marche sur Washington organisée par le Dr King en 1963, mise en œuvre par A. Phillip Randolph, qui était un Noir républicain. Le président Kennedy, à travers son frère le ministre de la Justice Robert Kennedy, a espionné le Dr King et demandé une investigation du FBI sur une suspicion de communisme afin de discréditer le Dr King. Contrairement à la croyance populaire, Kennedy n'a jamais fait sortir le Dr King de prison. L'appel a été passé par Harris Wofford, le conseiller de Kennedy pour les droits civiques, qui était un ami personnel des King. Wofford assure que Kennedy était irrité au sujet de cet appel car il pensait que cela pourrait lui faire perdre le vote du Sud. Pourtant, l'appel s'est finalement retourné en faveur de Kennedy. »

C'est peut-être, finalement, à Jackie Kennedy que le dernier mot revient dans cette histoire. Lorsqu'elle se confie à Arthur Schlesinger en 1964, au cours d'une série d'entretiens que celui-ci ne rendra publics qu'en 2011, la voici qui confie : « [John F. Kennedy] m'a parlé d'un enregistrement que le FBI détenait sur Martin Luther King quand il était ici, en mars, à l'occasion de la marche pour la Liberté. Il m'a raconté sans aucune espèce d'amertume comment il appelait toutes ces filles pour organiser des fêtes… Et j'ai dit : "Mais Jack, c'est terrible ! Tu sais bien que cet homme est un hypocrite." » Dans le même entretien, elle déclare que King « s'est moqué du cardinal Cushing » lors des obsèques de son mari, qu'il était « ivre » et qu'elle ne pouvait « regarder une photo de Martin Luther King sans penser [que] c'était un homme affreux ».

On le sait depuis, s'il n'était ni un époux ni un père modèle, King est loin d'être l'homme qu'une longue propagande a souvent tenté de décrire de cette manière, et le clan Kennedy a en réalité beaucoup participé à sa déstabilisation publique.

Parce que la question des droits civiques est tout à fait centrale pour comprendre la sensibilité morale, sociétale et politique de Kennedy, et qu'un courant actuel porté par Barack Obama pousse à une réécriture fallacieuse de cette époque, il faut encore s'y attarder ici un moment.

Point aveugle

Bien trop accaparés intellectuellement par l'idéologie très personnelle que leur impose Joe, les enfants Kennedy perçoivent le monde en général, et la société américaine en particulier, à travers un prisme à la fois très déformant et insensibilisant. Les « combats » de Joe sont forgés et nourris par son acrimonie, ainsi que le sentiment omniprésent d'être rejeté par l'Amérique des Anglais et des protestants. Il n'y a pas de place, dans la conversation, pour les inégalités raciales, encore moins pour la situation de la population noire. Robert Kennedy écrit lui-même : « Je ne pense pas que c'était un sujet qui nous préoccupait en grandissant… Nous avons grandi avec l'idée que beaucoup de gens étaient moins chanceux… distinguer les Noirs parmi ceux-ci n'était pas un sujet en soi[1]. » Il le dira encore plus clairement à Lavern Duffy : « Honnêtement, avant que je devienne ministre de la Justice, je me foutais complètement des droits civiques. Ça ne m'avait jamais concerné[2]. »

Est-ce vraiment la proportion relativement faible de Noirs dans la population parmi laquelle les enfants Kennedy grandirent qui est à l'origine de cet état d'esprit ? C'est peu probable, en réalité. D'abord parce que l'Amérique catholique s'est montrée particulièrement accommodante vis-à-vis de l'esclavage. Ce n'est qu'en 1965 qu'elle adoptera, enfin, une position claire sur la question. Durant des siècles, elle a accepté une forme d'esclavage, à travers le droit de « posséder le travail » d'autrui, se contentant de condamner l'idée de « posséder l'âme » d'une personne. Distinguant la question morale intrinsèque à l'esclavage et la dignité de l'institution esclavagiste elle-même – y compris du commerce des esclaves –, elle demandait à

1. Edwin O. Guthman, Jeffrey Shulman, *Robert Kennedy In His Own Words*, Bantam Dell, 1988.
2. Cité par David C. Heymann in RFK: *A Candid Biography of Robert F.Kennedy*, Dutton, 1998.

ses membres de prendre soin du bien-être spirituel de leurs esclaves en expliquant que l'esclavagisme n'était pas contraire aux lois de Dieu[1]. Aux États-Unis, les natifs et les immigrants de confession catholique acceptent longtemps l'institution esclavagiste, et ce pour de nombreuses raisons. Tout d'abord, ils la perçoivent comme partie de l'ordre naturel et de la société américaine, de ses coutumes et de ses lois.

Les travaux de l'historien Stephen J. Ochs illustrent le degré d'acceptation de cette institution[2]. Contrairement à l'establishment protestant, la hiérarchie catholique romaine se contente d'une neutralité accommodante. Les tensions qui apparaissent à partir des années 1850 entre Noirs et catholiques ajoutent à cette neutralité particulière une couche de suspicion et, bientôt, d'hostilité. Les Blancs de Boston développent une vision tenace à l'encontre des Noirs, qu'ils voient comme une « race inférieure ». Pour nombre de catholiques de la ville, l'abolitionnisme n'est qu'une extension du nativisme et du parti xénophobe et anticatholique Know Nothing, fondé en 1845. Le journal *Pilot* est l'organe d'expression privilégié des antiabolitionnistes, fréquemment accusés de « *niggerology* », ou d'avoir des « nègres dans la tête ».

En 1850, le *New York Tribune* note qu'il est étrange de constater que les Irlandais, qui ne se sont extirpés de l'oppression que récemment, se trouvent déjà en tête de l'opposition aux droits des Noirs[3]. Un poème populaire irlando-américain de 1861, qui fait allusion à la figure antiabolitionniste de Stephen Douglas, illustre l'état d'esprit

1. John Francis Maxwell, *Slavery and the Catholic Church : The History of Catholic Teaching Concerning the Moral Legitimacy of the Institution of Slavery*, Barry Rose Publishers, 1975.
2. Stephen J. Ochs, *Desegregating the Altar : The Josephites and the Struggle for Black Priests, 1871-1960*, Louisiana State University Press, 1990.
3. Carl Wittke, *The Irish in America*, Russell and Russell, 1970.

des Irlandais catholiques de l'époque : « Pour les principes de Douglas auxquels nous tenons tendrement, / Le cœur chaud pour la cause que nous apportons à notre pays, / Pour le drapeau pour lequel nous nous sommes engagés, tous ses ennemis que nous détestons, / Et nous ne sommes pas pour les Nègres mais pour la guerre[1]. »

Mais l'arme principale des catholiques irlandais pour se libérer de l'obstacle que pourraient constituer les Noirs dans leur conquête sociale, c'est la classe ouvrière, qui organise avec assiduité l'exclusion des Noirs des professions commerciales. Leurs leaders syndicaux attaquent les abolitionnistes en leur reprochant de « privilégier la cause des esclaves contre celle du travailleur libre[2] ». Très vite, les Irlandais monopolisent les métiers liés aux activités commerciales et de service – dockers, cuisiniers, livreurs, bagagistes, ouvriers du bâtiment – en excluant les Noirs. « Chaque heure qui passe voit un homme noir chassé de son emploi par un immigrant fraîchement débarqué, dont l'appétit et la couleur de peau lui confèrent la priorité pour la place », écrit Frederick Douglas[3]. Il souligne l'incongruité du racisme irlandais : « Aucune classe de nos compatriotes, peut-être, n'a porté préjudice aux gens de couleur de manière si extrémiste et dangereuse que ne l'ont fait nos compatriotes catholiques irlandais, lors même qu'aucun peuple à la surface de la planète n'a été persécuté et oppressé avec autant d'assiduité en raison de sa race et de sa religion que ce peuple irlandais[4]. »

Que dire de cet épisode qui voit Jack Kennedy, au cours de sa campagne de 1960, interpellé à San Francisco

1. William V. Shannon, *The American Irish : A Political and Social Portrait,* Amherst, University of Massachusetts, 1974, p. 56.
2. Noel Ignatiev, *How the Irish Became White,* New York, Routledge, 1995, p. 41.
3. Frederick Douglas, *Life and Times of Frederick Douglas* (1892), Collier Books, 1962.
4. *Ibid.*

par un dentiste noir qui lui demande combien il a d'amis noirs. Nullement embarrassé, il répnd : « Docteur, je ne connais pas cinq Noirs de votre qualité pour les appeler par leur prénom, mais je promets de faire mieux[1]. » Ted Sorensen confirme qu'avant les élections de 1960 Kennedy « ne se souciait tout simplement pas beaucoup des droits civiques [...] et n'avait pas d'expérience ou d'accointances dans ce domaine[2] ». Roger Wilkins apporte un jugement plus tranchant encore sur la question, lorsqu'il parle des frères Kennedy : « Ils ne connaissaient pas les Noirs, explique-t-il. Ils ignoraient les souffrances des Noirs. Ils n'étaient pas à l'aise avec les gens noirs... De ce fait, il n'y avait aucune raison d'espérer qu'ils se montrent sensibles ou révoltés vis-à-vis de leur condition[3]. »

Durant la campagne de Jack en 1952, dont Robert a la charge, la question des Noirs et, au-delà, des droits civiques, n'est pas un véritable enjeu et ne constitue pas de réel danger. Robert le dit très simplement : « Ceux qui briguaient l'investiture du Parti démocrate [dans les années 1950] ne s'intéressaient qu'à trois ou quatre personnes qui décidaient du vote noir. Nul besoin de prétendre que l'on allait faire quoi que ce soit dans le domaine des droits civiques... Il s'agissait juste de reconnaître [ces personnes] pour recevoir leur vote assez facilement[4]. »

Mais la prudence du candidat Kennedy lui vaut rapidement les critiques des porte-parole d'un mouvement antiségrégationniste en plein essor. Le journaliste noir Chuck Stone écrit ainsi : « Il y a une chose que l'argent ne peut pas acheter. C'est une attitude libérale et franche envers les Noirs et leur lutte pour l'égalité. Le sénateur Kennedy n'a pas cette attitude. Le sénateur Kennedy a tergiversé

1. Nick Bryant, *The Bystander, op. cit.*
2. Ted Sorensen, *Kennedy, op. cit.*
3. Entretien avec Roger Wilkins in *RFK*, documentaire de David Grubin, 2004.
4. E. O. Guthman, J. Shulman, *op. cit.*

sur les droits civiques depuis longtemps ; il serait incapable de lire une déclaration honnête sur l'égalité raciale, même si on la lui posait sur la table de son petit-déjeuner. Recherchez dans ses discours au Sénat : a-t-il jamais condamné le comportement barbare [des États] du Sud ? A-t-il jamais manifesté une réelle préoccupation au sujet de cette citoyenneté de seconde classe ? Dans le spectre actuel [...], le sénateur Kennedy est sans conteste le pire de tous pour les Noirs américains[1]. »

Les motifs de l'exaspération de nombreuses voix publiques noires dans le pays à l'encontre de Kennedy tiennent moins à son absence véritable de pensée vis-à-vis de leur cause qu'à l'usage très pragmatique et calculateur qu'il en fait. En effet, s'il a voté en faveur de la législation pour les droits civiques des minorités au cours des cinq premières années de son mandat au Sénat, Kennedy a adopté une tout autre posture durant le débat du Congrès sur le *Civil Rights Act*, en 1957, puisqu'il a voté aux côtés des sénateurs des États du Sud un amendement violemment critiqué par les leaders des droits civiques. Par cet amendement, pour le moins choquant, les jurys populaires, dans les États du Sud, seraient majoritairement composés de Blancs. Un amendement qui vide totalement de sa substance principale le *Civil Rights Act* ; en échange de quoi, bien entendu, les sénateurs du Sud acceptent de le voter. En guise de réponse pour justifier son vote, Kennedy expliquera froidement qu'il a fondé sa décision sur une stricte évaluation juridique du texte. Il ira jusqu'à assurer avoir obtenu l'assurance des spécialistes en droit de la Ivy League qu'un tel texte n'aurait aucune ramification légale avec les droits civiques[2]. Ce qui, évidemment, est indéfendable.

---

1. Malcolm E. Smith, *John F. Kennedy, 13 Greatest Mistakes in the White House,* Suffolk House, 1980.
2. Congressional Record, 1er août 1957, p. 13305-13307.

L'historien Nick Bryant écrit que Kennedy émerge du débat de 1957 « comme opportuniste et sans principe » et qu'il a « sous-estimé la prise d'importance du mouvement noir[1] ». Dans le *New York Post,* le joueur de baseball Jackie Robinson, un pionnier et l'une des figures les plus respectées du mouvement pour les droits civiques, renforce encore l'attaque contre le candidat Kennedy. Il dénonce, pêle-mêle, la tiédeur du sénateur face aux manifestations pacifiques organisées par le mouvement, son vote de 1957, l'absence des Afro-Américains dans son programme de campagne, mais aussi son association avec John Malcolm Patterson. Le quarante-quatrième gouverneur de l'Alabama est un puissant ségrégationniste et un très actif supporter de Kennedy durant la campagne de 1960. Il a interdit à la NAACP de travailler et de s'exprimer dans cet État, a brisé les boycotts organisés par les Noirs dans les villes de Tuskegee et Montgomery, a fait expulser les étudiants noirs contestataires de l'université d'État d'Alabama, a refusé la protection du bus mixte traversant son État en provenance de Washington et à destination de La Nouvelle-Orléans, et ceci, malgré les attaques brutales subies par des passagers à Birmingham (l'une des villes les plus ségrégationnistes du pays), qui y ont été sauvagement battus, enfin il s'est assuré le soutien du Ku Klux Klan pour défaire son adversaire George C. Wallace. Loin de se détacher de Patterson, Kennedy l'aura à ses côtés lors de la préparation de l'invasion de la baie des Cochons, en 1961[2].

Mais la diatribe de Jackie Robinson est un signal d'alarme suffisamment sérieux pour que Robert Kennedy comprenne que la campagne de son frère ne pourra plus

1. Nick Bryant, *The Bystander, op. cit.*
2. Seymour Hersh, *The Dark Side of Camelot*, Little, Brown & Company, 1997 ; *La Face cachée du clan Kennedy*, Archipoche, 2013, chapitre 12.

faire l'impasse sur les droits civiques. Dès le lendemain de sa publication, Jack introduit dans sa campagne une série de discours offrant une nouvelle tonalité. Il profite d'un dîner à Minneapolis pour déclarer que le Parti démocrate doit désormais se prononcer clairement en faveur des Noirs américains. Il promet que, s'il est élu, il « se battra jusqu'à ce que chaque citoyen américain ait un égal accès au rêve américain[1] ». Mais cette sortie, qui sert visiblement de test et apparaît clairement comme un réflexe face à l'impressionnante charge de Robinson, ne crée pas l'événement. Elle n'émeut guère les démocrates, qui ne se reconnaissent pas dans ce combat puisqu'elle est, de toute évidence, une des expériences nécessaires dans le cadre de la campagne. Surtout, la rhétorique subtile qu'il emploie prend une signification claire lorsqu'elle s'applique au fonctionnement de l'exécutif et constitue une constante dans la vie politique américaine : en promettant de se « battre » lorsqu'il sera en charge de l'exécutif, il inscrit dans un agenda national futur toutes les propositions qu'il peut être conduit à avancer, ce qui signifie, pour leurs adversaires, qu'il se limitera à son rôle de proposition et laissera aux lenteurs du débat le soin d'en régler le sort.

À la veille de la convention démocrate, Robert va chercher le soutien du militant Harris Wofford en lui proposant de rejoindre la campagne de son frère, en tant que conseiller pour les relations raciales. Wofford se souvient de Robert lui disant : « Nous avons un problème avec les Noirs. Nous n'y connaissons pas grand-chose. Nous avons travaillé sans contact avec le leadership noir et nous devons tout faire à partir de rien[2]. » Wofford se met au service du candidat. Mais la lecture de sa pre-

---

1. Robert F. Kennedy, Pre-administration Papers, Box 34.
2. Harris Wofford, *Of Kennedys and Kings : Making Sense of the Sixties*, University of Pittsburgh Press, 1980.

mière note d'explication ne laisse aucun doute sur le fait qu'il ne s'agit en rien de sensibiliser Kennedy à la cause des Noirs ; il s'agit simplement de lui faire adopter une stratégie destinée à en séduire les représentants. Il doit, explique-t-il, « rencontrer les leaders noirs et blancs, recevoir les Noirs les plus qualifiés dans son propre bureau et accomplir des actes hautement symboliques lors des crises raciales – pour donner un sentiment de conviction[1] ». À aucun moment Wofford ne s'entretient en privé avec Jack, qui ne manifeste aucune curiosité pour ce qu'il a à lui apprendre sur le mouvement noir. Pour lui, en effet, la question n'est pas de développer une pensée sur cette épineuse question, mais de trouver le subtil équilibre qui lui permettra de retrouver les faveurs de l'électorat noir sans susciter d'écho négatif dans l'électorat blanc ni provoquer de fronde de la part des politiciens du Sud. De manière assez ironique, Martin Luther King, l'une des personnalités les moins crédules et les plus sceptiques vis-à-vis de Kennedy, va devenir le catalyseur de la sympathie du vote noir en faveur de Jack.

Tout au long de sa présidence, Kennedy a toujours fait en sorte d'éviter toute confrontation directe avec les organisations pour les droits civiques. Chaque rencontre avec ses leaders est soigneusement encadrée et dénuée de tout enjeu qui pourrait la dramatiser. Les effets développés durant la campagne de 1960 ont atteint leur but en provoquant assez de sympathie vis-à-vis du candidat démocrate dans l'électorat noir. Mais les questions urgentes qui figurent à l'agenda des leaders noirs ne seront jamais adoptées ensuite par une administration Kennedy qui n'y est pas véritablement sensible, ne trouve pas les arguments pour en faire une cause nationale et n'y voit pas un levier puissant pour étendre son influence et porter son action. Ce n'est qu'à dater de sa rencontre avec James

1. Robert F. Kennedy Pre-administration Papers, Box 34.

Baldwin, le 24 mai 1963, qu'un Kennedy, en l'occurrence Robert, pose les premiers jalons d'un engagement véritable en faveur des droits civiques. Le militant John Lewis écrira plus tard à son sujet ce qu'aucun militant noir n'aurait pu dire au sujet de Jack : « Il voulait écouter, apprendre et changer[1]. »

C'est bien cette transformation de Robert, et le détachement progressif dont elle témoigne vis-à-vis du devoir sacré qu'il s'est assigné toute sa vie en faveur de son frère Jack, qui fait apparaître l'invariabilité et l'insensibilité de ce dernier ; en particulier sur la question des droits civiques, puisqu'il n'a pas su discerner l'importance de cet enjeu pour les générations suivantes. Sur cette question comme sur bien d'autres, John F. Kennedy n'a rien d'un visionnaire. Et que ce soit le Texan Lyndon B. Johnson qui finisse par faire passer une législation, en 1964, n'est pas anodin. Mais il est déjà tard : la radicalisation du mouvement noir est en route et va prendre des formes de plus en plus spectaculaires.

La ségrégation, elle, a encore de beaux jours devant elle : en 2013, les chances d'accéder aux études supérieures sont de 50 % moindres pour les Noirs américains que pour les Blancs, et certaines villes, comme Chicago, sont des parangons de ségrégation raciale.

1. John Lewis, *Walkin' the Wind: A Memoir of the Movement*, Harcourt Brace and Company, 1998.

9

LES CINQ CENTS JOURS

« Ce n'est pas un job pour un play-boy[1] *. »*
Hugh Scott, sénateur

« Si pendant plus de trois jours je n'ai pas une femme, j'ai de terribles maux de tête[2] *. »*
John Fitzgerald Kennedy

Le monde a donc accueilli Kennedy et son administration avec soulagement. Comme si, soudain, le prédécesseur Eisenhower avait été un fardeau, une entrave à la Détente et, peut-être, à la paix. Fidel Castro lui-même salue le changement en démobilisant des milliers d'hommes. Prudent, Moscou ne fait encore aucun commentaire. Il n'est guère que la Chine pour réaffirmer plus fort que jamais que l'Amérique est le grand « ennemi du monde ». Mais les premiers pas du président sont rassurants.

---

1. Le 2 octobre 1960, au cours d'une conférence de presse, le sénateur de Pennsylvanie dénonce les 331 absences du sénateur Kennedy au cours des 1 189 tenues de votes au Sénat depuis 1953, auxquelles il faut ajouter, dit-il, les trente-six absences justifiées par son état de santé en 1955. Cité par le *New York Times*, le 3 octobre 1960.
2. Cité par Richard Reeves, *President Kennedy, op. cit.*

L'une de ses toutes premières mesures porte sur la politique intérieure, puisqu'il fait doubler l'aide alimentaire aux quatre millions d'Américains qui en dépendent à travers le pays. Son gouvernement parvient, également, à mettre un terme à une grève portuaire. Jackie, de son côté, se penche sur la rénovation des chambres de la Maison Blanche. Le Dr Janet Travell devient le médecin personnel du président, gardienne du mensonge d'État sur sa santé. Quant à Pierre Salinger, il s'assure que la presse relaie comme il se doit l'image d'un nouveau monde et d'une administration rajeunie.

Peace Corps

Dès le 26 janvier, toutefois, pour sa première conférence de presse en tant que président, John Kennedy rejette tout changement de cap vis-à-vis de Cuba, et annonce le report des négociations initialement prévues pour le 7 février avec les Russes, sur le traité d'interdiction partielle des armes nucléaires. Dès le 29 janvier, il lance le programme des Peace Corps en prévoyant l'envoi de cent cinquante éducateurs en Afrique. C'est son beau-frère, Sargent Shriver, qui pilote ce vaste programme, destiné selon Kennedy à promouvoir la démocratie, en particulier dans les nations du tiers-monde. L'idée semble généreuse. Les « *corps* », comme on les appelle, naissent officiellement le 1er mars. Mais les soupçons sur cette étrange entreprise ne tardent pas à s'exprimer, *Newsweek* parlant même de la « dernière arme de l'Amérique dans la guerre froide ». La paix dans le monde passe-t-elle vraiment par la promotion des valeurs américaines dans de petits villages africains ? Il va falloir en convaincre les leaders de jeunes nations, tout justes affranchies de leurs puissances coloniales. Et puis les intentions de Kennedy, même s'il ne les a pas répétées aussi clairement, sont on ne peut plus claires.

Entre Kennedy et les mouvements nationalistes, c'est une longue histoire déjà. Le 6 avril 1954, il s'en prend à l'idée d'une victoire française soutenue par les États-Unis en Indochine et en Algérie. « Aucun soutien militaire américain en Indochine, dit-il, ne peut conquérir un ennemi qui est à la fois partout et nulle part, un "ennemi populaire" qui a la sympathie et le soutien du peuple. » Trois ans plus tard, en 1957, il soutient ouvertement les indépendantistes algériens, dont il a rencontré à New York et à plusieurs reprises les représentants, en quête d'aide auprès des Nations unies : « Aucune politesse mutuelle, aucun vœu pieu, aucune nostalgie, aucun regret ne devraient jamais aveugler la France ou les États-Unis sur le fait que, si la France et l'Occident en général doivent maintenir leur influence en Afrique du Nord [...], la première étape essentielle est l'indépendance de l'Algérie. » En 1959, devenu entre-temps président de la sous-commission africaine au Sénat, il intensifie sa critique : « Appelez ça nationalisme, appelez ça antinationalisme, appelez ça comme vous voulez, l'Afrique traverse une révolution... Le mot est lancé, et se propage comme un incendie dans près d'un millier de langues et de dialectes, qu'il n'est plus nécessaire de demeurer pauvre ou asservi pour toujours. »

Il est bien difficile d'ignorer qu'en réalité les Peace Corps sont un instrument de la politique extérieure des États-Unis pour contrer l'influence communiste, que Kennedy voit partout. Il le dit lui-même, d'ailleurs : il s'agit de montrer au monde qu'« une nouvelle génération d'Américains a pris le pouvoir dans ce pays... de jeunes Américains [qui] serviront la cause de la liberté comme des serviteurs de la paix autour du monde, travaillant pour la liberté comme les communistes travaillent pour leur système ». Et c'est bien ainsi que se sentent ces jeunes Américains lorsqu'ils écrivent chez eux pour raconter leur grande aventure. Ainsi Margery

Michelmore, cette jeune fille du Massachusetts partie au Nigeria avec trente-six autres de ces *corps* pour enseigner. Elle confie sa «fascination» d'avoir découvert à Ibadan, dans la jungle, un endroit où les gens vivaient de manière «primitive», «rampant dans la ville et dans la brousse». «Nous n'avions aucune idée de ce que "sous-développé" voulait dire, écrit-elle, c'est vraiment une révélation ; une fois surmonté le choc de l'horreur initiale, c'est une expérience très gratifiante. Tout le monde à part nous vit dans les rues, cuisine dans les rues, vend dans les rues et va même aux toilettes dans les rues.» Cette carte postale ne tarde pas à circuler dans l'établissement scolaire de l'étudiante et soulève vite des critiques acerbes : on dénonce les «agents de l'impérialisme américain». Bien d'autres critiques suivront. En Afrique du Sud, l'ANC dénoncera à son tour la présence tout impérialiste de ces «civilisateurs» américains.

Kennedy approche de ses «cent jours» et, déjà, il vient de commettre une terrible erreur, qui plonge son pays dans l'embarras. C'est bien sûr le fameux épisode de l'invasion ratée de la baie des Cochons, à Cuba, l'un des mensonges de l'administration Kennedy. Il faudra trente-six années pour connaître les dessous de cette opération, menée le 17 avril 1961 par des officiers de la CIA dont presque aucun ne parle l'espagnol, la langue de l'île. La quasi-totalité des documents de l'époque a été détruite ; il n'en reste qu'un volume. On y apprend que la suspension par Kennedy du plan de frappes destinées à paralyser les forces aériennes cubaines, afin de protéger le débarquement des mille cinq cents dissidents cubains censés renverser le régime, a conduit ceux-ci directement au massacre. Il est également indiqué que la préparation de ces commandos a été totalement négligée par la CIA. Comment ces hommes, non préparés, jetés par les Américains sur les côtes de leur pays et livrés à eux-mêmes, afin qu'aucune action des États-Unis ne soit suspectée, pouvaient-ils donc survivre face à l'armée de Castro? Ils furent massacrés durant trois jours et aucun de leurs messages d'appel à l'aide ne fut suivi d'effet. On se contenta de récupérer vingt-six survivants après la fin du bain de sang. Mais que pouvait donc espérer Kennedy d'une telle intervention? Une certitude, au moins : celle de devoir renforcer la formation des officiers sur le théâtre des opérations extérieures, et les moyens employés. Pour le Viêtnam, c'est le début de l'horreur.

Le 30 novembre 1961, Kennedy signe le *National Security Memorandum* (NSAM) 115, qui recommande l'utilisation d'agents chimiques[1] au Sud-Viêtnam, une première dans l'histoire de l'armée américaine sur le terrain d'un conflit. En 1952, ces agents chimiques, utilisés dans l'agriculture dès les années 1930, ont été reconnus toxiques pour les êtres humains. Le texte prévoit « un programme conjoint sélectif et soigneusement contrôlé d'opérations d'épandage de défoliants au Viêtnam, commençant par le dégagement des routes principales et se poursuivant par la privation de nourriture[2] ». Ce n'est pas la première fois que l'on évoque ce qui est connu sous le terme générique d'« agent orange[3] », puisque les plans de l'opération « Ranch Hand », consistant à le répandre par voie aérienne, remontent déjà à plusieurs mois.

Le premier épandage, sur ordre de Kennedy, a eu lieu le 10 août sur un village de la province de Kontum. Cette opération, déjà entamée en pratique, débute officiellement le 6 janvier 1961 et se poursuivra jusqu'en

---

1. Il s'agit là de deux herbicides mis au point dans les années 1940 par des chercheurs anglais et américains.

2. Le terme fait référence à la destruction des cultures agricoles, en particulier de manioc.

3. On parle à l'époque, en réalité, d'agents « rose », « vert » et « violet », puis plus communément d'agents « arc-en-ciel ». L'« agent orange » proprement dit, d'une formulation un peu différente, n'est pas introduit avant 1965.

janvier 1971. Elle s'appuie d'abord sur des stocks d'agents chimiques fabriqués durant la Seconde Guerre mondiale par les États-Unis, mais qui n'ont jamais été utilisés. Rapidement, la fabrication est assurée par une dizaine de firmes, parmi lesquelles Dow Chemical et Monsanto. En 1984, une longue bataille judiciaire aboutira à la mise en place de l'Agent Orange Settlement Fund, qui attribue une somme compensatoire de 180 millions de dollars aux vétérans de la guerre du Viêtnam exposés aux agents chimiques entre 1962 et 1972 et à leurs familles, soit dix millions de plaignants. Les victimes vietnamiennes sont en revanche déboutées de leurs demandes d'indemnisation[1]...

Kennedy inaugure également l'usage du napalm, le gel à base d'essence utilisé pour la première fois en 1942 – un usage habituellement associé au seul nom de Lyndon B. Johnson car celui-ci l'officialisera, le 9 mars 1965. Pourtant, le napalm a déjà fait des ravages tout au long de l'année 1963. En janvier, *Life* publie les photographies de Larry Burrows montrant les « bombardements de feu ». Le 20 septembre, *Time* raconte : « D'un cimetière à la périphérie du champ de bataille, une mitrailleuse lourde viêtcong a abattu un APC. Mais, soutenus par des avions de la force gouvernementale qui ont balayé les positions rouges sous les hurlements stridents des roquettes et largué du napalm, les renforts ont roulé directement sur les rouges, ensevelissant les troupes communistes sous la boue puante avec leurs énormes chenilles d'acier. Finalement, les rouges se sont séparés et enfuis, laissant derrière eux quatre-vingt-trois morts. »

---

1. Entre 2,1 et 4,8 millions de Vietnamiens ont été directement exposés aux herbicides entre 1961 et 1971, sans compter les Cambodgiens, les Laotiens et les soldats des forces alliées des États-Unis en provenance d'Australie, du Canada, de la Nouvelle-Zélande et de la Corée du Sud. 20 % de la forêt sud-vietnamienne a été détruite par l'« agent orange ».

Lorsque l'année 1961 s'achève, le bilan du nouveau président est mauvais. Sur le plan intérieur, un amendement à la Constitution a été voté : il permet aux résidents de Washington DC de voter. Le 14 mars, un bus transportant des militants pacifistes du mouvement des droits civiques a été incendié et ses passagers lynchés ; trois jours plus tard, d'autres militants ont été arrêtés dans le Mississippi pour troubles à l'ordre civil. Peu après, Kennedy s'envolait pour Paris, avec Jackie, pour rencontrer de Gaulle et constater leurs désaccords. Jackie en est revenue consacrée sur la scène internationale.

Le magazine *US News and World Report* avait annoncé que la prochaine *First Lady* apporterait « la jeunesse, la beauté et des bébés à la Maison Blanche ». Mais celle-ci a été passablement déçue et agacée que son mari n'ait pas emporté, même de peu, la majorité du vote féminin lors des élections. Elle en attribue la responsabilité aux médias qui n'ont cessé, tout au long de la campagne, de s'intéresser à une garde-robe dont elle a pourtant elle-même exhibé la moindre pièce et qui a suscité de nombreux commentaires quant au coût de ses escapades à Paris ou dans les boutiques les plus chic de Manhattan. Elle a demandé à la journaliste Elizabeth Ford, qui travaille au *Washington Post* et au *Times-Herald*, de faire passer le mot selon lequel elle n'est pas obsédée par des couturiers étrangers, ce que la journaliste a écrit dès le 14 janvier. Puis elle a déclaré à *Time*, le 20 janvier, qu'elle s'engageait à n'acheter désormais que des vêtements américains et qu'elle était bien « déterminée » à ce que le mandat de son mari ne soit pas « rempli d'histoires de mode ».

Pour reprendre le contrôle d'une image qui lui a partiellement échappé et menace de l'enfermer, elle a engagé Diana Vreeland, ancienne de *Vogue* et « doyenne » du monde de la mode. Celle-ci est aussitôt partie en mission pour faire la chasse aux rumeurs qui se répandaient dans la presse au sujet de la Première Dame. A-t-elle vraiment commandé un manteau Givenchy, une fourrure Maximilian, une surblouse Henri Bendel ou une robe Bugnard? Quatre fois non, clame Diana Vreeland. Et, pour déployer sa nouvelle image de première des Américaines, Jacqueline Kennedy a écrit, neuf jours après son entrée à la Maison Blanche, au designer bien américain Oleg Cassini, un ami de son beau-père Joe, qui a joué jusque-là encore les entremetteurs. Joe avait l'habitude de faire habiller ses conquêtes hollywoodiennes par Cassini et ne voit rien de mieux que de le mettre au service de sa belle-fille.

Le *New York Times* a vu là une bonne occasion d'agacer la Maison Blanche qui, déjà, s'attelle à mettre sa rédaction au pas. Dans son édition du 15 mars 1961, le quotidien a critiqué sans ménagement ce mariage singulier : « Le recrutement de Cassini comme habilleur de la *First Lady* a été accueilli par des larmes d'incrédulité sur la 7e Avenue. Ses critiques et ses admiratrices ont été déroutées par le choix. Il est connu comme créateur de vêtements sexy et l'une de ses marottes, en dehors du chemisier, est l'hégémonie de la couture parisienne. »

Jacqueline ne manque plus jamais de préciser à tous les journalistes qu'elle rencontre quelle dépense très peu pour ses vêtements et ne se soucie guère de la mode. Pourtant, elle multiplie les notes à l'intention de Cassini, où l'on peut lire l'étendue de ses obsessions : « COPIES. Assurez-vous bien que personne n'a exactement la même robe que moi – même couleur ou matière. [...] Je veux qu'elles soient uniques et qu'aucune petite grosse vêtue de la même robe ne risque de venir sautiller autour de moi. Vous savez mieux que moi comment vous protéger contre les autres fabricants, qui créent des copies à bas prix. Je me fiche réellement de ce qui se passera ensuite, du moment que je la porte en premier, que c'est nouveau et que je suis seule à la porter dans la même pièce. »

Le premier invité d'un dîner d'État de la nouvelle administration Kennedy à la Maison Blanche est le président tunisien Habib Bourguiba. Cassini confectionne à cette occasion pour la *First Lady* une robe jaune pâle avec une seule bretelle, agrémentée d'un nœud de satin à la taille et de broderies aux ourlets et à l'épaule. Celle-ci l'envoie demander son accord directement au président, en particulier à cause de cette épaule découverte. Pour emporter l'approbation présidentielle, Cassini plaide que, « depuis l'aube de l'Antiquité, la reine ou les grandes prêtresses ont toujours déterminé le style. C'est leur rôle dans la société, être un peu en avance et, de ce fait, admirées par leur peuple ». Cela fait rire le président, qui répond :

— *Okay*, Oleg, vous avez gagné.

Comme toujours, Cassini enverra dès le lendemain la facture à Joe Kennedy, sur ses ordres, avec la promesse de ne jamais en révéler le montant. Mais il ne faudra pas plus de quelques mois pour que des informations se répandent à ce sujet. Finalement rendus publics, ces frais s'élèvent à plus de 15 000 dollars pour les trois premiers mois de la présidence Kennedy, parmi lesquels 4 000 pour une seule robe Givenchy. Pour la seule année 1961, la garde-robe de Jacqueline coûtera quelque 40 000 dollars.

La stature internationale de Jacqueline Kennedy se dessine dès le premier voyage officiel du président, au Canada, en mai 1961, consacrant l'apparition sur la scène internationale d'une véritable diplomatie de la mode et de la séduction. L'enthousiasme suscité par la *First Lady* à Ottawa traverse les océans et préfigure de ce que sera l'accueil du Vieux Continent au cours de l'été. Le magazine *Life* lui consacre sa couverture le 26 mai. Elle y apparaît dans une robe rouge, créée en référence à l'uniforme de la police montée royale canadienne. Mais, évidemment, c'est à Paris qu'elle recueille le plus de couvertures sur papier glacée…

Le 4 juin, au sommet de Vienne, le président a rencontré Khrouchtchev pour discuter des essais nucléaires, du désarmement et de l'Allemagne. À peine plus de deux mois plus tard, le 13 août 1961, les Soviétiques ont construit le mur de Berlin. Le 18 novembre, enfin, Kennedy a envoyé dix-huit mille conseillers militaires au Sud-Viêtnam et, le 11 décembre, la guerre du Viêtnam débute officiellement avec l'arrivée des hélicoptères américains à Saigon. Un seul candidat à l'investiture pour une élection présidentielle américaine osera critiquer la politique étrangère de Kennedy, un quart de siècle plus tard : il s'agit de Joe Biden, futur vice-président du très kennedyen Barack Obama. Alors sénateur de Delaware, Biden estimera en mai 1987 que ses propres vues sur le rôle des États-Unis dans les affaires internationales ont été tempérées par les leçons du Viêtnam et autres expériences américaines depuis l'accession de Kennedy à la présidence. Il soulignera « l'ambition débridée de la politique internationale de John Kennedy au début des années 1960 », une politique « qui ne nous a pas toujours conduits à prendre les engagements les plus sûrs ».

Avec les femmes

Il fallait bien avoir le petit grain de folie dont le critique anglais Kenneth Tynan avait le secret, outre une « gueule » à la John Cassavetes, pour faire l'éducation sexuelle de la princesse Margaret[1] en projetant pour elle, sur un drap accroché au mur, une anthologie de films pornographiques, raffoler du sadomasochisme et faire campagne en faveur de la masturbation, s'inviter au lit de ses stars favorites et se venger par le feu de sa plume de celles qui lui refusaient leurs faveurs.

Kenneth Tynan ne vécut que cinquante-trois ans – emporté par une dernière bouffée de cigarette –, mais

1. La princesse Margaret, comtesse de Snowdon (1930-2002), sœur cadette de la reine Elizabeth II.

quel feu d'artifice que ses colonnes dans l'*Evening Standard* et *The Observer* à Londres, dans le *New Yorker* à Manhattan ! Ses carnets, publiés en 2001, relatent à la date du 4 avril 1971 la confession de Marlene Dietrich sur son « affaire » avec Jack Kennedy. « J'espère que vous n'êtes pas pressée », lui dit Jack lorsque l'actrice, de vingt ans son aînée, arrive à la Maison Blanche ce soir de 1962. Elle répondit que, de fait, elle l'était, car « deux mille Juifs » l'attendaient pour lui remettre une distinction à 19 heures et qu'il était déjà 18 h 30. Sans tarder, ils allèrent au lit. « Ce fut très rapide et facile, confia plus tard Dietrich à Tynan, puis il s'endormit. J'ai regardé ma montre, il était 18 h 50. » Elle remua Jack pour le réveiller, parce que, dit-elle, « je ne connaissais pas mon chemin et ne pouvais simplement pas appeler un taxi ». Le président se leva, noua une serviette de bain autour de sa taille, la conduisit vers un ascenseur et demanda à l'opérateur de lui obtenir un taxi pour la conduire à sa réception. Alors qu'elle partait, elle se souvient que Jack lui demanda : « Juste une chose... l'avez-vous fait avec mon père ? — Non, Jack, répondis-je sincèrement, jamais. — Eh bien, dit-il, pour une fois je suis le premier." Puis la porte de l'ascenseur se referma et je ne le revis plus jamais. »

Jack avait attendu vingt-quatre ans pour poser la question à sa brève conquête et, bien sûr, tous deux s'étaient menti. En août 1938, tandis qu'il séjournait avec sa femme et ses enfants dans la villa qu'il avait louée au cap d'Antibes, l'ambassadeur Joe Kennedy, âgé de quarante-neuf ans, retrouvait Dietrich à l'Hôtel du Cap, tandis que la jeune fille de celle-ci, Maria, jouait avec les enfants Kennedy, Jack en particulier. Et il y avait eu, surtout, ce fameux bal d'été donné par la célèbre chroniqueuse américaine Elsa Maxwell, où le jeune Jack, âgé de vingt et un ans, invita Marlene à danser sur « Begin the Biguine ». Comment aurait-il pu oublier ce soir-là, puisqu'il raconta plus tard à son confident Frank Sinatra, toujours friand de ses aventures, à quel point Marlene l'avait « serré de près », avant de « glisser sa main dans [son] pantalon[1] ».

Mais qu'importent les petits mensonges de courtoisie entre amants de passage. Jack avait après tout bien surpris, alors qu'il n'avait que douze ans, le baiser amoureux de son père avec Gloria Swanson tandis qu'ils naviguaient au large de Hyannis Port alors que, dans la maison familiale, Rose donnait les directives pour le repas du soir. Et puis, comme l'écrivit *Vanity Fair* en 2009, « la liaison entre [Joe] Kennedy et [Marlene] Dietrich était uniquement physique. Ils étaient des stars de la scène mondiale, partageant un niveau de célébrité que peu d'autres avaient atteint ; chacun, par exemple, avait eu les honneurs de la couverture du magazine *Time*. Ils étaient extrêmement individualistes, tous deux convaincus de la justesse de leurs convictions et peu soucieux de ce que les autres pensaient de leur vie privée. Forts, fougueux et égocentriques, ces deux titans passaient leur temps ensemble à l'Hôtel du Cap, partageant les rumeurs d'Hollywood aussi bien que leurs vues sur la scène internationale. [...] Marlene voulut convaincre Kennedy de l'erreur de sa politique isolationniste vis-à-vis de l'Allemagne, puisqu'elle n'avait aucun doute sur le fait qu'Hitler était le Mal en personne. [...] Mais lui voyait Hitler comme le président d'une compagnie concurrente et maintenait sa foi dans le pouvoir de la négociation[2] ». Marlene pouvait bien avoir vingt ans de plus lorsque Jack passa enfin, avec elle, de l'émotion d'un soir de fin d'adolescence au bref orgasme de la Maison Blanche : lui, au moins, était président des États-Unis. Mais le vieux Joe se serait bien amusé de l'anecdote. De père en fils, les Kennedy n'ont cessé de jouer et rejouer la même partition avec les femmes.

1. Cari Beauchamp, *Joseph P. Kennedy Presents*, Alfred A. Knopf, 2009.
2. « It Happened at the Hotel du Cap », *Vanity Fair*, mars 2009.

Le 19 mai 1962, quinze mille personnes se pressent au Madison Square Garden pour célébrer le quarante-cinquième anniversaire de John Fitzgerald Kennedy[1]. Il a rencontré Marilyn Monroe, star «absolue» de l'Amérique, au mois de mars, tandis que Jackie effectuait une longue tournée en Inde, au Pakistan et en Europe, où elle était notamment reçue pour une messe privée par le pape Jean XXIII. Sans doute n'a-t-il revu Marilyn qu'une ou deux fois depuis, pris dans sa frénésie de conquêtes, qui atteint sans cesse de nouveaux sommets et consterne son entourage. Mais, ce soir-là, c'est celui de l'indécence qui est atteint. Marilyn, arrivée au dernier moment pour se produire sur scène, est tout juste capable de tenir debout. Elle est complètement ivre et sans doute a-t-elle également consommé des tranquillisants. Dans un état semi-comateux, elle entonne un «Happy Birthday» pour le président, qui peine à dissimuler sa crispation. Heureusement, Jackie n'est pas venue célébrer l'anniversaire de son mari. La salle s'extasie. La scène, parfaitement obscène que l'on en connaisse ou pas l'arrière-plan, devient l'un des grands moments de la présidence Kennedy. Personne ne sait ce qu'ils se disent un instant plus tard, mais l'on aperçoit Jack, l'air sévère, s'adressant à Marilyn. Un reproche, sans doute, peut-être même la rupture. Marilyn, qui vit ses derniers mois, ne reviendra plus à la garçonnière de l'hôtel Carlyle, où défilent les conquêtes d'une ou de quelques nuits et les prostituées toujours mises à disposition du président partout où il passe.

Il y a longtemps que ses frasques sont devenues difficiles à dissimuler. Si elles ne s'ébruitent pas dans la presse, c'est essentiellement grâce à Jackie. Elle ne se gêne pas, pourtant, pour le traiter de «lapin» en public. Mais elle n'a pas son pareil pour apparaître au bon

1. Comme souvent, la soirée de gala sert également à récolter des fonds pour le Parti démocrate.

moment à son côté et faire taire d'éventuelles rumeurs. En ce printemps 1962, d'ailleurs, elle subit sans broncher le blâme que lui adressent les organisations féministes, au motif qu'elle est une épouse trop absente, sans cesse en voyage. Un comble… Mais non, ni cela ni les sous-vêtements oubliés qu'elle retrouve parfois dans leur chambre à la Maison Blanche ne la dissuadent de rester l'épouse modèle que l'on attend qu'elle soit. Simplement, lorsque la situation devient intenable, elle ne trouve la force de tenir qu'en voyageant, en passant du temps avec ses amis, auprès de ses enfants ou de sa demi-sœur Lee, une jeune femme pétillante qui la soulage un peu de ses tourments. Lui la trahit doublement. Auprès des femmes, bien sûr, mais également en profitant de son absence pour se mettre en scène, à la Maison Blanche, avec ses enfants, devant les objectifs. Ce sont les fameuses images de John jouant avec Caroline et John Jr, père modèle et attentif. Images de propagande, encore et toujours. Au même moment, Jack peine à rompre avec Judith Campbell.

De son vrai nom Judith Eileen Katherine Immoor, cette New-Yorkaise d'une beauté remarquable, qui a grandi dans le quartier huppé de Pacific Palisades à Los Angeles, est la fille d'un architecte allemand immigré aux États-Unis dans les années 1930. Divorcée de l'acteur William Campbell en 1958 après une union désastreuse de six années, elle a été présentée à Jack par Frank Sinatra, à Las Vegas, le 7 février 1960, au cours d'une représentation du *Rat Pack* au club mythique Sand's Copa Room. Ils deviennent amants un mois plus tard exactement, alors qu'elle voyage en sa compagnie à New York, sur le chemin du New Hampshire où le conduit sa campagne. Elle le retrouve le 7 avril, dans sa maison de Georgetown. Entre-temps, Judith est devenue la « favorite » de Sam Giancana, qui la couvre de cadeaux somptueux, tandis que John Rosselli veille sur elle lorsqu'elle se trouve à Los Angeles.

C'est ainsi que Jack et Sam Giancana se rapprochent. La fille de Giancana, Toni, a relaté la rencontre des deux hommes dans la chambre d'hôtel de Judith à Chicago, le 28 avril 1961, le lendemain même du mariage en grande pompe de la fille de Tony Accardo, auquel s'est pressé tout le gratin du crime organisé. Poussant toujours plus loin son audace – et son infidélité –, Jack reste avec Judith la nuit du 4 au 5 mai 1961 à la Maison Blanche (où, racontera-telle, il lui a fait l'amour sur la musique de *Camelot*), une scène qui se reproduira les 8 et 24 août suivants. Les notes du FBI montrent que les contacts entre Judith et Jack passent la plupart du temps par sa secrétaire, Evelyn Lincoln, mise sur écoute à la demande de John Edgar Hoover. Des micros ont été également dissimulés chez la jeune femme, à Los Angeles, et chez John Rosselli, où elle réside fréquemment, ainsi que dans les endroits qu'elle fréquente lors de ses passages à Chicago, d'où elle appelle la Maison Blanche.

Pendant longtemps, le suivi à la trace de cette relation est ignoré par le président et par son entourage. Et sans l'intervention de Hoover, le 22 mars 1962, la relation entre Jack et Judith aurait sans doute continué un certain temps. Mais le patron du FBI, qui n'a pas apprécié la tournure de ses rapports avec la Maison Blanche, ni l'entourage du président depuis son arrivée dans le bureau ovale, lui fait alors clairement comprendre qu'il s'est tenu constamment informé de cette liaison et, à travers elle, des relations entre Jack et les parrains de la mafia. D'ailleurs, au même moment, Judith « surprend » deux agents du FBI dans son appartement, une manière pour Hoover d'embarrasser plus encore le président, s'il en était besoin. Hoover n'attend pas de Jack qu'il coupe les ponts avec Judith. Jack restera en contact avec elle jusqu'en novembre 1962. Le 22 mars, sitôt sorti de ce très désagréable moment à table avec Hoover, Jack se jette sur le téléphone, comme le raconte Judith Campbell :

« Jack m'a appelée après son rendez-vous. Il m'a d'abord demandé de revenir à Washington et je lui ai répondu que je ne pouvais pas. Alors il m'a dit d'aller chez sa mère et de l'appeler. Il m'a dit que mon téléphone n'était probablement pas sûr. »

Une lignée royale

Hoover n'attend pas non plus que Jack rompe avec ses amis mafieux. Il s'assure simplement de retrouver sa pleine indépendance à la tête de « sa » maison, le FBI. Pourtant, Jack encaisse le coup et coupe brusquement les ponts avec Frank Sinatra et son entourage. Cette rupture brutale et la détérioration des liens entre Kennedy, son proche entourage et les hommes auxquels sa famille doit beaucoup, vont peser dans la théorie d'un complot visant à abattre le président. Elle va s'articuler, tout particulièrement, autour du rôle que Sam Giancana et John Rosselli auraient pu tenir dans un tel projet.

Au sortir de sa relation avec Judith Campbell, Jack non seulement n'est pas refroidi, mais il s'embarque plus que jamais dans d'improbables virées nocturnes, inimaginables pour un président des États-Unis. En décembre 1962, Jack atteindra un nouveau sommet dans sa frénésie de consommation sexuelle. Ses gardes du corps témoigneront, longtemps après sa mort, qu'une véritable orgie se déroule alors dans la propriété du célèbre acteur et crooner Bing Crosby, à Palm Springs, en présence de Jack, de ses frères Bobby et Teddy, et de leurs très nombreux amis. Ces agents se souviennent que, cette nuit-là, les hurlements provenant de la piscine située au cœur de la maison soigneusement isolée par les voitures de la police locale leur faisaient penser à une « invasion de coyotes ». Les agendas respectifs de Jack, le président, de Robert, le procureur général, et de Ted, le sénateur du Massachusetts, attestent bien de leur présence à Palm

Springs et les registres de la police locale mentionnent l'impressionnant dispositif de sécurité mis en place durant toute la nuit autour de la propriété de Bing Crosby.

Ses frasques sont si dangereuses qu'elles soulèvent parfois même des questions de sécurité nationale. Il en va ainsi de sa liaison avec Ellen Romesch, en 1963. À vingt-sept ans, cette jeune femme mystérieuse, originaire d'Allemagne de l'Est, entretient un réseau de filles destiné à procurer des « faveurs » aux politiciens et aux lobbyistes de Washington. Ancienne membre du Parti communiste, elle a parallèlement une relation avec un diplomate soviétique. À peine son nom fut-il cité parmi les « amies » de Jack qu'elle fut « prise en charge » par le FBI, expulsée en quelques heures du pays et réduite au silence moyennant finances. Dans son édition du 30 novembre 1997, le *New York Times* commente ainsi l'histoire publiée par le journaliste Seymour M. Hersh, qu'il estime « convaincante » : « Hersh a recoupé des entretiens avec des gens bien informés de Washington, des notes déclassifiées du FBI et de la CIA [...] et les citations révélatrices des mémoires de Ben Bradlee en 1975, *Conversations With Kennedy*. » Ces mémoires, qui ont suscité beaucoup d'embarras à Washington, dévoilent les conversations entre Hoover, le *boss* du FBI, et Kennedy, alors président, sur les sommes versées à Ellen Romesch, et les décrivent consultant tous deux les photographies des prostituées habituées de la Maison Blanche, au cours d'un déjeuner au moins. Le *New York Times* écrit : « Ce déjeuner avec Hoover n'avait rien d'une messe basse. Hoover était au courant de la liaison Kennedy-Romesch et voulait s'assurer que le président savait qu'il savait. »

Jack partage également deux prostituées avec Harold Macmillan, le ministre britannique de la Guerre : la Tchèque Mariella Novotny – auprès de laquelle il se plaint de la « froideur » de son épouse – et la Chinoise Suzy Chang. Celles-ci parvinrent à soutirer au ministre des informations sur la politique nucléaire de l'Angleterre, pour les communiquer à un attaché de la marine soviétique. Lorsque le scandale éclata, Macmillan dut se démettre et le gouvernement fut dissous dans la foulée.

« Après une année de présidence, il était facile pour Kennedy de se présenter comme un gestionnaire de crises, un chef de l'exécutif désireux d'éviter que les problèmes avec les Soviétiques, Cuba, le Laos et le Viêtnam ne débouchent sur des catastrophes et que les difficultés liées à l'économie et aux droits civiques ne déstabilisent le pays et l'embarrassent sur la scène internationale[1] », écrit Robert Dallek. Mais le président, élu d'une courte tête par des électeurs auxquels il a promis monts et merveilles, ne l'a pas été pour être un héros international et un chef de guerre, rôles dans lesquels il se complaît, tandis que sa vie privée occupe une part considérable de son temps.

Alors que l'année 1962 s'égrène et qu'il atteint le cap des cinq cents jours à la Maison Blanche, Kennedy est rattrapé par des réalités auxquelles il aurait préféré ne pas devoir faire face. L'historien canadien Timothy Naftali, spécialiste de la guerre froide, écrit ainsi : « À la mi-1962, Kennedy avait quelques raisons de douter qu'il laisserait une empreinte durable dans la conscience américaine. » Le 19 mai, conscient du déficit de son action en matière de politique intérieure, il s'est adressé à une foule de vingt mille personnes, lors d'un discours télévisé retransmis depuis le Madison Square Garden de New York, pour défendre un plan d'aide médicale aux personnes âgées. Un discours quelque peu fébrile, où il peine à dissimuler son exaspération face à un Congrès de plus en plus sceptique vis-à-vis de sa politique d'effets spectaculaires :

— Cette loi sert les intérêts publics. Elle implique le gouvernement parce qu'elle implique le bien-être public. La Constitution des États-Unis n'a pas rendu

1. Robert Dallek, *op. cit.*

le président ou le Congrès impuissants. Elle leur a conféré les responsabilités d'améliorer le bien-être général et c'est ce que nous essayons de faire.

Voulant s'assurer le soutien des rangs démocrates, il promet également de jeter tout son poids dans la balance afin d'aider le Parti à récolter les fonds dont il a cruellement besoin pour renflouer ses caisses en vue des prochaines élections. Mais, le 21 juin, le Congrès lui inflige un échec cinglant. Le président réagit vivement en dénonçant « la plus sérieuse défaite pour les familles américaines[1] ». Le jour suivant, contre toute attente, les démocrates et les républicains s'allient pour annihiler son projet de loi, très controversé, destiné à imposer le contrôle le plus strict sur la production agricole jamais mis en place dans le pays. Pas moins de quarante-huit démocrates s'y sont opposés. Le 23 juin encore, la bataille qui oppose les chemins de fer nationaux aux syndicats aboutit à la rupture des négociations et laisse entrevoir le spectre d'une grève générale des transports ferroviaires. Comme si cela n'y suffisait pas, l'administration se trouve également sous un feu nourri d'accusations pour les lacunes de son programme antitrust et l'inquiétude que sa politique commerciale engendre dans les milieux financiers. Et la séquence n'en finit plus, nourrissant la frustration et la colère du président. Il s'emporte contre les milieux d'affaires, qui ne le soutiennent pas : « Mon père m'a toujours dit que tous les hommes d'affaires étaient des fils de putes, mais je ne l'avais jamais cru. Jusqu'à présent[2]. »

En réalité, Kennedy est au milieu du gué. Son charisme, dès lors qu'il s'agite sur la scène internationale, lui a valu beaucoup d'indulgence de la part des Américains, malgré ses échecs cuisants et ses revirements. Mais le pays lui-même ne va pas bien. Il avait promis la fin

1. *New York Times*, 22 juillet 1962.
2. Arthur M. Schlesinger, *Robert Kennedy and His Time*, *op. cit.*

rapide de la récession qui avait marqué les derniers mois de la présidence Eisenhower : le chômage atteint 5,5 % de la population, un taux qui fait sourire de nos jours mais apparaît inacceptable pour l'époque. L'investissement des entreprises ne redémarre pas. Les commandes de biens durables s'affaissent depuis le début 1962. Au stock exchange, les actions ont perdu 25 % de leur valeur au printemps. La balance des paiements est mal orientée. Les réserves d'or n'ont jamais été aussi basses depuis la Grande Dépression. Et l'opinion commence à percevoir clairement le poids des dépenses engagées par Washington pour ses opérations extérieures. L'hebdomadaire *Newsweek* souligne que « jamais, depuis l'époque de Roosevelt, le niveau des attaques contre un président, sa famille et ses politiques n'a été si élevé[1] ». Comparé à ses successeurs, écrit Timothy Naftali, « John F. Kennedy était extrêmement populaire, alors qu'il approchait des élections de mi-mandat de 1962. Pourtant, il avait des raisons de ne pas être satisfait des sondages cet été-là. Les récentes défaites au Congrès, l'incertitude quant au futur de l'économie américaine, et le flot de critiques à son encontre avaient fait leur effet. Le niveau d'approbation de Kennedy dans l'opinion avait glissé sous les 70 %. Malgré tout le glamour de la Maison Blanche, de Kennedy et toute la fraîcheur d'esprit apportée par ce jeune et beau leader et sa photogénique famille, Kennedy était désormais moins populaire que Dwight Eisenhower ne l'avait jamais été[2]. »

En avril, s'exprimant devant la 10e Conférence annuelle des femmes républicaines, la sénatrice du Maine, Margareth Chase Smith, dénonce ce qu'elle appelle le « *Kennedy twist* » : « Cherchant le vote des travailleurs de l'industrie aéronautique de San Diego le 2 novembre

1. « Kennedy And His Critics », *Newsweek*, 16 juillet 1962.
2. Timothy Naftali, « One Hell of a Gamble », *Krushschev, Castro, Kennedy and the Cuban Missile Crisis*, 1958-1964, Pimlico, 1999, p. 89.

1960, le candidat Kennedy a déclaré : "Je soutiens pleinement le programme B-70". Le 7 mars 1962, le président Kennedy a déclaré qu'il pensait que la production des B-70 ne serait pas "l'action la plus judicieuse" et affiché clairement son intention de s'opposer au Congrès sur le sujet. [...] Le candidat Kennedy s'en est pris avec virulence au gel des fonds de la Défense par l'administration Eisenhower, affirmant : "Ces fonds doivent être dégelés et dépensés !" Le président Kennedy a bloqué et gelé les fonds de la Défense, refusant de les utiliser. [...] En se référant aux juges fédéraux, le candidat Kennedy a déclaré : "J'espérerais que les critères pour la désignation d'un juge ne consisteraient pas dans son affiliation à un parti politique, mais à ses qualifications pour la fonction." Le président Kennedy et son frère ont nommé cent onze démocrates à vie aux postes de juges fédéraux, et pas un seul républicain, un bilan condamné par le comité judiciaire fédéral et l'American Bar Association. À Salem, dans l'Oregon, en 1960, le candidat Kennedy a déclaré : "Nous inverserons la course désastreuse des taux d'intérêt, en resserrant la politique monétaire du Parti républicain." Mais le sénateur Gore[1], dans un article du *Times* en 1962, a exprimé son "découragement" et son "regret" que le président Kennedy poursuive la politique des taux d'intérêt de l'ère Eisenhower. [...] En octobre 1960, le candidat Kennedy a déclaré : "Le népotisme est dangereux pour l'intérêt public et pour notre moralité nationale." Comme président, il a ignoré sa propre condamnation du népotisme et la liste des proches des Kennedy payés par les fonds publics est à peine moins importante que ce que l'on appelle les "400"[2]. » Une attaque en règle, mais qui, de fait, ne comporte pas d'erreur grossièrement partisane.

---

1. Albert Gore (1907-1998), sénateur du Tennessee, père d'Al Gore, vice-président sous la présidence Clinton.
2. Les 400 plus grandes fortunes du pays, selon le classement établi chaque année par Forbes.

Kennedy bénéficiait, lors de son entrée à la Maison Blanche, d'un taux d'approbation de 52 % chez les électeurs républicains, 14 % le désapprouvant et 34 % ne se prononçant pas. En juin 1962, 44 % des républicains l'approuvent encore, 41 % le désapprouvant. Au cours de l'année suivante et jusqu'à son assassinat, il va atteindre un taux de désapprobation de 56 % chez les républicains, de 15 % chez les démocrates et de 34 % chez les indépendants, ses plus mauvais scores[1].

Selon Schlesinger, « à l'été 1962, Kennedy était bien installé dans la présidence. Il avait beaucoup changé physiquement au cours de cette année et demie. Son visage était plus ridé et marqué ; les traits étaient plus épais, moins beaux mais plus puissants[2] ». Détails intéressants du portrait d'un homme qui cherche à la fois un nouveau souffle et une revanche. Mais il va avoir fort à faire. « Un peu moins de deux cents ans plus tôt, le peuple s'était affranchi de George III et de la dynastie de Hanovre, souligne Naftali. Les Kennedy semblaient maintenant agir comme s'ils étaient la nouvelle lignée royale du pays[3]. »

La nomination du jeune Robert Kennedy au tout-puissant département de la Justice n'avait jamais été véritablement digérée par les médias. Mais elle s'était aussi révélée rapidement problématique pour les membres de l'exécutif eux-mêmes, le tempérament de Bobby étant à la fois bouillonnant et peu lisible ; son pouvoir était incontrôlable et son influence auprès de son frère de plus en plus importante.

Trois princes

Et voilà qu'une nouvelle tempête de protestations se levait à l'horizon, avec l'annonce au cours de cet été 1962,

1. Gallup, « The Public Perspective », octobre-novembre 1998.
2. Arthur M. Schlesinger, *Robert Kennedy and His Time*, *op. cit.*
3. T. Naftali, *op. cit.*

par le troisième frère, Edward dit « Ted » Kennedy, qu'il briguait le siège de sénateur du Massachusetts. Ted venait tout juste d'avoir trente ans – l'âge minimal pour se présenter aux élections – et n'était inscrit au barreau du Massachusetts que depuis moins de trois ans. Son expérience se limitait aux services rendus à son frère durant la campagne de 1960. La réponse de *Newsweek* fut cinglante : « Nous pouvions prendre Jack et Jackie et Bobby et Caroline, mais Teddy c'est trop[1]. » *Time* ironise : « Edward Moore Kennedy a souri aux reporters de la télévision qui tendaient leurs micros vers son visage. Avait-il parlé de son triomphe avec son frère, le président des États-Unis ? Non, mais il espérait le faire rapidement. Avait-il parlé avec son autre frère, le ministre de la Justice ? Non, mais il espérait le faire rapidement. Avait-il parlé à son père, Joseph P. Kennedy ? Teddy a répondu, avec la fierté insouciante d'un fils qui sait avoir satisfait un père exigeant : "Oui, je lui ai parlé. Il était extrêmement heureux."[2] » Le magazine cite la réaction du président du Comité national républicain, William Miller : « Grâce à cela, nous allons ramasser tous les votes à travers le pays ; désormais, le peuple y réfléchira à deux fois lorsqu'il s'agira de cette dynastie. La désignation de Bobby à la Justice était déjà regrettable ; et si ça n'était pas une blague, en voici une. Que Teddy soit qualifié pour être sénateur des États-Unis est une idée risible. » À travers la presse, les caricaturistes politiques s'en donnent à cœur joie. « Si Teddy gagne, le Laos ne sera plus le seul pays gouverné par trois princes », lance le satiriste Del Close dans le journal *Second City*, à Chicago. Et Teddy, de fait, l'emporte haut la main.

Beaucoup d'encre a coulé au sujet du rôle moteur de Joseph Kennedy dans le népotisme et le clientélisme,

---

1. *Newsweek*, 16 juillet 1962.
2. « Nation : Teddy & Kennedysm », *Time Magazine*, 28 septembre 1962.

déterminants dans l'histoire de la famille Kennedy. Mais son personnage a surtout servi à d'innombrables auteurs pour évacuer la question de ces pratiques par John F. Kennedy lui-même. Une lecture de ce phénomène à travers la figure du « patriarche » est relativement compréhensible, tant que John n'avait pas atteint le pouvoir suprême, puisque sans les connexions, la fortune et l'influence de son père, son élection en 1960 serait demeurée très hypothétique. En revanche, et quel que fût son pouvoir de conviction, le vieux Joe n'avait plus, à partir de 1961, que la volonté de « placer » ses enfants et de protéger ses « amis », et ce pour un temps assez bref, puisque son attaque cérébrale, fin 1961, l'a privé non seulement de la parole mais également d'une grande partie du contrôle sur ses activités. Bien sûr, il a « exigé », comme on l'a vu, que Bobby soit ministre de la Justice. Il a également fait comprendre, en 1962, que c'était « au tour de Ted » d'entrer dans l'arène politique. Mais ce n'est pas lui qui a constitué les cercles et les gardes rapprochées dont John s'est entouré dès son entrée dans le bureau ovale.

D'ailleurs, au-delà des seuls aspects du népotisme et du clientélisme – déjà lourds de conséquences –, Kennedy inaugure à l'été 1962 une pratique qui va changer pour longtemps les mœurs de la politique américaine, si longtemps qu'elle déchaîne encore les passions sous le second mandat de Barack Obama, un demi-siècle plus tard. En juillet 1962, confronté à la fin précoce de sa lune de miel avec les Américains et, en particulier, avec toute une partie des républicains qui n'ont pu que s'aligner sur ses prérogatives, Kennedy entame une séquence bien plus sombre de son mandat. Seuls quelques membres de son entourage sont au fait – et acteurs – de sa décision de mettre en place un programme d'écoutes et d'enregistrements secrets à la Maison Blanche : Bobby, bien sûr, la branche des services secrets que celui-ci maîtrise, sa secrétaire personnelle Evelyn Lincoln, qui parfois coupe le système à la demande du président, et probablement Kenneth O'Donnell.

Parmi ses plus proches conseillers, Arthur Schlesinger et Theodore Sorensen ont toujours nié avoir eu connaissance de l'existence d'un système d'écoutes. Ce système d'écoutes a été installé au cours du week-end des 28 et 29 juillet 1962, tandis que le président séjournait à la résidence familiale de Hyannis Port. En 1973, le *Washington Post* révèle l'existence de soixante-huit dispositifs d'écoutes téléphoniques et de cent vingt-cinq bobines enregistrées à partir de l'été 1962. Mais leur contenu est inaccessible[1]. Deux jours plus tôt, lors de son audition devant le Sénat dans l'Affaire du Watergate, le conseiller du président Nixon, Alexander Butterfield, évoque l'existence d'un système d'écoutes installé par le chef de la Maison Blanche. Devant la tournure de l'audition, dans les heures qui suivent, la JFK Library a dû reconnaître qu'un tel système existait déjà du temps de Kennedy, s'empressant de préciser que le contenu des enregistrements est « hautement sensible en matière de défense nationale et de politique extérieure ». En clair : pas question d'en divulguer quoi que ce soit au public.

Les raisons qui ont conduit Kennedy à décider, en quelques jours à peine, et en cercle extrêmement restreint, de créer ce système d'écoutes demeurent encore obscures. Selon sa secrétaire Evelyn Lincoln, le président n'avait jamais avalé la manière dont plusieurs acteurs du désastre de l'intervention de la baie des Cochons, en avril 1961, ont prétendu par la suite qu'ils s'étaient opposés à l'opération. Mais elle donne également une autre version, selon laquelle le président voulait simplement garder des notes sonores afin d'écrire ses mémoires – peu crédible. Selon la JFK Library, Robert Bouck, l'agent

1. « Kennedy Archives Yield 193 White House Recordings », *Washington Post*, 18 juillet 1973.

spécial chargé des enregistrements, « installa le système dans le bureau ovale et dans le bureau du Cabinet au printemps 1962 », ce qui ne correspond pas à la chronologie telle qu'elle a été établie depuis. Toujours selon la fondation, « le dispositif d'enregistrement était confiné à deux pièces dans le sous-sol. Le président n'avait pas accès à l'enregistreur lui-même ; il pouvait seulement le mettre en route ou l'interrompre dans le bureau ovale en pressant un bouton "très sensible" installé dans un étui à stylo sur son bureau, sur une étagère près de son fauteuil favori ou sur une table à café devant la cheminée de son bureau. Le bouton de la salle du cabinet était installé sous la table de conférence, devant la chaise de JFK. Les microphones du bureau ovale étaient dissimulés dans l'agenda et dans une table de la pièce ; ceux de la salle du cabinet étaient installés sur les murs extérieurs directement derrière le fauteuil du président, dans de petits espaces qui avaient auparavant servi pour des lumières. » Un second dispositif « a été installé dans le bureau ovale et possiblement dans la chambre du président vers septembre 1962, pour enregistrer les conversations téléphoniques ».

On sait désormais que, dans l'heure qui a suivi l'assassinat de Kennedy, Bobby a demandé à Bouck de déconnecter le système et de le désinstaller. Officiellement, il y avait alors deux cent quarante-huit heures d'enregistrements de réunions et douze heures d'enregistrements téléphoniques, qui durent attendre jusqu'en 1976 pour être confiés par les Kennedy aux Archives nationales et à la JFK Library.

La décision de mettre en place un tel système d'écoutes – jusqu'à l'intérieur de la chambre présidentielle – est sans grand doute indissociable, à la fois, de l'état d'esprit qui s'était emparé de John et Bobby Kennedy à partir du printemps 1962, mais également d'affaires privées de plus en plus complexes. Il régnait alors une atmosphère de suspicion rarement atteinte à la Maison Blanche. Timothy

Naftali écrit à ce sujet: «L'administration Kennedy peut être comprise comme un ensemble de factions qui faisaient allégeance à un homme[1].» Mais ces cercles avaient pour pendant d'autres cercles, bien moins inspirés par le comportement du président, témoins de ses turpitudes et de ses aventures, pour lesquels tout cela n'augurait rien de bon.

1. T. Naftali, *op. cit.*

10

LE CORPS DU MENSONGE

> *« C'était un homme en très bonne santé. Il n'y a aucun doute sur le fait qu'il avait un dos en mauvais état, comme des millions d'hommes, et certains jours, cela fait plus mal que d'autres. »*
>
> Ted Sorensen,
> ABC News, mai 1993.

> *« Durant le fiasco de la baie des Cochons en 1961 et la crise des missiles cubains en octobre 1962, Kennedy prenait des stéroïdes pour la maladie d'Addison, des antidouleurs pour son dos, des antispasmodiques pour ses colites, des antibiotiques pour ses infections urinaires, des antihistaminiques pour ses allergies et, au moins en une occasion, un antipsychotique pour traiter un sévère changement d'humeur que Jackie Kennedy attribuait aux antihistaminiques. »*
>
> ABC News, mai 1993.

L'ironie (si l'on peut dire) domine à tel point les trajectoires curieusement liées de Kennedy et de Nixon que ce pauvre Nixon doit encore s'en retourner dans sa tombe. Nixon qui, dans les années 1950, a plusieurs fois rendu visite à Kennedy sur son lit d'hôpital, si malade qu'il a reçu quatre fois l'extrême-onction. Et qui se retrouve pour le premier débat télévisé de l'élection présidentielle, le 21 octobre 1960, à New York, sur le plateau d'ABC, face à un adversaire en pleine forme, souriant, bronzé, tandis que lui-même sort à peine de l'hôpital et apparaît tendu, fatigué, blanc, l'air sévère. Il n'est que de quatre ans l'aîné de Kennedy, mais il en paraît dix de plus. Kennedy, lui, vient de passer dix mois à sillonner l'Amérique, créant partout où il passe une véritable tempête médiatique depuis sa nomination par le Parti démocrate au mois d'août. C'est incontestablement le candidat de l'énergie. Et, pourtant, une rumeur ne cesse de resurgir sur son chemin – aussitôt étouffée et d'ailleurs peu crédible, étant donné le dynamisme du candidat – quant à son état de santé. Une rumeur qui, curieusement, n'est pas exploitée par l'équipe de Nixon : elle est alimentée, en réalité, par l'entourage de Lyndon B. Johnson.

Chaque fois qu'on l'interroge à ce sujet, Kennedy s'en amuse. Il n'est qu'à le regarder. Est-il malade ? Non, bien sûr. L'a-t-il été ? Lui-même rappelle à l'envi, lorsqu'on le questionne sur son absentéisme durant ses années à la Chambre des représentants et au Sénat, le martyre qu'il a vécu à cause de son dos, des suites de la blessure dont il a souffert lors du torpillage du navire qu'il commandait dans le Pacifique durant la guerre et lors du sauvetage héroïque de ses marins. Une fois élu, il ne sera porté malade qu'une seule journée par la Maison Blanche. Par la suite, la « maladie » de John F. Kennedy sera revisitée fréquemment. Beaucoup opposeront à son existence, ou à sa gravité, prétendues les évidences de ses activités. D'autres témoigneront que le président ne tenait que par la grâce d'une somme impressionnante de médicaments. Longtemps, l'entourage fait barrage, et ce n'est qu'au début des années 2000 qu'il autorise l'accès à quelques documents du dossier médical de Kennedy. Qu'en est-il réellement de ce mystère jamais vraiment élucidé ?

Un assassinat aussi spectaculaire que celui de John F. Kennedy suffit amplement à cristalliser une légende. Mais pas sans un degré d'organisation hautement sophistiqué. Cette organisation a débuté à l'instant même où le président, encore en vie, est arrivé dans la salle numéro Un du service traumatologique du Parkland Memorial Hospital, situé à six kilomètres de la Dealey Plaza où l'attentat s'est produit. Ce 22 novembre 1963, il s'est passé sept heures entre le moment où le décès du président a été prononcé et le début de l'autopsie, qui a démarré à 20 heures et s'est prolongée jusqu'après minuit, au Bethesda Naval Hospital, dans le Maryland. Le choix du lieu de l'autopsie a été fait par Jacqueline Kennedy elle-même, arguant que son mari avait été un officier de la Marine. En 1963, la loi texane exigeait que l'autopsie d'une personne assassinée dans cet État y soit également pratiquée, à moins que les faits ne se soient produits en un lieu considéré comme la propriété ou sous contrôle du gouvernement, ce qui fut considéré comme tel. Le Dr Earl Rose, médecin légiste en chef du comté de Dallas, aurait cependant dû, avant de « libérer » la dépouille de Jack Kennedy, obtenir la décision d'un juge de paix ; mais le corps a été pris en charge par les services secrets, malgré l'arrivée d'un tel juge, venu soutenir le Dr Rose dans sa demande de le maintenir au Parkland Memorial Hospital.

Il n'existe à ce jour aucune version incontestable des événements qui se sont déroulés le 22 novembre 1963 entre 13 et 14 heures, lorsque la dépouille présidentielle a été embarquée à bord d'*Air Force One* pour prendre la direction de Washington. Quant aux conditions dans lesquelles s'est déroulée l'autopsie, les versions se comptent par dizaines et ont varié au cours des décennies, y compris de la bouche des témoins qui y ont assisté. La confusion a été telle qu'en 1992 la commission du Congrès américain chargée de réviser les dossiers concernant l'assassinat de John Fitzgerald Kennedy a dû revoir la liste des personnes présentes lors de l'autopsie, sous le contrôle de l'avocat et auteur Vincent Bugliosi[1].

Cette liste comprend trois agents des services secrets[2], deux agents spéciaux du FBI[3], les trois signataires du rapport officiel d'autopsie[4], dix-huit autres membres du personnel médical du Bethesda Naval Hospital et six membres du personnel militaire, auxquels il faut ajouter quatre membres du Gawler's Funeral Home arrivés à la fin de l'autopsie pour prendre en charge le corps afin de le restaurer et de le préparer pour les funérailles. Soit au total trente-six personnes. Le rapport des deux agents du FBI daté du 26 novembre 1963 ne mentionnait que dix-huit personnes.

Ce n'est qu'en 2002 que les administrateurs de la Kennedy Library ont accepté de donner, à l'auteur Robert Dallek et au médecin Jeffrey Kelman, un accès limité aux dossiers médicaux de Jack Kennedy. Robert Dallek raconte : « La Kennedy Library est la seule bibliothèque présidentielle du pays dotée d'un comité de donateurs, ce qui signifie que l'accès aux archives est contrôlé. Le fonds documentaire concernant l'histoire médicale de Kennedy est conservé dans cette bibliothèque depuis des années et nombre de biographes ont souhaité y accéder, mais cela leur a été tout simplement refusé. [...] Pour solliciter un accès, j'ai envoyé une lettre au responsable de ces archives, Burke Marshall, qui travaillait au département de la Justice

1. Vincent Bugliosi est réputé, entre autres, pour avoir été le procureur en charge des poursuites contre l'assassin Charles Manson en Californie. Il a consacré un livre à l'assassinat de Kennedy en 2007.
2. John J. O'Leary, William Geer et Roy Kellerman.
3. Francis X. O'Neill et son assistant James Sibert.
4. Commandant J. Thornton Boswell, chef pathologiste du Naval Medical Center de Bethesda ; commandant James J. Humes, directeur des laboratoires de la National Medical School, Naval Medical Center, Bethesda, et pathologiste en chef pour l'autopsie de John Fitzgerald Kennedy ; lieutenant-colonel Pierre A. Finck, chef de la division militaire de pathologie environnementale et chef de pathologie balistique au Walter Reed Medical Center.

sous Robert et John Kennedy. Il m'a été répondu que le comité (qui inclut Samuel Beer, professeur à Harvard, et Ted Sorensen, ancien conseiller de Kennedy et rédacteur de ses discours) devait avant toute chose vérifier si d'autres bibliothèques présidentielles avaient ouvert leurs dossiers médicaux. Vérifications faites, beaucoup l'avaient fait. Ils ont donc décidé d'ouvrir leurs dossiers. Ils ont fait venir un médecin de Boston – dont j'ignore le nom – qui a passé une année ou plus à inspecter les documents. Ce médecin, m'a-t-on rapporté, a estimé que ces documents parachèveraient l'image héroïque de Kennedy. Le comité a donc décidé d'ouvrir l'accès à ce fonds[1]. »

Les informations que Dallek[2] et Kelman ont tirées de leur étude des documents mis à leur disposition, une fois filtrés par le comité de la bibliothèque – ce qui a pris un an –, ont été publiées par différents médias, parmi lesquels le *New York Times*, la chaîne PBS et *The Atlantic*, puis discutées dans plusieurs ouvrages parus depuis. On doit également au médecin George Lundberg et à l'auteur Dennis Breo une étude portant sur l'autopsie de Kennedy et publiée dans le *Journal of the American Medical Association*.

Dans un entretien accordé à PBS le 18 novembre 2002, le Dr Jeffrey Kelman expose ses premières observations, issues de son travail avec Robert Dallek. « John Kennedy, dit-il, était malade depuis l'âge de treize ans. En

1. Robert Dallek, « Pulling Back the Curtain », *The Atlantic*, 14 novembre 2002.

2. En 2003, Robert Dallek est le premier à révéler que la sœur de Jack, Eunice Kennedy Shriver, souffrait de la maladie d'Addison – une découverte faite presque par hasard, à la suite de ses recherches sur la maladie de Kennedy. En 2005, à l'âge de quatre-vingt-quatre ans, Eunice subit une attaque cérébrale et se brisa une hanche. Elle séjourna longuement, au cours de l'année 2007, au Massachusetts General Hospital de Boston puis, en 2009, au Cape Cod Hospital de Hyannis Port, « dans un état critique mais stable » selon sa famille. Elle est décédée le 10 août 2009.

1930, il développa une douleur abdominale. Avant 1934, il fut envoyé à la Mayo Clinic, où on lui diagnostiqua une colite (ou ce que l'on appelait ainsi). Avant 1940, son dos commença à lui faire mal ; en 1944, il subit sa première opération du dos, puis la maladie d'Addison est officiellement diagnostiquée en 1947. Dès lors, il est globalement malade pour le restant de ses jours. »

En septembre 2012, le Dr Forest Tennant, rédacteur en chef de la revue professionnelle *Practical Pain Management*, a consacré une longue étude à l'historique de la maladie de John F. Kennedy, très contestable par plusieurs aspects, mais qui a le mérite d'établir une chronologie utile – sinon exhaustive – de son développement. La voici :

29 mai 1917 : naissance avec une maladie génétique auto-immune, le syndrome de Schmidt.
1917-1919 (1-2 ans) : maladies infantiles incluant la fièvre scarlatine.
1920-1930 : bronchites, varicelle, infections auriculaires, rubéole, oreillons, coqueluche.
1931 : appendicite (présumée), perte de poids, retard à la croissance, douleur diffuse.
1933 (15 ans) : diagnostic de colite, probable maladie cœliaque.
1934 : abaissement des globules blancs à un niveau dangereux ; hospitalisé pour une possible leucémie.
1937 : pose d'implants sous-cutanés pour la délivrance de DOCA[1].
1938 : étudiant à Harvard ; apparition d'une douleur dans l'articulation sacro-iliaque droite.
1940 : sévère douleur du dos lors d'une séance de tennis – vertèbre déplacée.
1940-1944 : développement d'une ostéoporose de la colonne vertébrale provoquant trois fractures vertébrales.
1943 : accident à bord du navire *PT-109*.
1944 : première chirurgie de la colonne vertébrale, diagnostic d'ostéoporose.

1. Acétate de désoxycorticostérone.

1946 : élu à la Chambre américaine des représentants.
1947 : diagnostic d'insuffisance surrénalienne (maladie d'Addison).
1950-1951 : un examen aux rayons X montre un tassement vertébral du bas de la colonne.
1952 : élu sénateur du Massachusetts.
1954-1955 : les examens aux rayons X montrent que la cinquième vertèbre lombaire est écrasée ; deuxième chirurgie de la colonne vertébrale ; la douleur empire après l'intervention, avec des complications infectieuses ; nouvelle chirurgie pour retirer la plaque.
1955 : le Dr Janet Travell commence un traitement généralisé de soins antidouleur.
1955-1957 : déficience thyroïdienne ; neuf hospitalisations.
1957-1960 : stabilisation de la douleur, permettant à JFK de faire campagne.
1961-1963 : président des États-Unis pendant mille jours. Il poursuit le traitement du Dr Travell et ne manque qu'une seule journée de travail.
22 novembre 1963 : assassiné ; l'autopsie montre une dégénérescence presque totale des glandes surrénales.

Ce compte rendu de l'historique médical de John F. Kennedy, s'il a le mérite de rappeler avec une précision relative les nombreuses informations cachées au public par la famille Kennedy durant quarante ans, n'en comporte pas moins des invraisemblances qui soulèvent bien des questions.

La plus importante d'entre elles est la référence à l'autopsie du président, effectuée le 22 novembre 1963. En effet, le rapport médico-légal établit que « le corps est celui d'un adulte musclé, bien développé et bien nourri, de type caucasien mâle, mesurant 182,88 centimètres et pesant approximativement 77 kilos ». Les médecins légistes observent que « la cage thoracique est normale. Les organes thoraciques sont dans leur position normale et normalement positionnés entre eux et il n'y a pas d'augmentation dans le liquide pleural libre. [...] Les poumons sont essentiellement similaires [...], bien aérés avec une surface pleurale douce et colorée gris-rose. [...] Le cœur présente des contours normaux. [...] L'artère pulmonaire est ouverte et en place et aucune anormalité n'est notée. [...] Les organes abdominaux sont dans leur position et leur agencement normaux, et il n'y a pas d'augmentation du fluide libre péritonéal. L'appendice est chirurgicalement absent et il y a quelques adhérences reliant la région du côlon au à la paroi abdominale. [...] Mis à part les blessures osseuses décrites, il n'y a pas d'anormalité significative du squelette».

Il n'existe donc, dans le compte rendu d'autopsie des médecins J. J. Humes et J. Thornton Boswell, cosigné par le lieutenant-colonel Pierre A. Finck, aucune mention des glandes surrénales, contrairement à ce qu'affirme Forest Tennant.

Il n'existe pas plus de mention de la dégénération des cartilages, des disques, des vertèbres et de l'ostéoporose que Dallek et Kelman ont découverte en 2002. Il n'y a pas non plus d'allusions au corset porté par le président lors de son assassinat. Aucune analyse des fluides corporels et du sang n'est mentionnée. Aucune inflammation. Aucune atteinte de la thyroïde. Aucune dégénérescence des tissus. Étrange autopsie.

Un personnage héroïque?

Le 6 octobre 1992, le *New York Times* assène: «Le Dr Pierre Finck dit aujourd'hui que la famille Kennedy s'est d'abord opposée à l'examen de la cavité abdominale de Kennedy. Les glandes surrénales se trouvent au-dessus des reins, à l'arrière de l'abdomen.» Le quotidien rappelle que le Dr Janet Travell «a dit que Kennedy prenait des médicaments de la famille des corticoïdes pour contrer son insuffisance surrénale lorsqu'il subissait un stress et ses médecins n'étaient pas incités à stopper le traitement parce qu'il se sentait si bien. En fait, Kennedy avait souffert d'insuffisance surrénale depuis qu'il avait trente ans». Il souligne une autre invraisemblance, relevée par Joan et Clay Blair en 1976 : «Les affirmations constantes de Robert Kennedy insistaient sur le fait que, dans la maladie décrite à l'origine par Thomas Addison en 1855, les glandes surrénales étaient détruites par la tuberculose ; John Kennedy, dont la maladie d'Addison était causée par des facteurs inconnus, n'avait pas la tuberculose.»

Dans son livre, Harrison Edward Livingston révèle que le pathologiste Robert F. Karnei, qui avait assisté à l'autopsie du président, observa qu'aucun tissu surrénal n'avait été trouvé au cours de celle-ci et que le corps montrait les effets d'une thérapie hormonale de substitution à un long terme.

Le *New York Times* conclut que la loi du silence imposée par la famille Kennedy aux médecins légistes et aux pathologistes présents durant des décennies «soulevait la question de savoir si Kennedy aurait été élu président si le public avait su qu'il avait souffert pendant treize ans d'une maladie potentiellement fatale, bien que curable, par un traitement qui comportait de possibles effets secondaires sévères. [...] Les journalistes qui ont couvert Kennedy disent désormais qu'une telle révélation aurait probablement fait basculer l'élection en faveur de M. Nixon».

Reste le cas du Dr Janet Travell et sa curieuse chronologie de la maladie de Jack Kennedy. Voici comment Travell décrit sa première rencontre, le 26 mai 1955, à New York, avec Jack Kennedy, sur la recommandation de son endocrinologue, Ephraïm Shorr : «Le sénateur Kennedy semblait fatigué et découragé. Il m'a écoutée attentivement, mais il a répondu à mes questions brièvement, presque contraint, comme s'il racontait une histoire ennuyeuse. Il paraissait maigre ; son poids d'environ soixante-dix-neuf kilos n'était pas en adéquation avec sa stature imposante d'un mètre quatre-vingt-deux. À la place de son bronzage floridien, il m'a semblé plutôt pâle et anémique, et c'était effectivement le cas, je pense. Il se déplaçait avec précaution. Il faisait pivoter tout son corps d'un seul tenant lorsqu'il voulait nous faire face, à moi ou au Dr Shorr ; Ephraïm et moi étions assis de l'autre côté d'un grand bureau blanc, tandis que sa chaise était placée à l'autre bout. Non seulement le mouvement de son dos mais aussi la rotation de son cou étaient contraintes. Lorsque je l'ai examiné, la preuve de son supplice m'est apparue, par la cale sous chacune de ses aisselles en direction des omoplates, là où la peau avait soutenu son poids sur des béquilles pendant si longtemps. »

Jack n'est pas très impressionné par ce premier rendez-vous avec le Dr Travell. Comme la plupart des malades dans sa situation, il a vu tant de médecins, qui lui ont proposé tant de traitements et d'opérations, qu'il s'est découragé. Le Dr Travell en atteste : « Il a posé quelques questions, toujours directes et brèves. Combien de temps l'amélioration de son genou prendrait-elle ? Il était terriblement sceptique. Il n'était pas préparé à accepter sans sourciller un nouveau médecin et un autre genre de traitement. Sept mois plus tôt, il avait subi une fusion de la colonne lombaire, après quoi la plaque avait été retirée au cours d'une seconde opération. Ses béquilles étaient devenues son signe distinctif au Sénat pendant l'été, un an plus tôt déjà, et il devait encore les utiliser. » Mais le médecin va insister et obtenir de Jack qu'il entre à l'hôpital pour un nouveau traitement et un programme de rééducation complet. Il faudra attendre des décennies avant de connaître le contenu du protocole chimique utilisé par le Dr Travell, qui repose sur une formule complexe[1]. Mais il faut croire que ce protocole tenait du génie.

1. Opiacées (méthadone, mépéridine, codéine) ; barbituriques ; myorelaxants ; anxiolytiques ; anesthésiants locaux ; stimulant (methylphinidate), hormones (hydrocortisone, implants corticostéroïdes, prednisone, méthyltestostérone ; liothyronine) ; gammaglobuline ; vitamines B12, B, B complexe.

En effet, quelques semaines plus tard, en août 1955, Jack Kennedy et son ami le sénateur républicain Torped Macdonald embarquent vers l'Europe, où Jack se rend en Angleterre, en Italie, puis retrouve, en Suède, sa conquête du moment, Gunilla von Post, avant de rejoindre son épouse dans le sud de la France. Il a rencontré cette jeune aristocrate suédoise sur la Riviera, en 1953, et continue à la fréquenter jusqu'à la fin de l'année 1955. Le 14 septembre 1955, il se rend à l'ambassade américaine de Rome pour faire valider son passeport, afin de pouvoir se rendre en Pologne et en Tchécoslovaquie où il part aussitôt.

De retour aux États-Unis, Jack devient membre de la commission d'enquête bipartisane du sénateur John L. McClellan sur les contributions de campagne illégales. Après sa campagne pour les primaires démocrates, il repart le 18 août 1956 pour un mois en France et en Italie, puis, dans la foulée, s'envole pour Israël, l'Inde, le Pakistan, le Viêtnam et le Japon. Et, bien sûr, il publie son livre, *Profiles in Courage.*

Questionné par la chaîne PBS[1] sur les conséquences de ses découvertes concernant l'état de santé de Kennedy lors de son mandat présidentiel, le Dr Jeffrey Kelman a cette réponse étrange : « Nous avons été très troublés. Je veux dire par là qu'il est loisible de consulter à la Kennedy Library la chronologie au jour le jour, parfois même heure par heure, de la présidence Kennedy. En corrélant ceci avec les dossiers médicaux, il ne semble pas qu'il en ait du tout été affecté. Son jugement était clair, malgré le fait qu'il semblait souvent souffrir ; mais ses capacités à gouverner n'étaient pas affectées. Par certains côtés, j'en suis venu à penser que c'était un personnage héroïque. »

À Ray Suarez qui lui demande si « son apparence était altérée par les médicaments qu'il prenait », Kelman répond : « Il prit et perdit du poids, à la fois du fait de la

1. « PBS Newshour », 18 novembre 2002.

colite et des stéroïdes, mais aussi de son appétit, raison pour laquelle il était sous testostérone, afin de stimuler son développement musculaire et son appétit. De ce fait, sa performance – son apparence, plutôt – changeait de temps en temps. » Et « mentalement » ? lui demande Suarez. « Les corticostéroïdes administrés pour la maladie d'Addison ne l'étaient probablement pas à des doses assez fortes pour causer des troubles psychiatriques. » Mais, relancé par le journaliste sur son impression générale, Kelman conclut : « Il prenait suffisamment de médicaments antidouleurs pour être handicapé. »

Soigné jusqu'à sa mort par un cocktail composé entre autres d'opiacés tels que la méthadone, de codéine, de barbituriques, de myorelaxants, de corticoïdes, pour ne citer que la partie connue de ses traitements, John F. Kennedy aurait-il pu échapper à tous les effets secondaires possibles de chacune de ces substances puissantes ? La « disparition totale » finalement reconnue – au bout de quarante ans – des tissus surrénaux, constatée par les observateurs de l'autopsie, n'aurait-elle pas engendré une menace sérieuse pour sa vie à plus ou moins long terme pendant son premier mandat et, s'il avait vécu et été réélu, durant le second ?

11

RÉSURRECTION

Comme un symbole, l'année 1963 démarre avec l'accession au poste de gouverneur de l'Alabama de George C. Wallace, connu pour sa formule : « Ségrégation maintenant, ségrégation demain, ségrégation pour toujours ! »

En février, le président Kennedy proclame illégaux toute transaction ou tout déplacement vers l'île de Cuba. Il crée également la division des opérations internes de la CIA, qui constitue le premier organe officiel d'espionnage des citoyens américains.

En avril, une fois de plus, Martin Luther King est arrêté en compagnie d'autres protestataires, à Birmingham, pour avoir manifesté « sans permis ». Derrière les barreaux, il écrit sa fameuse *Letter from Birmingham Jail*, une lettre ouverte dans laquelle il réaffirme la nécessité de la lutte non violente. En mai, des milliers de manifestants noirs seront interpellés, à Birmingham encore. Le 11 juin, enfin, Kennedy fait un pas, demandant dans sa *Civil Rights Address* une « égalité de traitement pour tous ». Que ne l'a-t-il mise en acte depuis son arrivée, au lieu de se soucier de ménager le Sud ! Lorsque, le 28 août, Martin Luther King marche sur Washington avec deux cent cinquante mille manifestants et prononce son célèbre discours (« *I have a dream...* »), la route semble encore bien longue. Bien sûr, les États-Unis ratifieront, le 24 septembre, le traité de suspension des essais nucléaires.

Mais, le 1er novembre, l'Amérique fera assassiner – de fait – le premier président du Sud-Viêtnam, Ngô Dình Diêm, ouvrant la voie à un nouveau développement, plus dramatique encore, de cette guerre infâme.

Bobby and Clide

À l'automne 1963, qui peut dire que l'Amérique se porte mieux, qu'elle est plus égalitaire, pacifiée, qu'elle a renoué avec la prospérité et que l'avenir est optimiste ? Qu'importe. Le 22 novembre 1963, le choc traumatique de l'assassinat du président Kennedy donne naissance à un mythe, et l'Amérique n'en est jamais revenue.

De son propre aveu, Robert Kennedy a construit sa vie entière autour de son frère John, jusqu'à la mort de celui-ci en novembre 1963. Son influence a été prépondérante et « Bobby » a gagné davantage d'adversaires – voire d'ennemis – politiques durant son parcours derrière son frère que beaucoup de politiciens de l'époque. Il manquait singulièrement de charisme et il était affecté d'une certaine forme de timidité qui se traduisait par une brusquerie et un manque d'authenticité que la presse ne manquait pas de relever. Omniprésent dans l'administration Kennedy, il a été un ministre de la Justice à la fois imprévisible, secret et impitoyable. Paradoxe, et non des moindres, il fut beaucoup plus concerné par les questions domestiques et sociales que son frère, conscient de l'ébullition qui agitait le pays sur le front des inégalités, en particulier les minorités ethniques, mais il n'avait aucun talent pour le compromis.

La nomination de Robert Kennedy à la Justice a soulevé de vives controverses, la presse le jugeant en général inexpérimenté et peu qualifié – ce qui est assez révélateur car à la fois injuste et habile. De fait, à trente-cinq ans, il n'avait jamais vraiment pratiqué le droit et n'avait jamais foulé le plancher des tribunaux. Mais il possédait une connaissance certaine des rouages de la justice, du monde complexe des commissions au Congrès, et s'était taillé à juste titre une réputation qui irritait à la fois une partie de la mafia, le directeur du FBI, Hoover, et de nombreux démocrates, tandis qu'il entretenait des connexions intimes et puissantes avec certains républicains, et non des moindres, tel Eugene McCarthy. Mais Bobby saura éviter les principaux écueils durant son audition face aux sénateurs et obtenir leur approbation pour emporter le «job».

Derrière son visage poupon se cachait en réalité un redoutable stratège et personne ne l'ignorait. Directeur de campagne de son frère, il a su déminer systématiquement tous les pièges susceptibles de faire dérailler l'ascension du futur président. Superviseur des opérations électorales, contrôleur des patronages électoraux, conseiller tactique le plus proche, il a fait preuve d'une résistance impressionnante, face au clan redoutable de Nixon, mais également face aux démocrates mille fois tentés d'abattre la candidature de Jack en plein vol. Personne n'était dupe de sa gentillesse affichée.

La disparition de son frère le plonge dans une période de confusion et de déprime durant laquelle il se raccroche à sa foi religieuse, qui imprègne de plus en plus son discours, ainsi qu'à son épouse, Ethel, et à leurs huit enfants déjà nés. Mais, neuf mois seulement après la tragédie, il décide d'entrer en campagne et s'oppose au républicain Kenneth Keating pour le siège de sénateur de l'État de New York. Il l'emporte largement, fort du soutien de Lyndon B. Johnson. Le président ne l'aime pas – le clan Kennedy le lui rend bien depuis son entrée en fonctions dramatique –, cependant il n'a guère d'alternative, dans un climat national toujours fortement perturbé par les événements de Dallas. Tandis que les spéculations circulent quant aux motifs de l'assassinat de son frère, Bobby reste dans tous les esprits celui qui a mené une charge discontinue et souvent violente contre le crime organisé et la mafia, allant jusqu'à s'opposer à Hoover, le tout-puissant patron du FBI, en prenant pour cible Jimmy Hoffa, l'un des plus redoutables organisateurs du blanchiment d'argent de la mafia italo-américaine et l'un des maîtres de Chicago.

Sa hargne est telle à l'encontre des parrains de la mafia qu'il est permis de se demander si Bobby lui-même ne croyait pas à la possibilité d'un complot organisé par le milieu et ayant conduit à l'assassinat de son frère. Si tel est le cas, il a compté pour beaucoup dans de tels desseins.

En 1968, après une longue hésitation, Robert Kennedy prend la décision de défendre sa candidature à la Maison Blanche, lors de la convention nationale démocrate. Sans doute l'offensive du Têt au Viêtnam, en février, et l'agitation raciale grandissante en diverses parties du pays, particulièrement en Californie, pèsent-elles sur sa décision. Pourtant, c'est un bien étrange épisode de la vie politique américaine qui se déroule. Il se déclare le 16 mars alors que, de l'avis général, le président Johnson a un boulevard devant lui pour remporter un second mandat. Mais, quinze jours plus tard, Johnson annonce qu'il ne se présentera pas à sa propre succession, ce que Bobby ne pouvait évidemment ignorer. Il ne peut, non plus, être surpris qu'en même temps que son retrait Johnson apporte un soutien de poids à deux adversaires redoutables, le sénateur du Minnesota Eugene McCarthy et son propre vice-président Hubert Humphrey.

La réputation de Robert Kennedy auprès des médias n'a pas varié. La plupart des journalistes qui couvrent les élections le tiennent pour un homme opaque, fuyant, souvent brutal. Il inspire un malaise presque palpable à la plupart de ceux qui l'approchent. Très étrange personnage que ce Bobby, partouzeur et catholique fervent sans charisme et sûr de lui. D'allure juvénile, plus séduisant physiquement que son frère John, il a un rictus qui rappelle étrangement celui de son père Joe, des yeux aussi clairs que lui, qui fuient souvent de côté, l'allure d'un jeune homme souvent perdu, capable de décocher en une seconde une flèche qui cloue son interlocuteur ou d'opposer un silence signifiant qu'il prend date pour une future revanche. Entrant en lice pour décrocher la nomination du parti, il doit faire face à une rude concurrence. Hubert Humphrey est un «libéral» qui défend un programme calqué sur le New Deal de Roosevelt. Il soutient la guerre au Viêtnam, veut ramener l'enthousiasme parmi les Américains et la confiance dans la classe politique. Mais sa campagne est lourdement handicapée par l'impopularité du président qu'il sert. Le jeune Ronald Reagan, ancienne star d'Hollywood, élu gouverneur de Californie en 1966, se positionne sur les accents les plus anticommunistes des conservateurs, réclame le retour de «la loi et l'ordre» en Amérique et souhaite restaurer l'économie, ainsi que l'intégrité du gouvernement. Eugene McCarthy, le puissant sénateur démocrate du Minnesota, s'oppose fermement à la guerre du Viêtnam et jouit de ce fait d'une audience considérable auprès de la jeunesse américaine. Électron libre et perturbateur, sous la bannière du Peace and Freedom Party, Eldridge Cleaver est issu des rangs des Black Panthers – dont il a été le porte-parole –, a séjourné en prison, est parvenu à être en ballottage dans douze États et bénéficie des acquis de son organisation – en particulier, l'ouverture de centres de soins et d'alimentation gratuits, mais aussi une ligne radicale en faveur de la liberté des Afro-Américains, qui vivent des heures très sombres. Cependant, Cleaver est impliqué dans de nombreuses manifestations violentes et des émeutes et, surtout, il n'a que trente-trois ans, deux ans de moins que la limite légale pour être élu à la présidence. Il représente donc essentiellement une menace par son aptitude à électriser l'électorat noir. Quant à George Wallace, de l'American Independent Party, c'est un populiste tonitruant, fier de son ségrégationnisme, opposé à l'intégration des Noirs dans les écoles, qui a remporté cinq États du Sud – la zone d'influence des *red-necks*[1] – et qui combat pour restaurer les droits des États face à l'administration de Washington.

Bobby a auprès de lui l'éternel Arthur M. Schlesinger Jr, qui a son oreille comme il a eu, depuis des décennies, celles de Roosevelt et de son frère John. À la demande de son épouse Ethel, Schlesinger a écrit en 1966 une biographie apologétique de Bobby. Ce dernier connaît la puissance de frappe de Schlesinger – qui a beaucoup fait pour affaiblir Nixon dans les années 1950 et 1960 en lui forgeant une réputation d'impérialiste – et sait qu'il peut compter sur l'ensemble du staff rapproché de son frère défunt – en particulier l'ancien porte-parole de la Maison Blanche Pierre Salinger –, ainsi que sur l'unité de son clan familial et sa fortune illimitée. De son frère, il a appris la capacité de nuisance extrême des États du Sud. Il n'ignore pas la fourberie de John Edgar Hoover mais il sait que le patron du FBI est un loyaliste vis-à-vis des présidents. Il connaît la haine que lui vouent les milieux du crime organisé et de la mafia mais il a remporté assez de victoires face à eux pour savoir qu'ils n'ont plus les coudées franches. Surtout, deux facteurs jouent en sa faveur, et un troisième, plus « ésotérique », d'une certaine manière.

Robert Kennedy ne peut que constater que le vent de l'Histoire est en train de tourner pour les Américains. Malgré les évidences, il continue de nier qu'il avait fait mettre sur écoute, par le FBI, le pasteur Martin Luther King, soupçonné de collusion avec les communistes. D'ailleurs, ses idées en faveur des droits civiques sont allées bien plus loin que celles de son frère qui, lui, a reculé devant la menace des États du Sud et n'a en rien changé, dans les faits, cette atmosphère irrespirable pour

1. Désignation traditionnelle des Blancs d'origine modeste issus des zones rurales, du Sud en particulier.

les Noirs en Amérique. Robert Kennedy est même celui qui a tordu le bras de l'administration centrale pour que l'on y donne accès aux représentants des minorités, alors même que le président était inquiet des répercussions.

Capable d'un pragmatisme et d'une intuition assez rares pour son époque, Robert Kennedy est passé du soutien inconditionnel à son frère, aux heures les plus dures de la confrontation à Cuba, à une posture de prudence destinée à obtenir une détente rapide et à éviter un conflit nucléaire. Ce n'est qu'après que le danger est passé que son frère dira sa reconnaissance à l'égard de Robert Kennedy, pour lui avoir évité le pire. Celui-ci n'hésite pas non plus à se prononcer ouvertement pour une loi abolissant la peine de mort. Bref, Bobby possède une base potentielle du côté des minorités et de la jeunesse contestataire, qui monte en force. Tandis que des émeutes secouent certaines parties de la Californie – celles de 1965 ont mis à feu et à sang le quartier noir de Watts, à Los Angeles, causant la mort de trente-quatre personnes, un millier de blessés et plus de trois mille quatre cents arrestations –, des informations remontent jusqu'à lui pour lui indiquer que, dans ces rues perpétuellement en ébullition et qui effraient l'Amérique, on brandit partout le portrait de son frère comme un héros national. C'est là l'aspect le plus mystérieux de cette campagne de 1968 que va mener Robert Kennedy jusqu'à son interruption tragique.

Victorieux dans les primaires de l'Indiana, du Nebraska, du South Dakota, il est défait par McCarthy dans le Wisconsin, la Pennsylvanie, le Massachusetts, le New Jersey, l'Illinois et surtout dans l'Oregon, où les électeurs offrent un très faible écho à ses thèmes de campagne et donnent six points d'avance à son adversaire. Tout comme son entourage, il vit très mal cette défaite. Mais le plus gros enjeu se présente à lui dans l'État de Californie. Fortement républicain, c'est aussi l'État où la contestation gronde le plus fort et où ses arguments peuvent emporter la jeunesse et les minorités. McCarthy y dispose d'un dispositif impressionnant. Gagner la Californie face à ce colosse politique signifierait pour Kennedy la quasi-certitude d'emporter l'investiture démocrate. C'est l'heure de toutes les tensions. Les équipes du candidat investissent le célébrissime hôtel Ambassador de Los Angeles, le quartier général où tout va se jouer, pour le meilleur et pour le pire. Là même où, sept ans plus tôt, Nixon apprenait la victoire de son adversaire et la reconnaissait devant un parterre de journalistes, avec une colère difficilement contenue. D'emblée, Bobby réunit dans la salle de conférences un public bigarré, composé de religieux de toutes confessions – une vraie forêt de turbans, calottes, voiles et cornettes –, ainsi que de minorités et, bien que son aura soit presque nulle, il exerce une fascination lisible sur les visages. La campagne du début du mois de juin 1968 prend alors une tournure qui en dit long sur le mythe Kennedy.

Bobby est accompagné par le clan Kennedy au grand complet et il suscite l'événement dès qu'il met un pied hors de son quartier général. Son épouse, Ethel, une femme très séduisante qui porte sur son visage à la fois la grâce et cette grande distance que l'on connaît bien chez Jackie Kennedy, pose à ses côtés et intervient parfois brièvement pour louer le courage de son mari. Ils se rendent dans le quartier de Watts, provoquant de véritables scènes d'hystérie. Un garde du corps est chargé de retenir le candidat par les jambes tandis que celui-ci s'adresse à la foule et doit résister à des mains qui arrachent ses boutons de manchettes, sa cravate, ses lacets – jusqu'à sa chemise en certaines occasions –, quand on ne se jette pas littéralement sur lui pour ébouriffer sa chevelure dorée et le couvrir de baisers. La plupart du temps, Ethel reste assise dans la décapotable, visiblement effrayée par la ferveur sans limite des Afro-Américains, parmi lesquels des centaines d'enfants courant en tous sens, chantant, célébrant la réincarnation de Kennedy et du fol espoir que celui-ci a suscité des années auparavant dans l'imaginaire collectif.

Bobby lui-même semble très souvent ailleurs, comme dans un film où il serait la doublure de son frère. Il n'a pas le verbe haut, sa voix est souvent inaudible si elle n'est pas relayée par des haut-parleurs, il ne trouve pas de formules idéales pour nourrir l'appétit des masses qui l'assaillent, se contente de petits mots banals, mais la presse relaie le moindre de ses gestes. C'est la première campagne du genre aux États-Unis. Qu'il marche dans les rues, sorte en décapotable, sillonne les routes à bord de son bus de campagne ou traverse la Californie en train, c'est partout le même spectacle : une hystérie collective où l'on entend presque plus souvent le nom de son frère que le sien, et où les banderoles, les badges, les écriteaux, les bouts de papier mentionnent simplement : « *Kennedy for President.* »

Alors qu'en 1960 le candidat John Kennedy était suivi par une escouade d'une cinquantaine de journalistes en moyenne, Robert, lui, a droit à de cortèges de centaines de véhicules, cent, parfois deux cents journalistes lancés à sa poursuite, investissant son hôtel, prenant d'assaut sa voiture, son bus, son train, l'attendant à toute heure du jour ou de la nuit tandis que sa mère, Rose, âgée de soixante-quatorze ans, donne des conférences de presse, que ses conseillers briefent le moindre des pigistes présent. Dans nombre de comptes-rendus et d'articles, la confusion est stupéfiante entre le candidat Robert Kennedy et l'ancien président John Kennedy, les deux programmes s'entremêlant en d'innombrables fictions et contresens, mais c'est ainsi que le public le ressent : ce qui lui a été volé le 22 novembre 1963 doit lui être rendu à travers cette réincarnation miraculeuse.

Ce que Bobby offre au pays ne serait, en fin de compte, que ce que John n'a pas eu le temps de lui apporter. Si la société du début des années 1960 a vu ses promesses avortées, ce serait parce que le héros de l'Amérique de 1961 n'aurait pas eu le temps d'accomplir son miracle, et l'heure est venue de lui rendre justice. Bobby semble en avoir conscience et, s'il défend ses positions, il doit fréquemment rappeler le souvenir de son frère puisque c'est ce que chacun attend de lui : une seconde vie, l'effacement d'un traumatisme qui semble ne pas avoir de fin, la sortie d'un cauchemar, un rembobinage de l'histoire américaine pour revivre l'apogée héroïque de 1961 et venger l'assassinat du rêve américain. Bien sûr, toute l'Amérique, loin de là, ne souscrit pas à ce délire collectif et Bobby le sait – ses défaites face à McCarthy le lui rappellent cruellement –, comme il peut difficilement ignorer que, du côté de Washington, le mépris et le scepticisme règnent.

L'hôtel Ambassador, où Robert Kennedy espère bien célébrer son triomphe à la primaire de Californie, est le lieu de séjour et de rendez-vous du Tout-Hollywood. Devant un parterre de six mille personnes se succèdent sur scène les personnalités les plus diverses, venues témoigner de leur soutien au candidat. Kim Novak, dans une somptueuse robe blanche, sous une lumière éblouissante et face à une assistance recueillie, lit un extrait de *Richard III.* Raquel Welch fait une déclaration d'amour. Warren Beatty, qui vient de produire *Bonnie and Clyde* à l'âge de vingt-neuf ans, fait entendre la foi de la nouvelle génération. Mais c'est le saltimbanque omniprésent Jerry Lewis, alors associé à Steven Spielberg et George Lucas, qui donne le ton le plus révélateur lorsqu'au milieu de son sketch il demande si « le petit Bobby » est dans la salle et feint de s'évanouir lorsque les projecteurs se braquent sur le candidat. « Little Bobby » : c'est bien le sentiment qu'inspire le candidat à beaucoup, lui qui n'a pas la repartie de son frère, semble frêle à côté du souvenir que l'on a de John, cherche les autres du regard pour les fuir aussitôt, cherchant sans cesse son chemin.

Impitoyable ?

L'anecdote en rappelle une autre, révélatrice du rapport complexe entre John et Bobby. Au soir de son intronisation – et à la veille de celle de son frère comme ministre de la Justice –, le nouveau président plaisanta devant sa famille et quelques amis réunis pour dîner : « Je ne sais pas pourquoi les gens m'en veulent à ce point d'avoir nommé Bobby à la Justice. J'ai simplement voulu lui donner un peu d'expérience en droit avant de devenir avocat. » Après le dîner, Bobby, visiblement blessé, lui déclare : « Jack, tu n'aurais pas dû dire ça. » D'un ton assez cynique, John le regarde et fait mine de le rassurer : « Bobby, tu ne comprends pas. Tu devrais t'en amuser. En politique, il faut se moquer de soi-même. — Tu ne te moquais pas de toi-même. Tu te moquais de moi », rétorque Bobby. Mais c'est ainsi, avec cette fragilité, que son charme a toujours désarmé ses pires adversaires. Tout comme sa complicité évidente avec la belle Ethel, toujours élégante, à la fois fragile et protectrice, épouse modèle, mère dévouée, parfaite dans l'ordre matriarcal des Kennedy, si longtemps éclipsée par la reine Jackie.

Les médias, eux, ne sont pas dupes. En cette année 1968, ils se trouvent dans une posture curieuse, pris entre les aléas de l'administration Johnson, les répliques quotidiennes du séisme de l'assassinat de son prédécesseur, la montée irrésistible d'une agitation sociale dont personne ne mesure encore complètement les futurs développements spectaculaires, et une volonté certaine de s'affranchir de Washington et de rompre avec des présidences coutumières de la censure, servies par une myriade de thuriféraires attirés par les privilèges qui leur sont conférés par leur servitude volontaire. Après tout, ils se souviennent que le jour même de l'arrivée de Bobby au département de la Justice, en janvier 1961, l'enquête ouverte sur d'éventuelles fraudes dans l'État de l'Illinois, où la victoire a été décisive pour offrir à John Kennedy son fauteuil à l'arraché, a été immédiatement et à jamais refermée. Ils ont, depuis la mort de John, l'habitude de trouver sur leur chemin, qu'ils soient simples journalistes ou travaillent à l'élaboration d'un livre sur l'ancien président, Bobby et Jackie entourés de leurs conseillers et de leurs avocats armés jusqu'aux dents – et chéquier en main – pour barrer la route à tout ce qui ne convient pas à la version officielle promue par leur clan, allant jusqu'aux rachats de droits ou aux procès.

La controverse Kennedy-Hoover offre un bon exemple de cet état d'esprit. Dans son édition du 14 décembre 1966, tandis que la Chambre des représentants étudie la question des écoutes menées à grande échelle par l'administration américaine, le *New York Times* rappelle que, dès son arrivée au pouvoir, Kennedy a fait placer Martin Luther King sur écoute. « S'agissait-il d'une question de sécurité nationale? Qui autorisa les enregistrements? Nous ne le savons pas », s'agace le quotidien, qui ajoute cependant: « Ce que nous savons, c'est que les informations récoltées de cette manière ont fait l'objet de discussions entre les journalistes et les hauts fonctionnaires de ce gouvernement. » Le quotidien cite le sénateur Robert Kennedy, lequel prétend qu'il n'était « pas au courant de toutes les activités de surveillance du FBI » lorsqu'il était ministre de la Justice, et publie la réponse de Hoover, estimant pour sa part que cela est « absolument inconcevable ». Le quotidien convient que c'est pour le moins « étrange ». Il rappelle que les deux premiers rendez-vous du président Kennedy à son arrivée à la Maison Blanche furent pour Hoover et pour le directeur de la CIA, Allen Dulles. « Le président Kennedy expliqua alors en privé que M. Hoover suivrait désormais plus strictement les ordres de la nouvelle administration qu'il ne l'avait fait sous le président Eisenhower. Et le département de la Justice expliqua au même moment que le ministre Kennedy superviserait les activités du FBI et serait le lien personnel entre le FBI et le président. »

La déclassification progressive d'une partie des archives du FBI depuis cette époque ne laisse aucun doute sur l'implication de Robert Kennedy dans ce type d'écoutes. Ainsi : « Les inquiétudes du FBI au sujet des associés supposés dangereux de King furent partagées parmi les officiels du département de la Justice, et durant l'automne 1963, Robert Kennedy autorisa le Bureau à étendre la surveillance de King plus loin encore. Des enregistreurs furent installés dans la demeure même de King et sur les téléphones de son bureau, tandis que des agents hostiles du FBI commencèrent à imaginer différents moyens de ternir la réputation de King et de détruire son influence politique[1]. » Lorsqu'en 1977 l'affaire des écoutes visant Martin Luther King viendra devant la justice, à travers différentes plaintes menées, en particulier, par le sénateur Jesse Helms, faisant écho à de précédentes plaintes portées jusqu'à la cour d'appel fédérale en 1974, l'implication de Robert Kennedy dans ces écoutes, même après son entrée en lice pour la présidentielle de 1968 (juste avant l'assassinat de King, en avril de la même année), ne sera écartée qu'au bénéfice de vices de procédure incluant des conflits qui engagent la confidentialité des actions de l'administration américaine. Seymour Hersh affirme par ailleurs qu'afin d'empêcher Lyndon B. Johnson de demeurer vice-président après l'élection de 1964 – ils n'envisagent pas que John ne soit pas reconduit pour un second mandat et prévoient que Bobby succédera à son frère en 1968 –, on organisa des fuites impliquant un financement illégal de Johnson et des républicains, en prévision de la campagne.

Impitoyable ? Le jeune Bobby l'a démontré très tôt et n'a jamais vraiment tenté de s'en justifier. À un journaliste qui le lui fait observer, il répond, railleur : « Moi, impitoyable ?

1. *New York Times*, « The Kennedy-Hoover Controversy, 14 décembre 1966.

Si je découvre qui a parlé de moi de cette manière, je le réduis en poussière. » Lorsque Arthur Schlesinger le lui fait remarquer à son tour, il en fait la démonstration involontaire : « Mon plus gros problème, c'est de garder mon calme. Je pense que nous sentons tous, lorsqu'un témoin se présente devant le Sénat des États-Unis, qu'il a l'obligation de parler franchement et de dire la vérité. Voir quelqu'un assis en face de nous mentir et se soustraire à cette obligation me fait bouillir intérieurement. Mais on ne peut pas perdre son calme – sinon, le témoin obtient ce qu'il veut[1]. » Schlesinger fait évidemment allusion, dans sa discussion avec Bobby, à son bras de fer épique avec le dirigeant syndicaliste Jimmy Hoffa, le *boss* du syndicat des routiers américains, organisateur d'un vaste système de détournement de l'argent des caisses de retraite de la profession et figure importante du crime organisé à Chicago.

Très tôt, on l'a vu, – il n'a alors que vingt-sept ans – et alors qu'il vient de s'occuper de la campagne victorieuse de son frère John au poste de sénateur du Massachusetts, Bobby est placé par son père sous l'aile du sénateur républicain du Wisconsin, Joe McCarthy, déjà champion de la chasse aux communistes et à la subversion soviétique.

Lorsque McCarthy chute, Robert a déjà pris le large, en gardant de son propre aveu « toute son affection pour lui[2] », pour rejoindre la commission Hoover, où il assiste son père. Une fois de plus, Joe Kennedy fraye avec un républicain bon teint, mais la logique est toujours la même. Méprisé par Roosevelt – que Joe Kennedy abhorre –, Herbert Hoover a été réhabilité par le président Truman. De plus, il sait qu'en appelant Joe Kennedy à ses côtés, ainsi que son fils, il va bénéficier de la profonde connaissance par le premier des rouages les plus complexes du

1. Arthur M. Schlesinger, *Robert Kennedy and His Time, op. cit.*
2. *Ibid.*

gouvernement, et d'un relais au Sénat grâce au second. La boucle est bouclée.

Le sénateur Robert Kennedy peut désormais montrer ses véritables qualités d'attaquant. Épargné lors de la tragicomédie McCarthy, distingué par sa participation à la commission Hoover, il rejoint le comité sénatorial en tant que conseiller en chef pour la minorité démocrate en février 1954. Un choix judicieux puisque, onze mois plus tard, les démocrates retrouvent la majorité au Sénat. Parallèlement à l'aide qu'il apporte sans relâche à son frère John, Bobby va se tailler une réputation d'implacabilité à l'occasion de l'affaire Hoffa, qui va asseoir son image de combattant inlassable contre le crime organisé. Mais, une fois de plus, le diable se cache dans les détails.

Peu après le retour de la majorité démocrate au Sénat, Robert Kennedy, au poste de conseiller en chef, participe aux investigations de la commission présidée par le sénateur John L. McClellan sur le racket organisé dans le monde du travail, commission où siège le sénateur John F. Kennedy. Mais McClellan a fort à faire face à des syndicats influents qui semblent pouvoir déjouer toutes les attaques dont ils sont la cible. McClellan fait alors un geste révélateur : estimant que le président de la commission du travail, John F. Kennedy, est trop lié aux responsables syndicaux dans le pays, et qu'il ne peut, de ce fait, enquêter de manière libre, il obtient la création, le 30 janvier 1957, d'une nouvelle commission dotée de pouvoirs bien plus importants et indépendants, chargée d'enquêter sur les liens entre les syndicats et le crime organisé. Si John Kennedy est écarté, son frère Robert, lui, est nommé conseiller en chef et enquêteur de la commission, malgré les protestations de la plupart des membres républicains de celle-ci. Bien qu'il se heurte à la mauvaise volonté évidente du département de la Justice de poursuivre les affaires qu'il soulève, Robert Kennedy mène un combat sans relâche contre un grand nombre d'unions syndicales, s'attaquant en particulier à la confrérie des Teamsters et à son redoutable meneur, Jimmy Hoffa.

La situation est extraordinaire : d'un côté, Joe Kennedy règne sur Chicago, en relation étroite avec les hommes du crime organisé et le clan Daley ; de l'autre, Jack et Bobby se partagent les mêmes maîtresses que les « parrains » ; et enfin, Bobby pourchasse certains d'entre eux, affaiblissant les moins favorables à la future campagne de son frère. Le meilleur exemple en est son affrontement avec Jimmy Hoffa.

La Tumeur

Personnage sulfureux et puissant, Jimmy Hoffa, mystérieusement disparu en 1975 à Detroit, est souvent associé aux assassinats de John et Robert Kennedy et, à travers lui, la mafia américaine qui aurait été selon certains à l'origine de ces deux « liquidations » politiques. Une théorie à ranger au nombre des innombrables spéculations et légendes conspirationnistes, mais qui n'existent pas sans raison. D'origine modeste, né en 1913 dans une cité minière de l'Indiana, surnommé la « Tumeur » dans son enfance car sa mère, enceinte, avait prétendu être affecté d'une tumeur cancéreuse, Hoffa grandit dans les rues miséreuses de Detroit. Il devient manutentionnaire et, à dix-sept ans, organise une grève syndicale pour réclamer de meilleurs salaires. En 1931, il est recruté par les Teamsters, le puissant syndicat des routiers. Harcelé, emprisonné, battu en prison, il se rapproche rapidement des milieux mafieux qui régentent une bonne partie des syndicats – tout en exécutant les basses œuvres pour le compte du patronat, moyennant finances –, pour poursuivre son action antipatronale. Il grimpe rapidement dans l'organisation et en devient une figure importante dans le Midwest.

Dès le début des années 1940, la bagarre fait rage entre les principales organisations syndicales, au point de tourner à des règlements de comptes sanglants dans les rues. Les Teamsters rassemblent bientôt des centaines de milliers d'adhérents et le pouvoir des routiers devient incontournable, puisqu'ils peuvent par un simple débrayage paralyser l'économie d'une région entière. Il convient donc pour les entreprises de se plier au racket progressivement organisé par les syndicalistes, associés au crime organisé. Un marché juteux, qui peu à peu gagne les faveurs de nombreux politiciens en quête de voix sur le terrain, tel Richard Nixon. Dès l'après-guerre, Hoffa devient le chef des Teamsters, depuis Chicago, capitale du crime organisé où Sam Giancana règne en maître. Hoffa s'allie au patron des éboueurs, l'avocat Allen Dorfman, qui lui ouvre les portes du milieu politique local, ce que l'on appelle « la Machine ». L'alliance entre les syndicalistes et la mafia à Chicago génère des profits colossaux, avec la bienveillance des politiciens, qui veillent à étouffer la plupart des plaintes récurrentes engagées contre les syndicalistes.

En 1957, Hoffa est au sommet de sa gloire. Mais son pouvoir commence à déranger, y compris Giancana qui ne lui a jamais vraiment accordé sa confiance, d'autant que ses méthodes sont violentes et que ses fréquentations politiques n'obéissent pas aux priorités du clan Giancana. La commission McClennan est chargée de mener une investigation sur le financement des syndicats. Robert Kennedy entre en piste et entreprend sa croisade contre la corruption, tandis que son frère siège dans la commission McClennan. Des poursuites sont exercées contre la mafia – Meyer Lanski est épargné, la chasse est sélective. Le prédécesseur d'Hoffa est condamné, Hoffa s'en sort et se trouve triomphalement réélu à la tête des Teamsters.

La haine est désormais totale entre Hoffa et Bobby. Ce qui contente évidemment Giancana. Frank Sinatra sert de *go-between* pour assurer le soutien des Teamsters à John. Hoffa prend parti pour Nixon en retour, mais il n'en donne pas moins quelques millions de dollars à Joe pour financer la campagne de son fils, en échange de la paix sur le front judiciaire entretenu par Bobby. Il y croit et il a bien tort. Étrange partie de billard… Quand Robert Kennedy publie en 1960 *L'Ennemi de l'intérieur*, où il cite les conclusions de la commission McClennan, ses cibles sont toujours au pouvoir. Mais le livre sonne comme un sérieux avertissement. La nomination au département de la Justice de Bobby, qui s'entoure d'une équipe de quarante jeunes juristes, annonce une nouvelle bataille sans merci. Elle va durer huit ans. Hoover veille dans l'ombre et s'abstient d'entraver l'action de Robert Kennedy. Harcelé par la justice et entouré par une cohorte d'avocats, Hoffa se consacre alors au développement de Las Vegas, en compagnie, notamment, de Frank Sinatra, l'homme qui a réussi l'exploit de s'entendre avec tous les parrains, fussent-ils les pires ennemis.

En mars 1964, Hoffa est finalement reconnu coupable d'avoir influencé un jury qui l'avait blanchi en 1962 dans une affaire de pots-de-vin. Huit ans de prison. Puis cinq ans pour machination financière… Mais ses avocats lui épargnent l'incarcération, par d'incessants recours. Il est alors à la tête de trois millions d'adhérents. Cependant, en 1967, Hoffa doit finalement entrer en prison – d'où il va poursuivre ses activités et gérer sa fortune en attendant des jours meilleurs, qui viendront sous la présidence Nixon. Une fois encore, l'assassinat de Robert Kennedy, quelques mois après l'incarcération de l'un de ses pires ennemis, soulève de nouvelles spéculations, sans qu'aucune preuve sérieuse ait jamais été apportée. Mais il est vrai que son assassin, une fois de plus, est un « fou » bien pratique.

Grâce à sa lutte acharnée contre Hoffa en particulier, Bobby Kennedy a bâti sa légende de champion de la guerre contre le crime organisé, qui va largement le servir durant sa campagne de 1968 et, à travers lui, c'est la présidence de John F. Kennedy qui est associée à cette action vertueuse. On est loin, pourtant, de la réalité. Car pour un Hoffa poursuivi sans relâche et finalement jeté dans les geôles, bien d'autres parrains n'ont pas été inquiétés par l'administration Kennedy et son fer de lance, Bobby.

L'avocat new-yorkais Jay Goldberg, l'un des plus éminents constitutionnalistes américains, livre un témoignage saisissant sur Robert Kennedy. Il a fait partie du « groupe d'élite » constitué par ce dernier lors de son installation au département de la Justice. « L'image dépeinte de RFK comme un justicier implacable n'est pas complètement exacte. J'ai été témoin du glissement, j'ai tenté de l'empêcher et j'ai succombé devant son comportement. RFK était un homme complexe. Généralement considéré comme le plus actif, le plus efficace des ministres de la Justice de l'Histoire, mais il y a plus que cela. Durant son mandat, sous la direction de RFK, les différentes agences chargées de veiller au respect de la loi ont été réunies et de nouvelles armes législatives pour combattre le crime organisé ont été forgées. Pourtant, comme l'un des hauts responsables du département de la Justice le remarqua : "Lorsqu'il s'agissait de prendre une décision, le premier critère de RFK était : est-ce bon pour mon frère ? Son second critère était : est-ce bon pour le Parti démocrate ? Et le troisième critère était : est-ce bon pour le pays ?"[1] »

« Ne me soulevez pas »

Pour Bobby Kennedy, qui peine à se remettre de sa défaite dans l'Oregon, pour sa famille, ses amis et ses équipes, ainsi que pour les centaines de journalistes réunis à l'hôtel Ambassador de Los Angeles, la soirée du 4 juin 1968 est longue car le dépouillement des votes se fait laborieux à travers la Californie. Mais l'ambiance est à la fête, et une explosion de joie accueille les premières

1. Note rédigée par Jay Goldberg sous le titre « Reflections : The Robert F. Kennedy I Knew », *Champion,* novembre 2007.

estimations diffusées par les télévisions, qui annoncent la victoire du jeune sénateur. Dans une cohue indescriptible, Bobby prend la parole à 0 h 10 pour revendiquer sa victoire aux primaires de Californie. Son service d'ordre veille à la sécurité du bâtiment et des invités : étrange ironie, ce n'est pas la police qui assure cette mission mais des vigiles recrutés pour quinze dollars de l'heure par l'équipe de campagne de Kennedy, et qui sont habituellement des employés d'une entreprise de pompes funèbres. Bobby, lui, n'est personnellement protégé que par un ancien agent du FBI, William Barry, et deux gardes particuliers qui sont d'anciens athlètes.

Fort de sa victoire, Bobby a prévu de se rendre dans une autre partie de l'hôtel pour saluer un groupe de supporters, mais, alors que la proclamation officielle des résultats approche, les journalistes insistent pour qu'il tienne une conférence de presse. Afin de gagner la salle prévue à cet effet, on envisage de faire passer Bobby par les cuisines de l'hôtel, le chemin le plus court pour s'extirper de la foule en liesse et rejoindre les journalistes. À peine a-t-il fait quelques pas dans la direction qui lui est ménagée que quatre coups de feu résonnent. À l'hystérie joyeuse de la foule succèdent un silence brutal, puis une panique totale, les hurlements, les évanouissements, les crises de larmes, tandis que l'on essaie à grand-peine de faire sortir un maximum de monde, sans pouvoir contenir la horde de journalistes qui tente d'accéder à Bobby, qui gît au sol, couvert de sang. Son agresseur, Sirhan Sirhan, bien que mis à terre par les services de sécurité, continue de faire feu, blessant au passage cinq autres personnes qui se trouvent à proximité. On tire rapidement un panneau de carton promotionnel pour masquer la scène au public, tandis qu'un médecin présent dans la salle s'occupe de Bobby. Après quelques minutes seulement, pour calmer la foule, la sœur de Bobby, Jean Ann, apparaît en compagnie de son mari à la tribune, devant ce panneau, alors qu'à quelques centimètres derrière eux Bobby reçoit les premiers soins. Tous deux regardent la salle avec un visage sans expression, presque dur, semblant ordonner aux personnes encore présentes de se tenir à distance – une scène surréaliste.

Ethel, l'épouse de Bobby, a erré plusieurs minutes, totalement perdue, au milieu de la foule, avant d'être repérée et conduite auprès de son mari. Bobby a brièvement repris conscience et dit : « Ne me soulevez pas. » Ses derniers mots. Il est transféré après trente minutes à l'hôpital des Bons Samaritains et entre en chirurgie à 3 h 12 du matin. Après trois heures et quarante minutes d'intervention, il est conduit en réanimation. Il décédera la nuit suivante, à 1 h 44, vingt-six heures après les tirs de Sirhan Sirhan, identifié comme un Palestinien né à Jérusalem et de nationalité jordanienne, qui prétendra avoir agi en raison du soutien apporté par Bobby Kennedy à Israël. Condamné à mort le 17 avril 1969, il verra sa peine commuée en emprisonnement à vie trois ans plus tard. Il a aujourd'hui soixante-huit ans et purge toujours sa peine à la prison d'État de Pleasant Valley, en Californie.

En 1978, l'un des témoins clés de l'assassinat de Robert Kennedy, Nina Rhodes-Hugues, revient sur son témoignage initial, sur la chaîne CNN. « La vérité doit être dite, explique-t-elle. Plus de maquillage. » Rhodes-Huges avait déclaré en 1968 qu'elle avait entendu huit coups de feu, alors qu'elle se trouvait juste devant Robert Kennedy. Mais dix ans plus tard, elle dément cela. Elle explique avoir dit qu'il y avait eu au moins douze, peut-être quatorze coups de feu, et qu'elle avait aperçu un second tireur sur sa droite. Pourtant, elle n'a jamais été citée à comparaître au tribunal. Or, le son enregistré au cours de l'attentat par le journaliste Stanislaw Pruszynski, decrypté à l'aide des nouvelles technologies digitales, a récemment prouvé qu'il y avait eu treize coups de feu provenant de deux angles différents. En avril 2013, les avocats de Sirhan

Sirhan ont fait état de nouveaux éléments suggérant un complot et engagé des démarches auprès de la justice californienne pour obtenir une révision de son procès. Et ils martèlent sans relâche une question : comment se peut-il que Robert Kennedy ait été atteint dans le dos, alors que l'enquête précise que Sirhan Sihran se tenait face à lui ? Tout cela, bien sûr, semble faire écho aux contradictions de l'enquête sur l'assassinat de John Fitzgerald Kennedy. Que d'incohérences et d'invraisemblances !

Le corps de Bobby Kennedy est conduit à New York, où il repose toute la journée du 8 juin 1968 en la cathédrale St Patrick et reçoit l'image d'une foule immense, avant d'être inhumé au cimetière national d'Arlington en Virginie, près de son frère Jack, à la demande de sa famille et en dépit de ses dernières volontés, qui avaient été d'être inhumé dans le Massachusetts. Curieux rituel : Bobby est enterré de nuit ; à part lui, deux seuls enterrements de nuit ont jamais eu lieu au cimetière national d'Arlington, celui de Patrick Bouvier Kennedy, l'enfant de Jack et Jackie mort deux jours après sa naissance et, avant lui, celui de leur première-née, Arabella, morte en 1956 à sa naissance. Un rituel sans explication.

Bobby Kennedy vient de rejoindre John dans la légende. Dans le *New York Times*, le 6 juin, le journaliste Anthony Lewis évoque « la parfaite communion » entre les deux frères Kennedy et, dans les jours qui suivent, les noms de Bobby et de John sont constamment associés dans une communauté d'engagements, d'actions et de pensée. Mais l'éditorial de *Life Magazine*, le 14 juin 1968, dénonce plutôt une société minée par la violence – visant de manière à peine voilée le pouvoir en place – et, progressivement, la distinction entre les deux frères Kennedy s'opère, presque à l'insu des lecteurs. Le président Johnson lui-même intervient pour assurer la nation que la mort d'un autre Kennedy ne représente pas l'effondrement des valeurs et du leadership américains.

Au reporter de *Newsweek* qui lui avait un jour demandé s'il était effrayé par son exposition constante à la foule, Bobby Kennedy avait répondu : « Je joue à la roulette russe chaque fois que je me lève le matin. Mais je ne m'en soucie pas… S'ils veulent vous avoir, ils le peuvent. » Le reporter Robert Scheer écrira cruellement : « C'était Bobby lui-même, plutôt que ses idées, qui a réuni les gens autour de lui ; et lorsque le moment de sa mort approchait, ils se sont vite séparés. La famille est repartie en Virginie. Le conseiller pour la presse Dick Tuck descendit donner une interview au *Washington Post*. Jack Newfield repartit pour New York terminer sa biographie de Kennedy. Et la plupart des délégués se tournèrent vers Humphrey. Le *bobbyism* était mort en tant qu'idéologie[1]. »

Rétention d'archives

Bobby et Ethel Kennedy étaient en chemin pour redonner vie au rêve américain incarné quelques années auparavant par John et Jackie. Bobby et Jackie avaient veillé durant ces années, sans concession, à bâtir la légende et la postérité de John Kennedy. Pour beaucoup, dans l'opinion américaine, la chute effroyable des jeunes frères Kennedy fut celle d'une génération et marquerait pour une grande partie de la jeunesse la fin de son engagement politique. Ils resteraient des leaders courageux, porteurs d'espoir, désireux de changer l'Amérique et de lui offrir leurs visages empreints de glamour, d'humanité et de volontarisme…

Mais entre l'accession de John F. Kennedy à la Maison Blanche, en janvier 1961, et l'assassinat de son frère Bobby, le 5 juin 1968, l'Amérique n'a vécu que de mythes. La décennie a commencé par l'engagement des forces spéciales américaines au Viêtnam. En 1962, elles étaient passées de sept cents à douze mille hommes, puis à seize

1. Robert Scheer, « The Night Bobby Died », *Ramparts*, 10 août 1968.

mille en 1963, pour atteindre cinq cent mille combattants en 1966. L'invasion de la baie des Cochons à Cuba avait renforcé la hantise des Américains face à la menace soviétique. Les fameux discours du tenant de l'exécutif américain à travers le monde avait amplifié l'idée de la lutte des États-Unis pour la suprématie, leur prétention à se faire le rempart du monde libre, leur détermination à intervenir sur tous les terrains où ils estimeraient qu'il en irait de leurs intérêts. John F. Kennedy avait légué à son successeur la dure tâche de passer la nouvelle législation sur les droits civils en 1964 – et les lois antiségrégationnistes suivantes –, mais le sort des Afro-Américains restait des moins enviables, tout comme celui des autres minorités du pays, en particulier les Indiens. Ce n'était pas John F. Kennedy qui avait reçu le prix Nobel de la paix mais Martin Luther King, assassiné en avril 1968. Muselés par les différents occupants de la Maison Blanche, les médias poursuivaient leur longue quête vers leur indépendance, qui n'aboutirait qu'à la faveur des scandales de la guerre du Viêtnam et du Watergate. John F. Kennedy avait promis la lune aux Américains. Mais lorsque celle-ci leur fut offerte, l'Amérique vivait à l'heure de la contestation de la jeunesse, du psychédélisme, ses villes étaient ravagées par le crime, la cause des femmes étant loin d'avoir abouti.

Bobby Kennedy avait promis la fin de la peine de mort, la fin du crime organisé, l'égalité des droits, la fin de la guerre du Viêtnam, la résolution du problème cubain. Intentions. Promesses. Illusions. Encore. Mais, en avril 1969, les étudiants de Harvard en lutte pour une société démocratique se soulèvent et sont sévèrement réprimés : quarante-cinq sont blessés et cent quatre-vingt-quatre arrêtés. En juin, les émeutes de Stonewall, à New York, illustrent l'homophobie qui fait des ravages à travers le pays et marquent l'irruption d'un mouvement pour la défense des homosexuels. C'est Nixon qui procède au cours de cette année-là aux premiers retraits de troupes américaines du Viêtnam, et énonce le principe d'une redéfinition des rapports entre les États-Unis et les pays asiatiques. Woodstock, en août, marque l'apogée du mouvement contestataire d'une jeunesse au bord de l'explosion. En octobre, trois jours d'émeutes raciales secouent Chicago, des centaines de milliers de manifestants protestent contre la guerre au Viêtnam, quatorze athlètes noirs sont renvoyés de l'équipe de football du Wyoming pour avoir protesté contre la ségrégation. Que reste-t-il, sinon des mots universellement connus, de l'héritage politique des Kennedy ? Qu'en est-il du fol espoir suscité par John et Bobby, si ce n'est des spéculations sur ce qu'auraient été la seconde présidence de l'un et le règne de l'autre ? En cette fin des années 1960, l'épais brouillard qui entoure la face cachée des Kennedy occulte encore très largement la vision des Américains et du reste du monde. La décennie suivante va contribuer à le dissiper et révéler l'inavouable.

Début août 2012, le *Boston Globe* publie un article[1] indiquant que soixante-deux containers d'archives personnelles de Robert Kennedy, couvrant particulièrement la période au cours de laquelle il fut ministre de la Justice, demeurent inaccessibles aux chercheurs et aux journalistes. « La veuve de Robert, Ethel, a rarement permis ne serait-ce qu'un accès limité à ces dossiers », écrit le quotidien, qui explique que « la manière dont la famille Kennedy contrôle l'accès à l'information est en contradiction formelle avec l'accord passé entre le gouvernement et les Archives nationales après l'assassinat de Robert en 1968, afin que ces dossiers soient versés à leurs fonds publics. [...] De nombreux archivistes gouvernementaux et historiens maintiennent que la famille n'aurait jamais dû être

1. « Kennedys Keep Vise-Grip On RFK Papers », *Boston Globe*, 5 août 2012.

autorisée à garder la main sur des documents officiels – à l'exception de dossiers contenant une correspondance avec Jacqueline Kennedy Onassis ou une série dont ils ont connaissance et qui renferment des pièces sur la proximité entre la famille Kennedy et des personnalités controversées telles que Frank Sinatra». Le *Boston Globe* cite une source anonyme, qui déclare: «RFK avait accès à des documents classifiés, et qui sait ce qu'il gardait dans son bureau lorsqu'il est mort. Grâce à un mémorandum légal, la famille a ainsi accepté de déposer les archives à la JFK Library, mais en conservant le droit d'accorder ou non l'accès à ces archives. La famille a également accepté le principe de transférer à terme le contrôle total de la plupart des documents aux Archives nationales. Mais aucune date n'a été fixée pour cela et, malgré les efforts de la bibliothèque, les négociations en ce sens ont achoppé depuis des décennies.»

Quarante-cinq ans après la mort de Robert Kennedy, il est donc toujours impossible d'accéder à ces archives confidentielles, qui incluent, notamment, les minutes classées «top secret» du groupe d'étude sur Cuba de 1961, lorsque le gouvernement américain envisageait de faire assassiner Fidel Castro – une action dans laquelle Robert Kennedy était impliqué de manière centrale. Il en va de même pour les notes du comité exécutif qu'il a présidé durant la crise des missiles de Cuba en 1962. Toute une autre série d'archives n'est accessible qu'à de rares privilégiés, qui s'engagent à n'en pas faire état. Ces documents incluent des lettres de Robert Kennedy à sa femme, à sa belle-sœur Jackie Kennedy Onassis, à son père Joseph Kennedy, ainsi qu'à ses sœurs et à ses enfants. Deux séries d'archives concernent l'ancien sénateur du Massachusetts, son frère Edward M. Kennedy, et une autre, volumineuse, la correspondance entre Robert et John. Il faut ajouter à ces pièces sous séquestre de fait des documents concernant Frank Sinatra, le journaliste Joseph

Alsop[1], des pièces relatives à Marilyn Monroe et d'autres relatives au directeur du FBI, John Edgar Hoover, et à la CIA. « Dans le même temps, écrit le *Boston Globe,* mêlés à un dossier secret sur Robert Komer, qui conduisit le Programme de soutien aux développement des opérations civiles et révolutionnaires au Sud-Viêtnam – une tentative pour gagner les "cœurs et les esprits" des villageois durant la guerre du Viêtnam –, se trouvent "deux épais classeurs" du porte-parole de la Maison Blanche Pierre Salinger « sur le problème de la "généalogie" Blauvelt, concernant des allégations non fondées sur un prétendu premier mariage de John avant qu'il n'épouse Jacqueline. »

À ce jour, la famille Kennedy garde la main sur une masse inconnue d'archives officielles et personnelles concernant ses membres. Quand elle n'a pas tout simplement éliminé nombre d'informations. Jacqueline Kennedy n'a-t-elle pas visionné en 1964 toutes les images tournées à Hyannis Port, pour détruire celles qui la dérangeaient.

---

1. Joseph Alsop (1910-1989) était un journaliste américain, petit-neveu du président Roosevelt. Très proche de John F. Kennedy à partir de la fin des années 1950, il faisait office de conseiller et soutint activement l'engagement américain au Viêtnam. Alsop dissimulait son homosexualité mais celle-ci avait été « dénoncée » publiquement par le sénateur McCarthy. En 1957, le KGB avait pris des clichés de lui dans une chambre d'hôtel tandis qu'il avait des relations sexuelles avec un autre homme présenté comme un agent soviétique. L'information avait alors été répandue par J. Edgar Hoover auprès du président Eisenhower et avait fait le tour de son administration. Plus tard, en 1965, Alsop se plaignit d'avoir été mis sur écoute à la demande du président Johnson. En 1970, le KGB diffusa les photos compromettantes d'Alsop auprès de plusieurs journalistes américains et Alsop révéla publiquement son homosexualité, pour en finir avec les rumeurs.

12

LA CHUTE DE L'EMPIRE

> *« Le terme même de "secret" est répugnant dans une société libre et ouverte, et nous sommes en tant que peuple intrinsèquement et historiquement opposés aux sociétés secrètes, aux pactes secrets et aux agissements occultes. Nous avons établi voilà longtemps que les dangers de la dissimulation excessive et injustifiée de faits pertinents dépassent largement les dangers qui sont censés la justifier. »*
>
> John F. Kennedy, discours devant l'American Newspaper Publishers Association, 27 avril 1961

Le 1er décembre 1971, le *New York Times* annonce l'acquisition des droits de l'autobiographie de Rose Fitzgerald Kennedy par l'éditeur Doubleday. Journaliste aguerri et réputé, notamment, pour sa couverture des événements de Cuba au début des années 1960, Henry Raymont n'est pas un habitué de ce genre d'écho littéraire[1]. Mais il fait partie des fins connaisseurs des années Kennedy. Il a eu connaissance des batailles sournoises qui opposent en permanence le clan Kennedy aux journalistes, aux his-

1. En tant que correspondant de l'agence de presse UPI, il est l'auteur notamment du premier câble concernant l'opération de la baie des Cochons, en 1961.

toriens, aux écrivains, aux chercheurs qui voudraient s'écarter de l'histoire officielle du défunt président, telle qu'elle a été dictée et entretenue. En août, déjà, il a relaté l'ouverture aux chercheurs d'un nouveau fonds de trois millions de documents réunis à la John F. Kennedy Presidential Library, à Boston, notant au passage que « sur les questions les plus controversées [...] le matériel rendu disponible est confiné à des correspondances marginales[1] ».

La vie privée de Jack Kennedy n'est encore présentée qu'à travers la saga familiale. Ici et là sortent des informations plus personnelles mais elles ne retiennent que brièvement l'attention. Jacqueline Kennedy y veille. Ted Sorensen, l'un des plus proches amis et conseillers de Kennedy depuis le début des années 1950, et surtout, l'auteur de la plupart de ses discours demeurés célèbres, a dressé son portrait en 800 pages, en 1965. C'est sans doute le plus lu en Amérique de tous les livres sur Kennedy. L'historien et conseiller politique Arthur Schlesinger – l'autre auteur des phrases clés prononcées par le président – a pour sa part publié la même année, en 1 200 pages, la chronique des mille jours de Kennedy à la Maison Blanche, un livre couronné par le prix Pulitzer et le National Book Award, devenu lui aussi un classique incontournable. Mais ces deux ouvrages sont de tels monuments dressés à la gloire du président que certains s'en agacent. En 1966, le *Washington Post* relève que « la famille Kennedy exerce toujours une censure stricte sur n'importe quel ouvrage concernant le président. Aucun livre n'est autorisé à la publication sans avoir été lu et révisé par Mme John F. Kennedy et/ou le sénateur Robert Kennedy, ou dans certains cas par certains censeurs indépendants. Les Kennedy y veillent par la persuasion ou, lorsque cela échoue, par l'assèchement des sources d'information ».

---

1. Henry Raymont, « Kennedy Library Opens Most Of Its Files », *New York Times*, 2 août 1971.

Un exemple de cette « censure stricte » est offert par Jim Bishop, dont le travail pour écrire son livre sur l'assassinat a donné lieu à l'un des plus rudes affrontements avec la famille. Partout où Bishop s'est présenté, entre 1963 et 1968, il a trouvé porte fermée sur ordre des Kennedy. Jacqueline a intenté un procès à son éditeur, Funk & Wagnalls, pour empêcher la publication. Finalement, c'est en ruinant la réputation de l'ouvrage que la veuve du président a freiné son succès, laissant entendre qu'il s'agissait d'un livre largement piloté par Lyndon B. Johnson, le successeur de son époux. Un autre exemple est celui de Paul B. Fay Jr, l'ancien sous-secrétaire à la Marine de Kennedy, un de ses plus anciens amis, qui avait servi avec lui pendant la Seconde Guerre mondiale dans le Pacifique. John F. Kennedy lui-même avait souhaité que Fay prenne des notes au cours de leurs vingt et une années d'amitié et en fasse un livre. Après son assassinat, Fay a pu compter sur l'aide de Robert Kennedy, qui lui a même obtenu un contrat auprès de l'éditeur Harper and Row. Mais lorsque le manuscrit de 190 000 mots est parvenu sur la table de Jacqueline, celle-ci s'est dite « pas tout à fait satisfaite ». Elle l'a confié à son équipe de censeurs, Kenneth Galbraith[1], Ed Reed[2], Ted Nash[3] et Ed McDermott[4]. Ce n'est qu'à la fin de ce processus que Fay a découvert que, lors de la signature de son contrat chez Harper and Row, une clause confidentielle lui avait été cachée, par laquelle Robert Kennedy détenait un droit de regard final sur son livre. Finalement, 90 000 mots – près de la moitié – du manuscrit ont été censurés et l'auteur a confié au *Washington Post* que sur les 100 000 restants, soixante-quinze pour cent avaient été réécrits à la demande de Jackie.

1. Ambassadeur des États-Unis en Inde de 1961 à 1963.
2. Un technicien médical qui a assisté à l'autopsie de Kennedy.
3. Saxophoniste et ami intime de Jackie Kennedy.
4. Ancien conseiller de John F. Kennedy à la CIA.

Dès la fin 1963, le célèbre auteur William Manchester[1] s'est vu désigné par la famille pour écrire le livre qui ferait référence sur l'assassinat de Kennedy. Une grande partie de son contenu ainsi que sa conclusion ont suffisamment convaincu Jackie pour qu'elle le laisse travailler – le livre entérine notamment la thèse selon laquelle Oswald a agi seul. Mais elle s'oppose finalement à sa publication, à la surprise de Manchester et de son éditeur, en raison de certains passages sur la famille qui ne lui conviennent pas. Robert Kennedy lui-même estime alors que ce qui ressort des deux entretiens que l'auteur a conduits avec Lyndon B. Johnson n'est pas conforme à ce qui doit être écrit. Jackie intente une action en justice pour bloquer la publication, et obtient que les passages incriminés soient purement et simplement retirés. Furieux – et banni du cercle familial –, William Manchester s'en prend la même année à ceux qui demeurent dans les bonnes grâces de la veuve, en particulier à Ted Sorensen et Pierre Salinger, indiquant que le livre qu'ils ont cosigné a également été censuré et apuré par les Kennedy. Bien qu'il nie l'accusation de toutes ses forces, Salinger reconnaît que le livre est passé entre les mains de Robert Kennedy. De tous les ouvrages écrits sur Kennedy jusqu'à la fin des années 1960 et publiés par de grands éditeurs, aucun n'a échappé aux fourches caudines de l'entourage du président. Quelques-uns, tels les mémoires de sa secrétaire Evelyn Lincoln, ont été facilement publiés car leur contenu dépeint le président sous ses meilleurs aspects.

Et Rose, elle a vécu

Lorsque Doubleday acquiert les droits sur l'autobiographie de Rose Fitzgerald Kennedy en 1971, c'est là encore le dénouement d'une longue et coûteuse bataille. Henry Raymont relate l'affrontement qui a opposé Doubleday

1. Biographe et historien (1922-2004).

et W. W. Norton, l'autre prétendant à cette publication, d'autant mieux placé qu'il avait publié, en 1956, le best-seller de John F. Kennedy lui-même, *Profiles in Courage*[1], couronné par le prix Pulitzer. Mais Evan W. Thomas, l'éditeur, avait commis l'outrage, une fois passé chez Harper & Row, de publier un livre de William Manchester, l'auteur désormais voué aux gémonies par les Kennedy. Il a donc payé le prix de son opposition à Jacqueline Kennedy…

Doubleday a accepté de verser la somme d'un million et demi de dollars, soit l'un des montants les plus élevés jamais atteints dans l'édition jusqu'alors, «qui plus est, note Henry Raymont, pour un manuscrit qui n'existe pas encore». Mais il souligne que l'enjeu justifie probablement le prix. Que Rose Fitzgerald Kennedy, «la vaillante matriarche, fille d'un puissant politicien de Boston, femme d'un multimillionnaire et ancien diplomate, et mère d'un président et de deux aspirants à la présidence», s'apprête à livrer ses souvenirs au public, cela valait bien une telle bataille, explique-t-il. C'est non sans ironie qu'il conclut pourtant son article en citant le vainqueur de la compétition, Doubleday. Stewart Richardson proclame en effet son enthousiasme devant cette «prise» de première classe : «Je ne peux pas imaginer vouloir plus travailler avec une autre personne. Il y a sa splendeur devant l'adversité, sa foi religieuse, l'éducation et la formation de ses enfants… Elle est une femme extrêmement admirable, et je sais que beaucoup de gens le ressentent ainsi.» Une profession de foi impeccable et qui ne laisse planer aucun soupçon sur les intentions finales.

Rose Fitzgerald Kennedy a alors quatre-vingt-un ans. C'est une femme vaillante, distante et concentrée, réputée pour son excellente mémoire. Elle continue d'apparaître dans les magazines ou à la télévision, toujours mesurée à l'extrême dans ses propos. Au cours des huit années qui

1. John F. Kennedy, *op. cit.*

viennent de passer, elle a vu deux de ses fils assassinés, et son mari s'est éteint fin 1969, alors qu'il n'était plus qu'une ombre, ayant survécu péniblement durant huit ans à une attaque cérébrale. En dépit des épreuves, elle n'a jamais cessé d'être active pour bâtir la postérité de son fils le plus illustre, souvent épaulée par Jackie.

En 1966, le 1er novembre, elle a racheté la maison du 83, Beals Street, à Brookline, dans le Massachusetts, pour lui redonner l'apparence qu'elle avait le 29 mai 1917, jour où elle y a mis au monde Jack, son second enfant. Durant trois ans, avec l'aide de la Fondation du National Park Service, elle s'est attachée à en restituer l'atmosphère dans les moindres détails, et à instruire les membres de la fondation sur cette partie de l'histoire familiale qui s'y est déroulée durant les treize années où les Kennedy vécurent là. Le 29 mai 1969, son œuvre achevée, elle a légué au National Park Service la demeure – le jour même où son fils aurait eu cinquante-deux ans – et, aujourd'hui encore, les visiteurs de ce lieu de mémoire nationale se voient raconter son histoire telle qu'elle l'a transmise et telle qu'elle la raconta dans ses mémoires.

C'est le chroniqueur du magazine *Life*, Robert Coughlan, grand spécialiste de William Faulkner, qui a été choisi par l'éditeur – malgré les réticences de Jackie dont il avait, autrefois, refusé une invitation à dîner lorsqu'elle était encore *First Lady*, officiellement parce qu'il détestait les mondanités –, pour écrire les mémoires de Rose. Le 6 janvier 1972, Coughlan rencontre Rose à Palm Beach pour réaliser le premier d'une série de soixante-neuf entretiens qui se termineront le 12 novembre 1973[1]. De qualité très inégale, ils ont lieu parfois en tête à tête, mais souvent en présence de l'entourage, et les deux tiers ne seront jamais retranscrits. Rose a une mémoire intacte et donne accès à

1. En réalité, un premier entretien a déjà été enregistré quelques semaines auparavant à Hyannis Port.

Coughlan à son impressionnante documentation : elle a tout gardé au cours de sa vie, jusqu'aux tickets de caisse remontant aux années 1910. Le tout représente un fonds d'archives de plus de quinze mille photographies et deux cent mille documents imprimés, annotés ou manuscrits, parmi lesquels une correspondance immense.

D'emblée, Coughlan se montre curieux de la conduite des affaires familiales par Joseph Kennedy, les nombreux voyages effectués par l'un ou l'autre des époux avec leurs enfants – un peu moins fréquemment ensemble –, et même sur Gloria Swanson. Il ne le fait pas par hasard et Rose s'accommode très bien de ses questions, se souvenant sans sourciller de leur rencontre : « Gloria Swanson fut l'une de nos invitées pour deux jours à Bronxville et amena avec elle sa petite sœur. » Deux ans avant sa mort, en 1981, l'actrice fétiche des années 1920 donnera une vision bien différente de ses rapports avec les Kennedy, en particulier avec Joseph. Au fil des entretiens, Rose offre à Coughlan le récit de l'ascension devenue mythique de deux familles d'immigrants irlandais échappés de la Grande Famine au milieu du XIXe siècle – les Kennedy et les Fitzgerald –, retraçant l'une des sagas les plus emblématiques de l'histoire socioculturelle américaine, celle de ces catholiques venus d'un pays dévasté par le joug des Anglais et dont l'américanisation s'est payée au prix fort.

Lorsque Coughlan insiste sur la personnalité complexe de son père, l'éminent politicien de Boston John Fitzgerald, Rose se fait candide et évoque joyeusement sa fierté de jeune fille à son bras, de manière désarmante. Quand il s'agit d'évoquer la longue cour que lui a faite Joseph Kennedy avant d'obtenir sa main, elle prend des accents charmeurs, presque nostalgiques. Tout juste adopte-t-elle un ton un peu plus sec lorsqu'elle évoque l'éloignement de sa famille quand elle a pris le nom de Kennedy, sans aller jusqu'à dire l'ampleur et les conséquences de sa frustration. Mais elle a tôt fait, à chaque étape, de revenir à ce qui la passionne le plus, noyant les autres questions sous l'abondance de détails et d'anecdotes concernant ses enfants, leur éducation, ses voyages en Europe en particulier, pour laisser transparaître dès qu'elle le peut sa foi catholique romaine, qui est sa respiration essentielle. Les tragédies? Elle ne se soustrait pas aux interrogations mais éteint le sujet avec un mélange de délicatesse et de pudeur, sans jamais s'apitoyer.

Sous le titre *Times to Remember*, les mémoires de Rose Fitzgerald Kennedy sont publiés par Doubleday fin mars 1974. En cinq semaines, l'ouvrage se hisse en tête de la liste des best-sellers du *New York Times*, détrônant une biographie de Harry Truman. À quatre-vingt-quatre ans, Rose apparaît toujours dans les médias et fait l'admiration d'une Amérique inconsolable, nostalgique des années Kennedy. Pourtant, le livre va avoir un destin des plus singuliers.

Dark Side of the Moon

Le 15 juin 1974, un nouveau livre fait oublier en quelques heures les mémoires de la « sainte mère » de l'Amérique. Signés par deux journalistes du *Washington Post*, Carl Bernstein et Bob Woodward, *Les Hommes du président*[1] retracent l'investigation qu'ils ont conduite depuis la publication de leur premier article, le 17 juin 1972, sur une effraction commise au siège du Parti démocrate, situé dans l'immeuble du Watergate. La parution de l'ouvrage intervient alors que, sous la pression de l'opinion et de la Chambre des représentants, la Maison Blanche vient de rendre publiques les 1 200 pages de retranscriptions des enregistrements concernant le rôle du président Richard Nixon dans cette affaire et que, dans la foulée, des auditions ont débuté dans le cadre d'une

1. Carl Bernstein, Bob Woodward, *All the President's Men*, Simon & Schuster, 1974.

procédure d'*impeachment* visant le patron de la Maison Blanche, dont la position va devenir rapidement intenable. Les révélations apportées par Woodward et Bernstein ont un effet dramatique sur l'opinion. Mais elles pèseront moins sur la suite des événements politiques que sur le climat général qui prévaut dans les médias à travers tout le pays. Car le livre symbolise, en réalité, à la fois le coup d'arrêt le plus spectaculaire porté à la censure et le changement d'époque qui s'empare de toute une génération. C'est l'aboutissement d'une lutte de haut vol engagée à la mi-juin 1971 par le *New York Times* et le *Washington Post*, depuis qu'ils ont publié les *Pentagon Papers*: une série de sept mille documents classés secrets sur l'histoire de la guerre du Viêtnam, démontrant, en particulier, les errements de l'administration Johnson. La décision des deux quotidiens de passer outre aux pressions de tous bords avait déclenché un affrontement spectaculaire entre les journalistes et l'administration américaine – le président Nixon estimant qu'il aurait fallu «pendre» les auteurs de ces révélations – et l'affaire avait été portée jusqu'à la Cour suprême des États-Unis, mettant en jeu la liberté d'expression elle-même. En tranchant en faveur du *New York Times*, le 26 juin 1971, les juges de la plus haute juridiction du pays avaient consacré le pouvoir d'investigation de la presse, contre la mise en coupe réglée par le pouvoir politique de Washington. Le scandale du Watergate, né un an plus tard, n'a été que l'un des premiers effets de cette sortie de l'information d'un long tunnel de restrictions qui durait depuis des décennies.

C'est en grande partie pourquoi, lorsque les mémoires de Rose Fitzgerald Kennedy et l'enquête de Woodward et Bernstein se font face, deux époques se contemplent de manière inédite. Nixon, qui démissionne le 9 août 1974, confronté à la probabilité d'une destitution par le Congrès, paie le prix de cette nouvelle transparence, après que Johnson a vu l'essentiel de son action réduite et ternie par le seul conflit vietnamien. Le prochain sur la liste des investigateurs n'est autre que John Fitzgerald Kennedy, même si, contrairement à Johnson et Nixon, ils vont découvrir la puissance d'une forme d'idolâtrie qu'aucune révélation ne parviendra jamais vraiment à ébranler aux yeux des Américains. Tout juste les générations suivantes se révéleront-elles très ignorantes de son action et de son personnage, à peine informées sur ses discours célèbres et toujours aussi fascinées par son assassinat et les innombrables théories là-dessus dont on tire profit. Mais la dichotomie est désormais frappante entre le mythe, populaire, et la réalité, historiographique, qui va se redévelopper autour du personnage.

L'histoire – et à travers elle, l'Histoire avec un grand H – que raconta Rose Fitzgerald Kennedy en 1974 ne tient plus debout. Ses garde-fous se sont effondrés. Robert Kennedy, qui avait tant fait pour faire respecter une ligne officielle alimentant la légende de son frère, est tombé sous les balles en pleine campagne pour la Maison Blanche, en 1968. Jacqueline Kennedy s'est remariée, la même année, avec le milliardaire grec Aristote Onassis. En 1970, Ted Sorensen a échoué dans sa tentative de conquérir le siège de sénateur de New York et se trouve au milieu d'une traversée du désert dont il ne sera sauvé que par Jimmy Carter. Arthur Schlesinger, après avoir accompagné la campagne tragiquement interrompue de Robert Kennedy, s'est enfermé dans une critique obsessionnelle de Richard Nixon durant des années. Pierre Salinger, le porte-parole de l'administration Kennedy, dévasté par l'assassinat de Robert Kennedy dont il a été le proche témoin à l'hôtel Ambassador de Los Angeles – il se trouvait à trois mètres de lui quand les coups fatals ont été tirés –, a quitté les États-Unis pour devenir grand reporter à *L'Express*.

Surtout, John Edgar Hoover, l'incontournable directeur du FBI et sans nul doute l'un des hommes les plus puissants de toute l'histoire américaine, a succombé le 2 mai 1972 à une crise cardiaque, à l'âge de soixante-dix-sept ans, dont trente-sept passés à la tête de l'organisation. Il a emporté avec lui un nombre incalculable de secrets sur au moins six présidents. Sa phénoménale aptitude à survivre à tous les pouvoirs, ses réseaux tentaculaires, sa capacité de nuisance et la crainte qu'il a inspirée ont été si importants qu'après sa disparition il a été décidé que ses successeurs ne seraient nommés que pour une durée maximale de dix ans à la tête de l'organisation. Avec la décapitation de l'administration Nixon, la nouvelle révolution sociale américaine bat son plein, annoncée par la rébellion culturelle du début des années 1970. En 1971, le jeune chanteur britannique David Bowie s'est propulsé au sommet des *charts* en chantant l'hymne d'une génération avec « Changes », tube planétaire qui proclamait : « Et ces enfants sur lesquels vous crachez / Alors qu'ils essaient de changer leurs mondes / Ils sont blindés contre votre réconfort / Ils sont tout à fait conscients de ce qu'ils vivent. » Johnson et ses généraux ont été démasqués, et les arrogantes certitudes populaires sur la guerre du Viêtnam se sont transformées en démonstrations massives contre l'impérialisme américain. Nixon est devenu le symbole du cynisme politique et l'un des hommes les plus détestés du pays.

Que reste-t-il donc du rêve éveillé de Rose Fitzgerald Kennedy, dans ce pays qui se réinvente à toute vitesse et brise les chaînes de la tradition patriotique ? Les égéries des mouvements féministes, dont les combats, rudes, voient se succéder victoires spectaculaires et défaites cuisantes, peuvent-elles s'identifier un tant soit peu à cette femme qui revendique une foi catholique fanatique pas même infléchie par Vatican II, qui proclame sa vocation de mère absolue, d'épouse aveugle et se revendique d'une lignée presque royale ? Les pacifistes peuvent-ils trouver, dans les mille jours de John F. Kennedy – et autant de discours –, une inspiration dans leur combat contre l'ignominieuse guerre contre le communisme en Asie du Sud-Est, quand ce président a initié le conflit? Le Baby-Boom a touché à sa fin dans cette Amérique des années 1970, à laquelle promettre la lune ne suffit plus. Les Pink Floyd chantent « Money » et « Time » sur leur album *The Dark Side of the Moon*; dans la dissipation lente des volutes psychédéliques, en plein choc pétrolier, *Le Parrain*, *L'Arnaque* et *L'Exorciste* giflent les ligues morales et reflètent les réalités violentes de la société américaine. L'Amérique qui s'interroge sur la persistance d'une société ségrégationniste et inégalitaire descend dans la rue, lit *Looking for Mr Goodbar*, *A Cry for Absence*, écoute Freddie Mercury, se passionne pour Harvey Milk, lance la première parade homosexuelle dans la foulée des agressions policières de Stonewall, à New York, danse sur les musiques noires, s'organise en sectes, en groupes contestataires, initie un puissant mouvement de défense environnementaliste. L'Amérique s'enivre de sexe, fait moins d'enfants, avorte, divorce, provoque l'ordre établi et cette autre partie du pays, puritaine, raciste, ultra-individualiste et guerrière, qui pèse toujours et de toutes ses forces sur Washington. Jane Fonda, dans ses diatribes contre la boucherie du Viêtnam, fait plus rêver que Jackie Kennedy et ses prix d'élégance. Les idoles vacillent et les tabous tombent. La défiance vis-à-vis de Washington renaît comme aux plus beaux jours de la Révolution et du Tea Party. Signe révélateur de ce changement de paradigme, *Times to Remember*[1], rapidement épuisé, est vite oublié et ne sera republié qu'en 1995, en guise d'hommage après la mort de Rose F. Kennedy, à l'âge de cent quatre ans, quittant vite les rayons des libraires pour rejoindre les bibliothèques.

---

1. Rose F. Kennedy, *op. cit.*

Kennedy vs *Kennedy*

En 1964, la commission Warren a conclu officiellement que John F. Kennedy avait été assassiné par Lee Harvey Oswald et que celui-ci avait agi seul. En 1978, l'US House Select Committee on Assassination, commission créée deux ans plus tôt pour enquêter sur les assassinats de Kennedy et du Dr King, conclut son propre travail en estimant que Kennedy a « probablement » été victime d'une « conspiration ». Entre ces deux dates, une abondante littérature, à laquelle ont fait écho les médias et l'industrie cinématographique, s'est emparée de la biographie de Jack Kennedy. L'intérêt majeur de cette production – puisque par ailleurs aucune vérité n'en découle – est le nouveau portrait en creux qui s'est peu à peu dessiné.

L'une des approches les plus intéressantes du mystère de la mort de Kennedy est probablement celle de Norman Mailer. En novembre 1960, à la veille des élections, l'inventeur du « nouveau journalisme » écrivait un article intitulé « Superman débarque au supermarché », dans lequel il notait : « Que Kennedy soit arrivé là où il est reste un mystère, mais les mécanismes de ce mystère n'en sont pas un. Kennedy roule sur l'or, Kennedy a remporté les primaires et, surtout, Kennedy est un bijou de machine politique[1]. »

Quarante-cinq ans plus tard, Mailer publie un livre – *Oswald, le Mystère américain*[2] – dont le titre ne renvoie pas à la victime la plus célèbre de l'Histoire américaine mais à son assassin présumé, Oswald. L'intention de Mailer n'est pas de poser la question de savoir qui a tué Kennedy, mais qui était Oswald. Il estime que seule la réponse à cette question peut éclairer la précédente. Mailer cherche à comprendre Oswald pour parvenir à ses

---

1. Norman Mailer, « Superman Comes to the Supermarket », *Esquire,* novembre 1960.
2. Plon, 1995.

propres conclusions sur l'assassinat et sa signification. Il s'appuie sur des témoignages personnels, des réflexions et des points de vue, souvent brefs. Il ne questionne pas seulement les dysfonctionnements de l'enfance d'Oswald, il braque également la lumière sur son entourage, sa mère Marguerite, en particulier, et ceux qu'il a côtoyés durant son service militaire.

Le portrait d'Oswald par le géant de la littérature américaine brise la plupart des carcans. Il laisse apparaître un homme très différent de ce qui en a été dit, considère que cet homme était certainement capable d'assassiner Kennedy, mais il demande : l'a-t-il fait ? Mailer estime qu'Oswald a probablement été partie prenante, mais que cet assassinat ne pouvait qu'être le résultat d'une action concertée. Il reconnaît qu'il a été influencé, au début de son projet, par ses propres contacts au KGB, et que l'idée de la conspiration ne lui était pas indifférente. Mais, par la suite, il ne cautionne jamais ces théories, les plus couramment admises étant celles qui impliquent la mafia, les milieux cubains, le gouvernement ou les communistes. De sa plume aguerrie, il tournoie comme un oiseau en plein ciel qui cherche sa proie et frôle des niches sombres où résident d'étranges questions : que penser d'Oswald et de son action possible en tant que dissident déterminé à se faire entendre et à changer l'ordre du monde par ses propres moyens ? Que penser de son illustre victime, qui était ce Kennedy, que représentait-il ? Il sait qu'il va chiffonner la conscience américaine en décrivant « la tragicomédie des superpuissances » dans laquelle Oswald est devenu l'un des « acteurs majeurs ». Comme il l'avait fait en 1973 avec sa biographie de Marilyn Monroe, Norman Mailer tend aux Américains un miroir dans lequel ceux-ci s'agacent de ne pas se reconnaître : il leur montre la part d'irrationnel, mélange de croyances quasi religieuses voire mystiques, d'oubli systématique de leur propre histoire et de déni instinctif de ce qui porte atteinte au fantasme de l'Amérique idéale. Il leur dit en somme : vous avez façonné Kennedy à votre image en évitant, toujours, d'avoir à le connaître et, dans ces conditions, vous nous autorisez à le raconter comme bon nous semble.

Un président en devenir

Lorsque son livre sur Oswald paraît, le mythe Kennedy n'en est pas à son premier assaut de la part de la nouvelle génération d'auteurs qui ont succédé aux infatigables hagiographes. En 1983, le journaliste Ralph Martin, auteur connu d'un best-seller en deux tomes sur la vie de Winston Churchill, a rassemblé les notes qu'il a prises tout au long de sa vie, depuis sa première rencontre avec John Fitzgerald Kennedy, pour établir un portrait saisissant et novateur. Leur première entrevue a eu lieu un soir de 1959, à bord de l'avion stationné à l'aéroport international Logan de Boston, où le sénateur l'attendait. « Je n'oublierai jamais les premiers mots qu'il m'a dits lorsque je suis entré : "Je comprends que vous enquêtez sur ma vie sexuelle." J'ai éclaté de rire. Les premiers mots sortant de la bouche de cet homme. Je ne l'avais jamais rencontré auparavant. J'ai pensé que c'était si comique. [...] Je lui ai dit : "Écoutez, c'est un livre politique, je ne m'intéresse pas à votre vie sexuelle." Il m'a regardé intensément puis, d'un air un peu penaud, et il a dit : "Bien sûr, vous savez que j'ai eu beaucoup d'aventures avant d'être marié. Mais vous ne pensez pas que je serais assez fou pour faire cela maintenant, n'est-ce pas ?"[1] »

Vingt-quatre ans plus tard, Ralph Martin relate l'ascension de ce « *prince play-boy* », explorant son enfance et son adolescence au milieu d'un amas de richesses, à l'ombre du célèbre Joseph Patrick Kennedy Sr, avec les défis et les rivalités qui agitaient la fratrie Kennedy et

---

1. Richard H. Stewart, « Ralph Martin Finds Kennedy's Human Side », *Boston Globe*, 1er septembre 1983.

ce mélange de respect et de concurrence qui caractérisait les relations entre les garçons. Il dépeint l'image de la « royauté » que Jack et Jackie représentaient aux yeux de leur « peuple ». Le glissement de leur couple d'une alliance opportuniste à une forme de relation plus compassionnelle. Les prouesses politiques de Jack confronté au stigmate d'être un Kennedy. Il tire lui-même l'enseignement de son propre travail lorsqu'il dit que Kennedy « n'était pas un grand président ». Il concède : « Il grandissait. Le potentiel était là, mais il n'a pas vécu assez longtemps pour prouver ce potentiel. »

La même année, l'éditorialiste et ami de Kennedy, Charles Bartlett, écrit : « Il était un mauvais mari. Il a hérité des idées de son vieux père, mais aussi de son amour des femmes. Ça ne fait vraiment pas un bon mariage. » Et l'artiste Bill Walton cite ce qu'il a entendu de la bouche de Kennedy : « Ma mère était soit à Paris pour des défilés de mode ou autres, soit à genoux à l'église. Elle n'était jamais là quand on avait vraiment besoin d'elle. Ma mère ne m'a jamais tenu ni embrassé. Jamais. Jamais. » L'amie de la famille Betty Spalding raconte comment Jackie lui demanda un jour si elle savait que son mari « avait une liaison avec Pamela Turnure[1] ». John Sharon, un autre ami de Kennedy, encore, le cite ainsi : « Si je devais vivre ma vie de nouveau, j'aurais un père différent, une femme différente et une religion différente. » Jack, qualifiant Eisenhower de « fils de pute »... Jack, disant de John Kenneth Galbraith : « Si vous lui faites un bon lavement, à Ken, vous pouvez l'enterrer dans une boîte à cigares. » Jackie traitant l'épouse de Lyndon Johnson de « côte de porc ». Ethel Kennedy, la sœur de Jack, attaquant Jackie pour ses « dépenses obscènes »...

1983, c'est précisément l'année où une classification effectuée par huit cent quarante-six experts de l'Histoire

1. L'attachée de presse de Jackie Kennedy.

américaine donne la liste des «meilleurs» présidents, selon leurs critères d'experts: Abraham Lincoln, Franklin Roosevelt, George Washington, Thomas Jefferson, Theodore Roosevelt, Woodrow Wilson, Andrew Jackson, Harry Truman, John Adams, Lyndon Johnson, Dwight Eisenhower et James Polk[1]. Au même moment, une enquête d'opinion publiée par *Newsweek*[2] indique que pour 44 % des Américains Kennedy a été un «bon président», un «très grand président» même pour 31 %, ces chiffres s'élevant respectivement à 51 % et 26 % selon un sondage concurrent réalisé au même moment[3].

Les études Gallup montrent que dix ans plus tard, en 1993, une majorité d'Américains qualifie Kennedy de «grand président»; son taux d'approbation grimpe à 85 % en 2010. Enfin, le *New York Times* établit début 2013 une synthèse[4] des récentes études auprès de l'opinion, qui place John Fitzgerald Kennedy au neuvième rang des meilleurs présidents de l'histoire des États-Unis, derrière Abraham Lincoln, Franklin D. Roosevelt, George Washington, Theodore Roosevelt, Thomas Jefferson, Harry Truman, Woodrow Wilson et Dwight D. Eisenhower. Toujours la même logique, et comment pourrait-il en être autrement? Le mont Rushmore n'est-il pas ciselé pour inscrire pour l'éternité les visages de George Washington, Thomas Jefferson, Abraham Lincoln et Theodore Roosevelt au panthéon des chefs de l'Amérique? Jefferson, l'homme qui a rédigé le deuxième article de la Constitution américaine, oui. Mais également le président qui, ouvertement hostile à l'esclavagisme, n'en «possédait» pas moins cent soixante-trois esclaves à Monticello, en achetait, en revendait, parfois des enfants. Encore, toujours, ce point aveugle de l'opinion américaine.

1. Enquête Murray and Blessing, 1983.
2. Sondage réalisé par Gallup, 14-30 octobre 1983.
3. Louis Harris, 9-11 novembre 1983.
4. «Nate Silver's Political Calculus», *New York Times*, 23 janvier 2013.

Pourtant, la connaissance de la vie à la fois privée et publique de John F. Kennedy n'a cessé de progresser. Mais le scénario semble se répéter: curiosité initiale de la presse américaine, relativisation, attaques en règle contre les auteurs, puis, de nouveau, retour aux hagiographes. En 2012, lorsque Mimi Alford relate dans ses mémoires la relation de dix-huit mois qu'elle a entretenue avec Kennedy, alors qu'elle était une jeune stagiaire de dix-neuf ans à la Maison Blanche – du début 1962 jusqu'à la semaine précédant l'assassinat de Kennedy[1], la réaction de nombreux médias a été presque comique: beaucoup se sont contentés de noter que le «secret» avait déjà été éventé en 2003 par Robert Dallek[2], et que l'ancienne collaboratrice du président, Barbara Gamarekian, en avait fait état dans ses mémoires, écrits en 1964 et restés secrets jusqu'à l'année de la publication du livre de Dallek.

Comme le font remarquer Scott J. Basinger et Brandon Rottinghaus dans l'article qu'ils publient à l'été 2012 dans la sérieuse revue académique *Political Science Quaterly*[3]: «Si les liaisons de Kennedy avaient été rapportées à l'époque par les journalistes qui en avaient connaissance, elles auraient déclenché un scandale». Les deux auteurs ont exploré, en particulier, une période allant de 1972 à 2008 qui couvre sept administrations présidentielles, et ont relevé quatre-vingt-sept scandales, soit une moyenne d'un tous les cinq mois. Ils observent que le débat dans les mass media et la couverture des scandales suggèrent que de tels événements sont devenus *business as usual* – une banalité en somme – pour le sys-

1. *Once Upon a secret: My affair with President John F. Kennedy and Its Aftermath*, Random House, 2012.
2. Robert Dallek, *An Unfinished Life, op. cit.*
3. Scott J. Basinger, Brandon Rottinghaus, «Skeletons in White House Closets: A Discussion of Modern Presidential Scandals», *Political Science Quaterly*, vol. 127, n° 2, été 2012, p. 213-239.

tème politique, « sans apporter, disent-ils, de sens concret à ce que *usual* signifie ». De plus, notent les deux auteurs de l'étude, « la plupart des scandales n'impliquent pas le président lui-même », que ce soit directement ou indirectement », et la plupart « prennent fin rapidement, [...] en n'ayant jamais fait la une des quotidiens nationaux ». Lorsqu'ils atteignent un niveau national, soulignent-ils, ils apparaissent comme « une perte de temps aussi bien qu'une humiliation » pour le pays.

Dans l'ouvrage qu'il a consacré aux scandales en politique, le politologue Paul J. Quirk notait d'ailleurs en 1998, au sujet de l'affaire Clinton-Lewinsky, que ce qui demeure dans l'esprit du public est le coût « en termes de distraction massive que l'investigation a causé pour le président, le Congrès et l'opinion... Clinton a sans doute dépensé une large part de son temps et de son énergie mentale à faire face. Tout comme son staff. Ses initiatives politiques ont souvent été ignorées par les médias... Et le Congrès a largement ignoré son programme ».

L'image de John F. Kennedy bénéficie incontestablement de cette dilution et de ce manque d'introspection assez caractéristique de l'analyse politique américaine, qui se contente de vivre au rythme du temps médiatique, accéléré de manière dramatique par l'apparition des nouveaux médias. Elle continue donc d'échapper largement à la mise en perspective de l'action du personnage public au regard de sa vie privée, et laisse libre cours à une idéalisation qui fait obstacle à la recherche objective et au rétablissement d'une vision à la fois plus équilibrée et plus sévère de l'ère Kennedy. L'opinion américaine est généralement très prompte à citer la France en exemple pour sa « tolérance coupable » vis-à-vis des dédales de la vie privée des politiciens français. Elle estime qu'il s'agit là d'une singularité, à la fois pittoresque et injustifiable au regard de la morale publique, il n'est qu'à en juger par le traitement médiatique réservé à Dominique

Strauss-Kahn en 2011 et 2012. Mais cette même opinion américaine, qui peut librement savoir désormais ce qu'il en était de la moralité et des mœurs de John Fitzgerald Kennedy, demeure incapable de démystifier l'homme.

Épilogue

Le cinquième fils

> *« Nous sommes les héritiers de ce président qui nous a montré ce qui est possible. [...] Grâce à sa vision, je puis me dire ici, ce soir, président des États-Unis. »*
>
> Barack Obama, adresse au Congrès américain, 20 janvier 2011

En des temps qui semblent déjà lointains, où un vent aigre soufflait sur une Amérique stigmatisée par les années Bush, les deux principaux candidats en lice pour l'investiture démocrate à l'élection présidentielle, Hillary Clinton et Barack Obama, se livraient à des joutes violentes. Rien n'agaçait plus le sénateur de l'Illinois que les références permanentes de son adversaire à son expérience politique au Congrès ou en tant qu'ancienne *First Lady* – soulignant par là même son inexpérience à lui –, et l'aura dont elle bénéficiait grâce à la marque – finalement ressentie positivement par les Américains – laissée par Bill Clinton durant ses deux mandats présidentiels.

« Nous avons passé beaucoup de temps au ras du sol en termes de biographie, et maintenant, tandis que les feuilles tombent et que l'air devient plus froid, il va y avoir plus qu'une emphase à propos du contraste entre moi-même et les autres candidats », lança violemment Obama à l'approche du scrutin, après avoir qualifié Clinton de candidate « par défaut » et de « marque commerciale » dans la politique des démocrates[1]. Et rien ne pouvait plus exaspérer à son tour la sénatrice de New York que de voir Obama se revendiquer de l'héritage de John Fitzgerald Kennedy et utiliser la question des droits civiques, faisant des parallèles poussés entre sa condition d'Afro-Américain et celle de l'ancien président en tant que catholique, tous deux confrontés à l'intolérance et se dressant courageusement contre les injustices. Hillary Clinton dénonça les libertés souvent prises par Obama avec la vérité historique, fustigeant sa manière d'inventer un « faux peuple ». Elle contre-attaqua puissamment son instrumentalisation de Kennedy en soulignant : « Le rêve du Dr King commença à se réaliser lorsque le président Lyndon B. Johnson fit voter le *Civil Rights Act* de 1964, lorsqu'il fut capable de faire avec le Congrès quelque chose que le président Kennedy avait espéré pouvoir faire, quelque chose que le président précédent n'avait même pas tenté de faire, mais il fallut un président pour que cela fût accompli. [...] Clairement, nous voyons dans les médias que la campagne d'Obama déforme délibérément cela. C'est une manœuvre malhonnête et déplacée[2]. »

« Opération Kennedy »

C'est début 2007 que l'affrontement entre les deux candidats avait pris forme, véritablement, sur la question raciale, lorsqu'ils s'étaient retrouvés à Selma, dans l'Alabama, lors du quarante-deuxième anniversaire de la Marche pour les droits civiques, là où elle a été réprimée dans le sang par les autorités le 7 mars 1965. S'exprimant devant les étudiants de l'American University, Barack Obama avait expliqué son lien historique avec la famille Kennedy, racontant que celle-ci avait financé le séjour de son père kenyan aux États-Unis, en 1959,

1. *New York Times,* 28 octobre 2007.
2. Fox News, 14 janvier 2008.

pour y faire ses études, séjour au cours duquel il rencontra sa future épouse. Il avait lié cet événement familial à l'agitation autour des droits civiques, expliquant que les « gens de la Maison Blanche » autour du « président Kennedy » cherchaient les moyens de combattre les « attaques hypocrites » et de « gagner les cœurs et les esprits à travers le monde » en un temps où l'Amérique était « en lutte contre le communisme ».

« Alors, dit-il, les Kennedy décidèrent d'affréter un vol : "Nous partons en Afrique commencer à ramener de jeunes Africains dans ce pays et leur donner des bourses pour étudier, afin qu'ils puissent apprendre quel merveilleux pays est l'Amérique." Un jeune homme nommé Barack Obama a eu l'un des billets d'avion et il est venu dans ce pays. Il a rencontré cette femme dont l'arrière-arrière-arrière-arrière-grand-père avait possédé des esclaves… Ainsi se sont-ils mariés et Barack Obama Jr est venu au monde. » La fille de l'ancien président, Caroline Kennedy, avait alors apporté son soutien public au candidat Obama, frappée par l'extraordinaire manière dont « l'Histoire se répète » et dont « deux générations de deux familles – séparées par la distance, la culture et l'argent – peuvent se croiser par d'étranges et merveilleux chemins[1] ». À ceci près que la revendication d'Obama était fausse, non seulement sur le plan de son histoire familiale, mais également sur le plan de la réalité historique.

Ce n'est qu'un an plus tard que Bill Burton, le porte-parole d'Obama, dut finalement reconnaître, bien embarrassé, que le sénateur de l'Illinois s'était « trompé » en créditant la famille Kennedy de ce rôle dans l'arrivée de son père aux États-Unis. Le *Washington Post* expliqua alors : « Une version plus conforme à la réalité de cette histoire commencerait non pas avec Kennedy, mais avec un leader nationaliste kenyan nommé Tom Mboya, qui

1. *Newsweek*, 16 janvier 2007.

voyagea aux États-Unis en 1959 et 1960 pour persuader des milliers d'Américains de soutenir ses efforts afin d'éduquer une nouvelle élite africaine. Mboya n'approcha pas les Kennedy pour obtenir leur soutien financier jusqu'à ce qu'Obama Sr fût déjà étudiant à Hawaï. […] Durant son voyage en 1959 aux États-Unis, le jeune Mboya, âgé de vingt-neuf ans, réunit assez d'argent pour financer les bourses scolaires de quatre-vingt-un jeunes Kenyans, parmi lesquels Obama Sr, avec l'aide de la Fondation des étudiants afro-américains. Les documents montrent que près de huit mille personnes contribuèrent. »

Le quotidien explique que la rencontre entre Mboya et le sénateur John F. Kennedy a eu lieu le 26 juillet 1960 au domaine de la famille, à Hyannis Port : « Kennedy dira plus tard que sa famille était "réticente" à l'origine à soutenir ce programme, à cause d'autres engagements, mais qu'elle accepta finalement de donner 100 000 dollars, parce qu'il était impossible de lever des fonds ailleurs. » Le *Washington Post* écrit encore : « Le discours d'Obama à Selma offre une chronologie très confuse, tant du programme étudiant du Kenya que du mouvement des droits civiques. Relatant la manière dont ses parents se sont rencontrés, Obama a dit : "Il y avait une émotion à travers le pays à cause de ce qui était arrivé à Selma, dans l'Alabama, parce que des gens avaient été capables de traverser un pont… Ainsi ils se sont mariés et Barack Obama Jr est venu au monde. Aussi, ne me dites pas que je n'ai pas à me revendiquer de Selma, Alabama." Après que des bloggeurs eurent souligné que la manifestation du pont de Selma avait eu lieu quatre ans après la naissance d'Obama, un porte-parole a expliqué que le sénateur se référait au mouvement des droits civiques en général, plutôt qu'à un événement en particulier. » Dans son reportage, le *Washington Post* fit grâce au candidat Obama d'explications plus détaillées concernant son évocation de ces « gens » autour du « président » qui se seraient activés pour les droits civiques en 1959, Kennedy n'étant devenu président que l'année suivante.

Mais l'« Opération Kennedy » d'Obama aura fonctionné à plein. Fin janvier 2008, *Time* décrit le ralliement du clan Kennedy à sa campagne, spectaculaire, lors d'un rassemblement à l'American University de Washington[1] : « La scène qui s'est déroulée en coulisses autour du candidat aurait pu être une réunion de famille des Kennedy. La branche du clan proche de Ted était arrivée en premier. Le sénateur était là avec son fils Patrick, la femme de Ted, Vicky et le fils de Vicky, Curran. Puis Caroline arriva avec ses trois enfants adolescents. Les sœurs de Teddy, Eunice Shriver et Jean Kennedy Smith, se sont montrées également, aux côtés d'un assortiment de leurs enfants et petits-enfants. À travers les rideaux bleus, la foule scandait : "Yes-We-Can !" » Au magazine, Obama répéta la même histoire concernant ses parents et les Kennedy : « Je pense, dit-il, au rôle qu'ils ont eu dans la formation de mes valeurs, de mes idéaux et de ce que je crois au sujet de l'Amérique. »

Pour de nombreux électeurs américains, la campagne d'Obama en 2008, prologue à un premier mandat, puis à un second, au cours desquels le futur président s'attacherait à associer son nom à celui de Kennedy, a eu le parfum de 1960. Au fameux « *missile gap* » qui confrontait les Américains à la peur d'un conflit nucléaire avec les Soviétiques, et à l'affaiblissement de l'économie, correspondait la plus grave crise économique survenue aux États-Unis depuis les années 1930. Au couple mythique entré à la Maison Blanche en 1961 répondait l'image de Barack et Michelle, presque aussi glamour. À la succession du général Eisenhower semblait correspondre celle de George W. Bush. La couleur de peau du candidat le rendait immédiatement légitime sur le terrain des droits

1. Le 28 janvier 2008.

civiques, quelle que soit la manière dont il instrumentalise l'histoire de ce mouvement. Et ce ne sont pas les plus jeunes, parmi les électeurs, qui auraient pu s'interroger sur la signification de cette recherche forcenée d'identification d'Obama à Kennedy.

En septembre 2011, le Southern Poverty Law Center, l'une des grandes organisations non gouvernementales, fondée en 1971 pour combattre les discriminations dans les États du sud des États-Unis, a publié un rapport d'envergure sur l'éducation en matière de droits civiques[1]. Douze mille étudiants parvenus au niveau de l'équivalent du baccalauréat ont passé un test sur les différents aspects historiques de la question, et le constat s'est révélé alarmant : 2 % à peine des étudiants ont été capables de répondre aux plus simples des questions qui leur furent soumises. Seize États américains n'inscrivent plus cet enseignement dans la liste des matières obligatoires. Dix-neuf autres l'ont réduit au minimum. Le président honoraire de la NAACP, Julian Bond, constatait en présentant cette étude : « J'ai commencé à enseigner l'histoire des droits civiques il y a bien des années dans certains des plus prestigieux collèges et universités. Inquiet à l'idée que je pourrais "parler pour rien" à mes étudiants, je leur donnai un bref questionnaire lors du premier cours. Les résultats me démontrèrent que mes craintes étaient erronées. Aucun ne pouvait me dire qui était George Wallace, le gouverneur ségrégationniste de l'Alabama. L'un pensait même qu'il s'agissait d'un présentateur de CBS qui avait couvert la guerre du Viêtnam. Ils avaient une connaissance aseptisée de la vie et des combats de Martin Luther King Jr et Rosa Parks, et ne savaient rien de leur histoire réelle. Mme Parks était encore en vie et le mouvement des droits civiques était plus récent à l'époque,

1. *Teaching the Movement*, Southern Poverty Law Center, septembre 2011.

mais les faits de courage et les sacrifices qui ont marqué ce mouvement étaient absents de leurs mémoires et de leurs parcours d'étudiants. » En mars 2011, l'hebdomadaire *Newsweek* a fait passer un test de citoyenneté à mille adultes américains, dont il est ressorti que 73 % ignoraient les raisons de la guerre froide et 23 % qui était Martin Luther King Jr.

La réactualisation de souvenirs qui s'attachent à la mémoire de John Fitzgerald Kennedy, lors de la campagne exemplaire de Barack Obama en 2008 et au cours de son second mandat – jusqu'à sa prise de parole à Berlin cinquante ans jour pour jour après Kennedy – prend une signification particulière lorsqu'on la remet en perspective avec ce que les Américains savent ou méconnaissent de leur propre histoire, et leur rapport en général à l'Histoire elle-même. Ce ne sont pas seulement la faillite d'un système d'éducation en matière de sciences sociales ou politiques, l'oubli naturel ou la complexité de l'époque qui sont en cause. C'est le rapport unique des Américains à l'imagerie et à la mythologie, l'impossible rapprochement de mémoires de différentes générations d'immigrants engagées dans une lutte sans merci pour se tailler une place qui sont à l'œuvre. Kennedy est ainsi l'unique président américain « sorti » de l'Histoire factuelle des États-Unis pour devenir une référence symbolique, aveugle, une valeur spéculative, à la fois totem et tabou d'un peuple qui a quasiment perdu toute trace de sa réalité. Plus intéressant encore, sa popularité varie en fonction des présidences et des événements vécus par les États-Unis sur le plan intérieur ou international, comme s'il constituait un indicateur de l'inconscient des Américains. Où que l'on place le curseur sur la ligne du temps, la présence quasi surnaturelle de Kennedy dans l'imaginaire collectif en dit long sur l'Amérique.

Conclusion

La mort de Ted Kennedy, le 25 août 2009, n'a pas marqué la fin de l'empire familial. S'il en fallait bien une preuve, ce serait la désignation en août 2013 de Caroline Kennedy au poste d'ambassadrice des États-Unis au Japon, un remerciement de Barack Obama pour les nombreux services rendus au cours de ses deux campagnes présidentielles. Les Kennedy sont toujours très présents au sein du Parti démocrate. Patrick Joseph Kennedy II, le fils de Ted, a pris sa retraite de la Chambre des représentants en 2011 après de nombreux scandales qui ont entaché sa réputation. Il a notamment fondé One Mind Research, une organisation indépendante dédiée à la recherche contre les affections neurologiques. Sa sœur, Kara Ann, décédée en 2011, était productrice de cinéma et de télévision. Quant à Edward Moore Kennedy Jr, il préside le Marwood Group à Washington et à Londres, une organisation d'industriels de la santé. Les enfants de Robert Kennedy sont également investis dans la vie publique. Kathleen Kennedy Townsend, avocate, a été lieutenant-gouverneur du Maryland entre 1995 et 2003 et n'a pas réussi à devenir gouverneur depuis. Elle est à la tête d'un organisme de levée de fonds pour le Parti démocrate. Son frère, Joseph Patrick Kennedy II, a été représentant du 8e district du Massachusetts de 1989 à 1999, c'est un membre actif du Parti démocrate, et il préside

Citizens Energy, une compagnie privée d'électricité. Son fils, Joseph Patrick Kennedy III, est le représentant à la Chambre du 4e district du Massachusetts. Robert Francis Kennedy Jr est un avocat spécialisé dans l'environnement et anime une émission de radio, *Ring of Fire,* diffusée sur les ondes nationales. Il a renoncé en 2000 à se présenter au poste de sénateur de New York, pour ne pas entrer en compétition avec son beau-frère Andrew Cuomo, marié à l'écrivaine Kerry Kennedy et gouverneur de New York depuis 2011. Christopher George Kennedy, lui, a été président du Merchandise Mart à Chicago, jusqu'à avril 2012. Il tente de se lancer en politique dans l'Illinois, mais s'est effacé de la course au poste de gouverneur pour ne pas gêner le retour aux affaires de Richard J. Daley. Son frère, Matthew Maxwell Taylor Kennedy est un auteur dont l'un des ouvrages consacrés à son père est devenu un best-seller. Rory Elisabeth Katherine Kennedy est productrice et réalisatrice de films... Au total, on compte environ quatre cents membres de la famille à l'heure actuelle aux États-Unis. Avec les familles Kerry, Kohl, Rockefeller et Feinstein, ils représentent les familles les plus fortunées en lien direct avec le Congrès américain.

La fortune des Kennedy demeure entourée d'un épais mystère. On estime qu'à sa mort Joe Kennedy était à la tête d'environ 500 millions de dollars. En 1990, le magazine *Forbes* évaluait les avoirs nets de la famille à 850 millions. La seule vente du Merchandise Mart, en 1998, a rapporté 650 millions. La famille s'est déchirée en 2012 autour de la vente du domaine de Hyannis Port qui, finalement, a été transformé en musée ouvert au public. L'une des maisons de Ted Kennedy, située à McLean, en Virginie, a été vendue pour la somme de 45 millions de dollars en 2013. L'empire des Kennedy couvre aujourd'hui la plupart des secteurs de l'économie américaine, de l'immobilier au pétrole, en passant par Internet, les services de santé, l'environnement, l'électricité ou l'automobile.

Quant à Caroline Kennedy, qui a dû dévoiler son patrimoine dans le cadre de la procédure pour sa nomination au poste d'ambassadrice au Japon, sa fortune déclarée s'élève à 278 millions de dollars. Outre les fonds familiaux établis de longue date et dont elle est l'héritière, elle est actionnaire d'Apple et de la banque Goldman Sachs, de plusieurs entreprises commerciales à Chicago, à New York, mais également dans le Minnesota et dans le Kentucky. Elle dispose aussi d'une compagnie pétrolière, l'Arctic Royalty, qui opère au Texas et dans l'Oklahoma, et de participations dans une usine de semi-conducteurs à Austin (Texas). Huit de ses sociétés, basées aux îles Cayman, pèsent 1,2 million de dollars. En 2011, elle a reçu un demi-million de dollars pour le livre dans lequel elle a publié des conversations entre Jacqueline et John Kennedy, ainsi que 325 000 dollars pour quatre discours donnés la même année. Elle n'a pas dévoilé l'intégralité de ses revenus, se contentant d'indiquer qu'elle perçoit chaque année des revenus directs supérieurs à 1 million de dollars, qui viennent s'ajouter aux 3 millions de dollars perçus du produit des trois principaux fonds d'investissement familiaux. On estime qu'au total la fortune de Caroline Kennedy atteint 500 millions de dollars et qu'elle perçoit 30 millions de dollars par an de ses investissements. Pour justifier une nomination dont la presse n'a pas été dupe, la Maison Blanche a laissé entendre que le Japon, pays très sensible aux honneurs, ne pourrait qu'accueillir à bras ouverts la porteuse d'un tel patronyme.

La légende des Kennedy est soigneusement entretenue par les héritiers, ainsi que des institutions omniprésentes à travers les États-Unis. Les archives continuent d'arriver à la JFK Library de Boston, à un rythme très aléatoire. Le bâtiment, conçu par l'architecte Ieoh Ming Pei et inauguré en 1979, se tient près de l'endroit que John Fitzgerald Kennedy avait lui-même choisi le 19 octobre 1963, un mois avant son assassinat, face à la Harvard

Business School. C'était alors le cinquième projet de bibliothèque et de musée présidentiel, après ceux de Hoover, situé à West Branch, Iowa, de Roosevelt, à Hyde Park, New York, de Truman, à Independence, Missouri et enfin d'Eisenhower, à Abilene, Kansas. Après l'assassinat du président, sa veuve, Jacqueline Kennedy, ses frères, Bobby et Ted, prirent en main toutes les opérations, réunissant un comité chargé de veiller à la mémoire du défunt. Aujourd'hui, la JFK Library réunit en un seul et même lieu les archives personnelles et présidentielles de John Fitzgerald Kennedy, de ses parents, Joseph et Rose, et de son frère Robert, ainsi que quatre cents fonds administratifs et institutionnels, auxquels il faut ajouter une section spéciale consacrée à l'écrivain Ernest Hemingway. C'est une volonté de l'ancien président lui-même, qui rêvait que son nom soit associé à l'idole littéraire des Américains.

Cependant, tout ce qui concerne l'assassinat lui-même fait l'objet d'un véritable culte. Il a débuté en 1976, après la remise en cause des conclusions de la commission Warren. Cette année-là, une commission d'enquête fut créée par la Chambre des représentants afin de reconsidérer les circonstances des assassinats de Kennedy et de Martin Luther King, ainsi que la tentative d'assassinat du gouverneur de l'Alabama, George Wallace, en 1972. Après deux ans de travaux, la commission conclut que la mort de Kennedy était vraisemblablement le résultat d'une conspiration. Mais le manque de transparence de son travail a suscité plus de questions et de spéculations qu'il n'a apporté de lumière sur l'affaire. En 1992, finalement, après l'impact provoqué par la sortie du film d'Oliver Stone, infatigable défendeur de la thèse du complot, le Congrès américain décida d'ordonner que toutes les pièces relatives à la mort de Kennedy soient progressivement versées à un fonds d'archives spécial, à la JFK Library. Il a été également décidé que l'intégralité du fonds serait accessible au public à partir de 2017. Mais on ne peut que soupirer en constatant l'état de ces archives, au fur et à mesure qu'elles deviennent consultables, et constater que la vérité a été largement soustraite, à jamais, aux yeux du public.

Quatre cents millions de documents datant de plus de vingt-cinq ans sont supposés être déclassifiés et ouverts au moins aux chercheurs. Pourtant, cinquante mille documents de l'administration Kennedy demeurent toujours inaccessibles en dépit de la loi sur la liberté d'accès à l'information (FOIA) et ne peuvent l'être que sur la décision du président des États-Unis et du Congrès américain. Le *New York Times* rapportait récemment qu'alors que la FOIA concède un délai de vingt jours à l'administration pour répondre à une demande d'accès aux archives, de nombreuses requêtes traînent depuis 1992[1]. Certaines concernent des documents qui remontent à 1958, 1960 ou 1961. D'autres, même, à la Seconde Guerre mondiale. Mais le cas qui nous intéresse, celui des archives Kennedy, est de loin le plus intéressant.

Il n'est guère difficile d'accéder désormais aux archives déclassifiées concernant Joseph Patrick Kennedy, le père du président. Une source d'information importante, puisqu'elle couvre le parcours d'un homme à la vie plus que sulfureuse. Mais sur les quatre mille pages le concernant et étudiées pour les besoins de cet ouvrage, plus de cinquante pour cent sont partiellement ou presque intégralement « noircies », c'est-à-dire censurées, leur contenu à jamais détruit. Il en va de même pour les documents disponibles relatifs à John Kennedy, du moins ceux qui ont été versés aux différents fonds d'archives destinataires. Car comme le montre l'exemple effarant des archives de Robert Kennedy, la tutelle imparable de la famille Kennedy sur les documents concernant ses membres et leurs

1. *New York Times*, 28 janvier 2012.

activités privées ou publiques constitue un verrou que nul n'est jamais parvenu à forcer à ce jour.

Le *Boston Globe* a ainsi récemment fait état de son enquête[1] concernant quelque soixante-deux fonds documentaires relatifs aux trois années durant lesquelles Robert Kennedy a occupé les fonctions de ministre de la Justice, pendant le mandat de son frère. Des documents essentiels, puisqu'ils concernent des épisodes encore sujets à caution, tels que les décisions critiques prises à cette époque très sensible de la guerre froide, avec la crise des missiles de Cuba, les tentatives d'assassinats de leaders nationalistes ou de Castro, ou encore la crise vietnamienne. « La famille Kennedy, écrit le *Boston Globe*, menée par la veuve de Robert, Ethel, a rarement permis un accès ne serait-ce que limité à ces documents. Son contrôle étendu sur les archives de Robert Kennedy, qui inclut des dizaines de documents du Pentagone, du Département d'État et de la CIA, découle d'un accord controversé passé avec les Archives nationales après l'assassinat de Robert Kennedy en 1968. » Le quotidien relaie l'opinion de nombreux archivistes gouvernementaux et d'historiens qui maintiennent que la famille n'aurait jamais dû se voir accorder un droit de regard sur les documents officiels et fait état du refus catégorique de la famille – constaté systématiquement par les médias qui se sont penchés sur la question – de répondre à leurs demandes d'explications.

Il en a été de même jusqu'en 2002, en ce qui concerne une partie – infime – des documents relatifs à la santé de John Fitzgerald Kennedy. La plupart de ces documents sont toujours gardés par la famille et ceux qu'elle a accepté de divulguer ne l'ont été qu'à de rares chercheurs, souvent des proches, tel Robert Dallek. C'est finalement le temps qui a fait œuvre de révélation, la

1. *Boston Globe*, 5 août 2012.

somme de milliers de témoignages, de confidences, de remarques, le recoupement de ses rendez-vous ratés, de ses voyages, de ses « disparitions » – fréquentes – et la confirmation par les proches qu'il avait bien souffert, entre autres, de la maladie d'Addison.

La consultation d'une autre partie importante des archives Kennedy est assortie de conditions draconiennes par les Archives nationales. Le *Boston Globe* cite parmi ces documents « les lettres échangées par Robert Kennedy et sa femme ; sa belle-sœur Kennedy-Onassis ; son père, l'ambassadeur Joseph P. Kennedy ; ainsi que ses sœurs et ses onze enfants ». Deux autres dossiers concernent son frère, le défunt sénateur du Massachusetts Edward M. Kennedy, tandis qu'un « épais dossier » contient des échanges entre Robert Kennedy et John Kennedy. Une longue série à laquelle il faut ajouter des classeurs étiquetés, comme dans un film d'espionnage, « top secret », et qui concernent Frank Sinatra, Marilyn Monroe, J. Edgar Hoover ou le journaliste Joseph Alsop.

Il va sans dire, mais comment ne pas le souligner ici, qu'une telle situation, faite à la fois de blocages administratifs, de prérogatives familiales, d'inexplicables dissimulations, complique le travail des historiens et des journalistes, autant qu'il perpétue les beaux jours de tous ceux qui se nourrissent de théories obscures touchant à d'hypothétiques conspirations ou complots. Mais elle révèle aussi la puissance d'une famille, les Kennedy, dont les membres occupent en nombre des positions importantes dans tous les secteurs de la société américaine. Un clan habité par l'instinct du pouvoir, gardien d'une doctrine incertaine, symbole d'un mythe tenace, cité en exemple par la plupart des successeurs du trente-cinquième président des États-Unis – l'actuel poussant aussi loin que possible la référence au modèle, parfois jusqu'au mimétisme dans l'esthétique et la pratique des institutions.

Partout où les demandes se sont heurtées au silence, partout où l'encre noire a définitivement dénaturé ces milliers de documents déclassifiés, il a fallu avoir recours aux archives de la presse, souvent locale, consulter des services de thèses dans les universités, comparer les témoignages et les récits, confronter les études historiques, faire parler les archives sonores et visuelles. Nous l'avons fait avec un étonnement sans cesse renouvelé devant cette somme impressionnante de pièces encore inexploitées et de faits qui laissent peu de place au mythe. Mais le plus impressionnant, sans doute, est que l'Amérique demeure dans le déni et que le reste du monde véhicule souvent des clichés dont on croyait les Américains seuls à accepter de se contenter, au nom de la légende. Quant au mystère de l'assassinat, il est de bon ton, par les temps qui courent, de préférer la théorie d'Oswald unique protagoniste et de marquer son opposition au « conspirationnisme ». Cela semble « intelligent ». Et il est évident que face au « conspirationnisme » intellectuellement insupportable et moralement indéfendable. On est tenté de se démarquer à travers un certain conformisme. Mais tout, dans la vie de JFK, repose sur la mécanique incontrôlable du mensonge, et sa mort ne peut être traitée de manière simpliste. Ce n'était pas l'objet de ce livre. Mais qui prétend savoir la vérité à ce sujet ne fait qu'acte de foi.

Bibliographie

EN FRANÇAIS

KASPI André, *Kennedy, les 1000 jours d'un président*, Armand Colin, 1993.
——, *Kennedy : une famille, un président, un mythe*, Complexe, 2007.
——, *Barack Obama, la grande désillusion*, Plon, 2012.
HERSCH Seymour, *La Face cachée du clan Kennedy*, Archipoche, 2013.
KENNEDY Jacqueline, *Avec John F. Kennedy : conversations inédites avec Arthur M. Schlesinger*, Flammarion, 2011.
KENNEDY John Fitzgerald, *Le Courage dans la politique*, Gonthier, 1964 (*Profiles in Courage*, Harper & Brothers, 1956).
KENNEDY Robert, *Témoignages pour l'Histoire*, Belfond, 1991 (Edwin O. Guthman, Jeffrey Shulman, *Robert Kennedy In His Own Words*, Bantam Dell, 1988).
KENNEDY Rose F., *Le Temps du souvenir*, Stock/Albin Michel, 1974 (*Times to Remember*, Doubleday, 1974).
KESSLER Ronald, *Les Péchés du père : les origines secrètes du clan Kennedy*, Albin Michel, 1997 (*The Sins of the Father : Joseph P. Kennedy and the Dynasty He Founded*, Warner Books, 1997).
KING Martin Luther, *Révolution non violente*, Payot, 2006.
LENTZ Thierry, *L'Assassinat de John F. Kennedy : histoire d'un mystère d'État*, Nouveau Monde, 2010.
MACHOVER Jacobo, *Anatomie d'un désastre, baie des Cochons, Cuba, avril 1961*, Vendémiaire, 2011.
MAILER Norman, *Oswald, un mystère américain*, Plon, 1995 (*Oswald's Tale : An American Mystery*, Random House, 1995).
MANCHESTER William, *Mort d'un président : 20-25 novembre 1963*, Harper & Row, 1967.
Rapport de la Commission Warren sur l'assassinat du Président John F. Kennedy, texte intégral, Robert Laffont, 1965.
SCHLESINGER Arthur M., *Robert Kennedy et son temps*, Olivier Orban, 1989 (*Robert Kennedy and His Times*, Houghton Mifflin, 1978).
——, *Les 1000 jours de Kennedy*, Denoël, 1966.
SORENSEN Theodore C., *Kennedy*, Gallimard, 1966.

PRADOS John, *La Guerre du Viêt-nam : 1945-1975*, Librairie Académique Perrin, 2011.

EN ANGLAIS

ALFORD Mimi, *Once Upon a secret : My affair with President John F. Kennedy and Its Aftermath*, Random House, 2012.
AMBROSE Stephen E., *Nixon*, vol. 1. *The Education of a Politician, 1913-1962*, Simon & Schuster, 1998.
BEAUCHAMP Carl, *Joseph P. Kennedy Presents : His Hollywood Years*, Knopf, 2009.
BRYANT Nick, *The Bystander : John F. Kennedy and the struggle for Black equality*, 1st Edition, 2006.
DALLEK Robert, *John F. Kennedy : An Unfinished Life*, Penguin, 2004.
FURSENKO Aleksandr, NAFTALI Timothy, *One Hell of a Gamble : Khrushchev, Castro, and Kennedy*, W.W. Norton & Company, 1997.
GOODWIN Doris Kearns, *The Fitzgeralds and the Kennedys : An American Saga*, Simon & Schuster, 1987.
KENNEDY John Fitzgerald, *Why England Slept*, Dolphin, 1962.
MATTHEWS Chris, *Jack Kennedy : Elusive Hero*, Simon & Schuster, 2011.
MICHAEL Robert, *A Concise History of American Antisemitism*, Rowman & Littlefield Publishers, 2005.
MORROW Lance, *The Best Year of Their Lives : Kennedy, Johnson, And Nixon in 1948*, Perseus Books Group, 1978.
NASAW David, *The Patriarch : The remarkable Life and Turbulent Times of Joseph P. Kennedy*, Penguin Press, 2012.
NIXON Richard, *Six Crises*, Doubleday, 1962.
REEVES Richard, *President Kennedy : Profile of Power*, Simon & Schuster, 1993.
ROOSEVELT Eleanor, *The Autobiography of Eleanor Roosevelt*, Da Capo Press, 1992.
RUSSO Gus, *The Outfit : The Role of Chicago's Underworld in the Shaping of Modern America*, Bloomsbury Publishing PLC, 2004.
SMITH Malcolm E., *John F. Kennedy, 13 Greatest Mistakes in the White House*, Suffolk House, 1980.
SORENSEN Ted, *Counselor : A Life at the Edge of History*, Harper, 2008.
——, *Kennedy*, William S. Konecky, 1999.
TALBOT David, *Brothers : The Hidden History of the Kennedy Years*, Free Press, 2007.
WHITE Theodore H., *The Making of the President 1960*, Atheneum House, 1961.

REMERCIEMENTS

Les remerciements de l'auteur vont tout particulièrement à Mary Sills, pour sa précieuse relecture, et à Emmanuel Deun (Nice) et C. Mark Massulo (Chicago), pour leur éclairage psychanalytique. Les conseils et les archives de l'American Civil Liberties Union, de la NAACP et du professeur Edmund Kallina (University of Central Florida) ont été précieux tout au long de ces longues recherches.

Table

Cet ouvrage a été composé
par Atlant'Communication
au Bernard (Vendée)

Impression réalisée par

MARQUIS
Québec, Canada

en octobre 2013
pour le compte des Éditions de l'Archipel,
département éditorial
de la S.A.S. Écriture-Communication

Imprimé au Canada

Dépôt légal : novembre 2013